中國學術思想研究輯刊

十六編

林慶彰 主編

第9冊

魏晉南北朝音樂美學思想研究

劉 莉 著

花木蘭文化出版社

國家圖書館出版品預行編目資料

魏晉南北朝音樂美學思想研究／劉莉 著 — 初版 — 新北市：
花木蘭文化出版社，2013〔民 102〕
目 4+218 面；19×26 公分
（中國學術思想研究輯刊 十六編：第 9 冊）
ISBN：978-986-322-134-0（精裝）
1. 音樂美學　2. 魏晉南北朝
030.8　　　　　　　　　　　　　　　　　102002264

ISBN-978-986-322-134-0

9 789863 221340

中國學術思想研究輯刊
十六編　第 九 冊　　　　　　　ISBN：978-986-322-134-0

魏晉南北朝音樂美學思想研究

作　　者　劉莉
主　　編　林慶彰
總 編 輯　杜潔祥
出　　版　花木蘭文化出版社
發 行 所　花木蘭文化出版社
發 行 人　高小娟
聯絡地址　235 新北市中和區中安街七二號十三樓
　　　　　電話：02-2923-1455／傳眞：02-2923-1452
網　　址　http://www.huamulan.tw 信箱 sut81518@gmail.com
印　　刷　普羅文化出版廣告事業
封面設計　劉開工作室
初　　版　2013 年 3 月
定　　價　十六編 25 冊（精裝）新台幣 42,000 元

新疆師範大學博士

博士後科研啟動基金資助

魏晉南北朝音樂美學思想研究

劉　莉　著

作者簡介

劉莉，碩士期間就讀于新疆師範大學，研究方向為中國文學批評史，03 年畢業留校分到音樂學院，教授藝術理論、音樂美學等文化課程。08 年在職考入華東師範大學文藝學專業文藝美學方向，2011 年獲博士學位。近年來，在 CSSCI 核心期刊《甘肅社會科學》、《新疆大學學報》、《天津音樂學院學報》、《南京藝術學院學報》等期刊發表論文《論嵇康的和聲觀》、《阮籍〈樂論〉音樂美學價值的再評價》等有關音樂美學方面的論文 8 篇。

提　　要

　　魏晉南北朝時期音樂美學思想的整體特徵有二：一是獨立，它從社會倫理道德的領域中獨立出來，側重從音樂自身出發去探討音樂的審美規律；二是突破，它以道家思想、玄學人本精神和佛學主體心性哲學為依託，實現了對以儒家為代表的傳統主流音樂美學思想的超越。本文擬從中國音樂美學本身固有的範疇出發來深入透析其美學思想的精髓。「源起篇」追根溯源，探尋魏晉南北朝音樂美學思想突破前代獲得獨立的思想根源；其餘四篇「和聲」、「樂象」、「雅俗」、「樂教」形成一個有機的體系，全面而深入地揭示魏晉南北朝時代音樂美學思想的特質。

　　從整體看，魏晉南北朝時期的音樂美學思想完成了對以儒家為代表的傳統音樂美學思想的超越與突破，它從禮樂合一的思想模式中掙脫出來獲得了音樂美學的獨立。這一時期的音樂美學思想在整個中國音樂美學史上具有劃時代的重大意義，它糾正了由儒家音樂美學思想所開闢外部教化研究路徑的偏差，將音樂美學思想帶入音樂內部世界中進行探尋，開啟了後世音樂內部研究的傳統，從此中國音樂美學思想在儒家所宣導的社會研究路徑和魏晉南北朝時期所開闢的內部研究道路上穩步前進。

導　言 ………………………………………………………… 1

第一節　研究背景 ……………………………………………… 1

第二節　研究綜述 ……………………………………………… 6

一、中國美學思想史、玄學、文論論著中的魏
晉南北朝音樂美學思想研究 ………………………… 7

二、中國古代音樂美學史中的魏晉南北朝音
樂美學思想的研究 …………………………………… 9

三、專人、專著研究 …………………………………… 11

四、範疇研究 …………………………………………… 12

第三節　研究方法 …………………………………………… 13

一、範疇研究 …………………………………………… 14

二、以中爲本，西學參證 ……………………………… 16

三、文本闡釋的尺度：古今統一 ……………………… 17

第一章　源起篇 ……………………………………………… 19

第一節　時政與音樂美學 …………………………………… 19

一、才與性的交鋒 ……………………………………… 20

二、生與死的掙扎 ……………………………………… 22

三、禮崩樂壞 …………………………………………… 24

第二節　玄學與音樂美學 …………………………………… 26

一、言、意與象 ………………………………………… 29

二、形神關係 …………………………………………… 31

三、聲無哀樂 …………………………………………… 32

第三節　佛學與音樂美學 …………………………………… 35

一、神與天樂 …………………………………………… 36

二、佛與心 ……………………………………………… 39

三、中觀與中音 ………………………………………… 42

第四節　音樂實踐與音樂美學 ……………………………… 43

一、從「樂」到「和聲」 ……………………………… 43

二、雅樂的衰落與俗樂的興盛 ………………………… 45

三、佛教音樂與西域民族音樂 ………………………… 48

第二章　和聲篇 ……………………………………………… 51

第一節　「和」範疇的內涵及其演變 ……………………… 51

一、聽覺的和諧 ………………………………………… 52

二、多元化的統一 ……………………………………… 53

三、內容與形式的和諧 ………………………………… 54

四、主體的和諧 ………………………………………… 55

目

次

第二節　自然之和 …………………………………………… 57
　一、「八音有本體，五聲有自然」 …………………… 58
　二、「音聲有自然之和，而無系於人情」 ……… 61
　三、「漸近自然」 ……………………………………… 63
第三節　音聲之和 …………………………………………… 65
　一、「和比」 …………………………………………… 65
　二、「聲文兩得」 ……………………………………… 68
　三、「中和」 …………………………………………… 70
第四節　主體之和 …………………………………………… 71
　一、「樂者，使人精神平和」 ………………………… 72
　二、「聲音以平和為體」 ……………………………… 76
第三章　樂象篇 ……………………………………………… 81
第一節　樂象問題的由來及其內涵 ……………………… 81
　一、象、道與聲 ……………………………………… 82
　二、樂象的指稱問題 ………………………………… 84
　三、樂象的含義 ……………………………………… 86
　四、樂象問題的研究價值 …………………………… 88
第二節　特徵論 ……………………………………………… 89
　一、主客交融、以心馭聲 …………………………… 89
　二、心慷慨忘歸，情舒放遠覽 ……………………… 92
　三、遊心大象，妙在象外 …………………………… 94
第三節　意境論 ……………………………………………… 96
　一、「大成之樂」與「天樂」 ………………………… 97
　二、「微妙無形，寂寞無聽」 ……………………… 100
　三、「弦外之意，虛響之音」 ……………………… 101
第四節　「和聲無象」論 ………………………………… 102
　一、對音聲中盛衰吉凶之象的批判 ……………… 103
　二、對音聲中功德之象的批判 …………………… 105
　三、對音聲中主體心象的批判 …………………… 108
第五節　心象論 …………………………………………… 111
　一、心象的不確定性 ……………………………… 112
　二、心象的自由性 ………………………………… 115
　三、心象的三種境界 ……………………………… 116
第六節　音心對映論 ……………………………………… 120
　一、聲有哀樂論中的音心對映 …………………… 120
　二、聲無哀樂論中的音心對映 …………………… 122

第四章　雅俗篇 …………………………………………… 127
　第一節　雅俗之爭 ……………………………………… 127
　　一、雅樂與俗樂 …………………………………… 128
　　二、雅俗的分野 …………………………………… 129
　第二節　雅樂觀 ………………………………………… 133
　　一、清雅 …………………………………………… 133
　　二、素雅 …………………………………………… 135
　　三、淡雅 …………………………………………… 137
　第三節　俗樂觀 ………………………………………… 139
　　一、統治階層的倡導 ……………………………… 139
　　二、魏晉風度與才藝表演 ………………………… 141
　　三、俗樂對禮的超越 ……………………………… 144
　　四、悲樂對樂感文化的揚棄 ……………………… 146
　第四節　雅俗論 ………………………………………… 149
　　一、悲樂論 ………………………………………… 149
　　二、成因論 ………………………………………… 154
　　三、互補論 ………………………………………… 160
第五章　樂教篇 …………………………………………… 165
　第一節　價值論 ………………………………………… 166
　　一、從「和其志」到「窮其趣」 ………………… 166
　　二、從「節情」到「宣情」 ……………………… 174
　　三、從「比德」到「暢神」 ……………………… 179
　第二節　人性論 ………………………………………… 184
　　一、「順性」之樂 ………………………………… 184
　　二、「夫樂者，天地之體，萬物之性也」 ……… 186
　　三、「和聲之感人心，亦猶醞酒之發人性」 …… 187
　第三節　社會論 ………………………………………… 191
　　一、音樂「移風易俗」命題的提出 ……………… 191
　　二、音樂「移風易俗」功能的表現 ……………… 193
　　三、音樂「移風易俗」功能的實施 ……………… 198
結　語 ……………………………………………………… 203
附錄：中國音樂美學史研究著作 ………………………… 207
參考文獻 …………………………………………………… 209

導　言

　　魏晉南北朝在中國歷史上是一個特殊的時代，它從西元 220 年曹丕建魏，到西元 589 年隋文帝滅南朝陳，一共有 369 年，也稱為中古時期。政權更叠之快創下歷史最高記錄，先有曹魏、蜀漢和東吳三國並立，再有西晉到東晉的歷史變遷，最後又分裂為南朝與北朝，北方有北、西、東三魏和北齊、北周；南朝有宋、齊、梁、陳。這一時期戰亂頻仍，時局動蕩，人的生命遭受來自肉體和精神的雙重重壓，因而心靈向往自由，精神迸發異彩，造就了藝術成果的豐碩和藝術理論的繁榮。在這樣的歷史背景下魏晉南北朝不僅迎來了人的覺醒，同時也成就了文的自覺。這個文當指文藝，不僅指文學，還包括音樂在內的所有藝術。文的自覺帶來文學及藝術理論的繁盛。中國美學獨立於魏晉南北朝時期，這實際也肯定了音樂美學的獨立。這一時期出現了大量各藝術門類的美學專著，包括文論、畫論、書法論和樂論。張法認為在魏晉南北朝時期：「中國的主要文藝門類：文學、書法、繪畫，都出現了相當的論著。音樂，由於在中國的特殊定位，論述少了。」〔註1〕但是從整個中國音樂美學史上看，魏晉南北朝時期的音樂論著無論從數量（包括大量散佚的樂論和有音樂思想的文學著述在內）還是從質量上看都高於其他時代。

第一節　研究背景

　　魏晉南北朝時期的音樂美學思想在整個中國古代音樂美學史上具有舉足輕重的地位。這一時期人的覺醒和文的自覺促進了音樂美學思想的獨立，同時也

〔註 1〕張法《中國美學史》，上海：上海人民出版社 2000 年版，第 114 頁。

是這個時代的音樂審美意識發展到一定階段對傳統儒家所奠定的禮樂文化的超越和突破。這是一個獨立與突破的時代，其音樂美學思想不僅掙脫了道德倫理的束縛，而且由於禮崩樂壞的政治局面超越了儒家所奠定的禮樂文化，無疑對其後的音樂美學思想產生深遠影響，並在整個音樂美學史上書寫下華麗的篇章。

在魏晉南北朝之前，中國古代第一部系統而全面的樂論經典《禮記‧樂記》所論之樂指的是包含音樂、舞蹈、詩歌在內的綜合藝術，而純音樂的論著最早出現在漢代，有王褒的《洞簫賦》、馬融的《長笛賦》和蔡邕的《琴操》。前兩篇以賦體來談樂器，沒有什麼理論內涵。蔡邕的《琴操》輯錄了大量的琴曲，在篇首前的序有一定的理論內涵，但原本已佚，現存的是清人輯本，後人補記的內容已不可考證。這三篇著作都不能算嚴格意義上的音樂美學論著。魏晉南北朝時期，隨著玄學的興起和佛教的傳入，帶來了音樂理論的繁榮，出現了一批優秀的音樂美學著作。有阮籍《樂論》、嵇康的《聲無哀樂論》、《琴賦》、沈約《宋書‧樂志》；還有王弼、陶淵明、劉勰等人的著作中也蘊含著有價值的音樂美學思想，比如陶淵明的「無絃琴」思想對意境理論的形成有極大的貢獻。除此之外，還有大量沒有流傳下來的的佚文，比如據《隋書‧經籍志》，劉邵著有《樂論》十四篇，何晏著有《樂懸》一卷，這些大量論樂的著述可惜都沒有流傳下來。還有一些音樂論著散佚，但在後來的文獻中被引用而保留了下來，如夏侯玄《辯樂論》被《太平御覽》卷十六引用了部分文字，後被收入清代嚴可均輯錄的《全晉文》中。在這些著作中尤以嵇康的《聲無哀樂論》爲代表。嵇康的《聲無哀樂論》是嚴格意義上中國古代第一篇純粹的音樂美學論著，它的出現代表著人們對音樂的認識已經擺脫了經學的附庸和道德倫理的束縛走向了獨立。

魏晉南北朝時期也是音樂美學思想獲得突破的時代。余英時先生將西方學者研究古代文明發展時提出的「突破」現象，包括「哲學的突破」（philosophic breakthrough）或者「超越的突破」（transcendent breakthrough）引入進中國的文化研究，並給「突破」所下定義爲：「某一民族在文化發展到一定的階段時對自身在宇宙中的位置與歷史上的處境發生了一種系統性、超越性與批判性的反思；通過反思，思想的形態確立了，舊的傳統也改變了，整個文化終於進入了一個嶄新的更高的境地」〔註2〕。余英時先生用「突破」一詞來反映中

〔註 2〕 余英時《道統與政統之間》，見《士與中國文化》，上海：上海人民出版社 2003 年版，第 83 頁。

國文化發展的跨越式進程，並指出「古代中國的『突破』當然也有它的獨特的文化基礎，那便是上文所說的禮樂傳統」〔註3〕。本文認爲「突破」一詞非常適用於魏晉南北朝時期音樂美學思想在整個中國音樂美學史上的地位，它完成了對傳統禮樂結合的音樂美學思想的超越，因而在本節中借用這一詞語用以顯示其重要地位。張節末認爲中國文化的突破主要表現爲非主流文化對傳統儒家主流文化的突破，他進一步指出先秦時期的莊子完成第一次突破，玄學、玄佛合流思想可以視爲第二次突破，這次突破主要發生在魏晉至唐宋。〔註4〕本文贊成張節末的這個觀點，但認爲若從音樂美學思想來看，第二次突破應發生在魏晉南北朝時期。張節末還認爲：「莊、玄和禪這些非主流文化對儒這一主流文化及其所代表的禮樂文化傳統的突破，所運用的主要武器或重要武器就是美學。」〔註5〕張節末說美學是突破主流禮樂文化的主要、重要武器，按照這個觀點來推理，可以得出音樂美學就是這個主要、重要武器的核心一環的結論。令人遺憾的是，歷來的美學史研究並沒有將音樂思想放在首位，反而忽視了音樂美學這個重要的突破傳統主流文化的工具。「突破」所代表的對傳統禮樂文化的超越、叛離是魏晉南北朝時期音樂美學思想的主要特點，也是本文每章所要論證的內容。

關於中國音樂美學史的分期問題，蔡仲德認爲可分爲五個時期，即萌芽時期、百家爭鳴時期、兩漢時期、魏晉—隋唐時期、宋元明清時期。他將魏晉南北朝與隋唐時期合在一起，認爲這一時期音樂美學思想的主要特點有三：一是擺脫儒家經學的束縛，開始探討音樂的內部規律、音樂的特殊性；二是道家音樂美學思想佔有突出地位，既與儒家音樂美學思想正面衝突，又與儒家音樂美學思想進一步融合；三是隨著佛教的盛行於世，出現了佛教音樂美學思想。〔註6〕本文認爲魏晉南北朝時期的音樂美學思想不適合與隋唐音樂美學思想合爲一家，理由是隋唐音樂美學思想主體部分是儒家音樂美學思想，不是道家音樂美學思想占突出地位。整體而言，隋唐時期的音樂美學思

〔註3〕余英時《道統與政統之間》，見《士與中國文化》，上海：上海人民出版社2003年版，第83頁。

〔註4〕張節末《禪宗美學·引論》，北京：北京大學出版社2006年版，第2頁。

〔註5〕張節末《禪宗美學·引論》，北京：北京大學出版社2006年版，第2頁。

〔註6〕蔡仲德《中國音樂美學史·緒論》，北京：人民音樂出版社2003年版，第5～7頁。

想與魏晉南北朝時期對儒家音樂美學思想藩籬的「突破」這一本質特點有很大的差異。隋唐音樂美學思想以白居易音樂美學思想為代表，還有楊堅、李世民等人的音樂美學思想，都代表了統治階層的音樂美學思想，大多圍繞音樂的外部規律進行探討；而呂溫的《樂出虛賦》這篇以賦體寫成四百餘字的音樂美學之作，雖探討音樂內部規律「音樂之象」的特徵問題，但其文篇幅少，理論上繼承了魏晉南北朝的樂象思想，在隋唐音樂美學思想上不占主導地位。蔡仲德所總結的三個特點主要針對的是魏晉南北朝時期的音樂美學思想，而不適用於隋唐音樂美學思想。本文以為魏晉南北朝時期的音樂美學思想的主要特徵是音樂美學思想的獨立和突破儒家音樂美學思想的束縛。但我們不能像蔡仲德那樣把它簡單地歸入道家音樂美學，因為玄學以人為本的立論根基使這一時期的音樂美學思想與先秦的道家音樂美學思想有了很大不同。並且魏晉南北朝時期的音樂美學思想中還蘊含著佛教音樂美學思想，受到美學思潮等的影響，因而這一時期的音樂美學思想在整個中國音樂美學史上是獨樹一幟，意義深遠的。

關於中國音樂美學史的研究對象，蔡仲德認為：「中國音樂美學史的對象不是中國古代音樂作品、音樂生活中表現為感性形態的一般音樂審美意識，而是中國古代見於文獻記載，表現為理論形態的音樂審美意識，即中國古代的音樂美學理論，中國古代的音樂美學範疇、命題、思想體系。」並將這一研究對象具體分為「思想自成體系的音樂美學專論專著」、「子書及後世文集中的有關論述」、「儒家經典及其他典籍中的有關論述」、「二十五史中的樂志律志」、「西漢以後的音樂諸賦」、「宋元以後的琴論、唱論（含曲論）」。〔註7〕針對蔡仲德的觀點，修海林提出不同的看法，認為中國音樂美學史的研究對象應是「歷史上曾經發生、形成過的音樂美的實踐活動」，所以不應該只是「對歷史上的音樂美學理論成果進行研究」，它「同時也包括對作為音樂審美對象而存在的產品（或作品）的研究，並且還可以通過文字記述和物化遺存的互補互證，對曾經存在於人的音樂審美心理活動中的美感經驗進行研究」。這裡，修海林區別了研究對象和研究依據的差異。中國音樂美學史的研究離不開歷史遺留下來的一些依據，修海林將研究依據分為「符號化文本」、「音像

〔註7〕蔡仲德《中國音樂美學史・緒論》，北京：人民音樂出版社 2003 年版，第 3～4 頁。

成品」、「音樂文物」三種。〔註8〕修海林的觀點從理論上講是正確的，但可操
作性不強。本文以爲中國古代音樂美學思想的研究主要應以文獻爲主（鑒於
古代音樂實體無法保存，音樂文物又與音樂實際相隔甚遠的現狀，可以以音
樂考古成果爲參照）。蔡仲德將音樂美學史的研究等同於音樂美學理論的研
究，無疑將對象局限於較窄的範圍之中。音樂美學思想不應該完全只研究音
樂理論，還應研究音樂審美意識和觀念。音樂審美意識和觀念體現在人們日
常行爲、言語、交際、社會生活之中，所以應將文獻中與音樂有關的人們的
音樂生活納入研究視野，從詩文、筆記等雜文以及史書（不應該只限定在樂
志律志）中去考察人們的音樂審美意識。我們從蔡仲德撰寫的《中國音樂美
學史》一書中也可發現他所使用的音樂資料偏少，關於魏晉南北朝音樂美學
思想的研究，最能反映這一時期人們思想行爲的筆記體小說《世說新語》卻
沒有涉獵。從歷史的角度看，魏晉六朝有個鮮明的特點，就是史書最多。這
一時期的史書有十一本，佔了二十五史中的將近一半。而《中國音樂美學史》
不僅沒有把沈約的《宋書·樂志》納入研究視野，而且對其他樂志及相關的
音樂史料都置之不理，不能不說是該書研究對象上的一大遺憾。造成這種遺
憾的原因不僅在於蔡仲德以音樂理論研究代替音樂美學思想的研究，另一方
面還在於該書以人構建音樂美學史體系的做法。這種以人爲單位研究中國音
樂美學史的方法難免會對很多音樂史料無法全面涉及和論述，魏晉南北朝時
期文獻資料中蘊含的音樂美學思想比較適合用範疇來構建體系、深入剖析其
美學實質。關於中國音樂美學史討論的問題，蔡仲德認爲「中國音樂美學史
始終在討論情與德（禮）的關係、聲與度的關係、欲與道的關係、悲與美的
關係、樂與政的關係、古與今（雅與鄭）的關係。從一定意義上說，一部中
國音樂美學史又是討論這些問題的歷史。」〔註9〕蔡仲德的這個說法把中國音
樂美學史所討論的問題局限在儒家音樂美學的論題之內，忽略了「樂象」、「和
聲」等討論內容。儒家音樂美學注重探討音樂和政治之間的關係，是一種外
部研究的視角。魏晉南北朝時期的音樂美學思想，從整體看注重研究音樂的
內部規律。這一時期的音樂美學思想繼承了先秦強調音樂形式的多樣統一的

〔註8〕 修海林《關於中國音樂美學史研究對象的思考》，見《音樂研究》2003 年第 4
　　　期。該文後來作爲《中國古代音樂美學》一書的導言出版，見《中國古代音
　　　樂美學》，福州：福建教育出版社 2004 年版，第 9～12 頁。
〔註9〕 蔡仲德《中國音樂美學史·緒論》，北京：人民音樂出版社 2003 年版，第 11
　　　頁。

觀點，集中探討了音樂形式美的法則問題。道家音樂美學「大音希聲」等問題和玄學中的言、意與象的關係的辯論啓迪了音樂美學的思路，形成了音樂意境論。所以，正因爲魏晉南北朝時期是對儒家音樂美學的突破才使這一時期的音樂美學思想在整個中國音樂史上的地位變得如此重要。

　　魏晉南北朝時代的音樂美學思想對音樂美學學科的建設具有不可替代的作用。音樂美學是一門新興學科，音樂美學研究在目前的學界研究中西化的思想傾向比較嚴重，很多研究者直接以西方的音樂美學概念、術語來生搬硬套中國的音樂美學思想，用西方的研究方法和視角來俯視中國古典音樂美學，這樣只會削弱本民族的文化傳承。事實上，中國音樂美學思想有其自身發展軌迹、範疇體系和美學價值，一味地生搬硬套，只會削足適履，適得其反。現有的中國古代音樂美學的研究存在體系性不強，中國古典的音樂美學範疇沒有得到凸顯等局限，因此，有必要把中國古代音樂美學的研究引向深入。嵇康的《聲無哀樂論》認爲音樂不表現情感內容，只有樂音形式的運動，這個觀點早於西方自律論。「在音樂方面，我國傳統的音樂美學思想，一直體現著絕對的確定性，可知性。音樂的不確定性的說法，就應該追溯到嵇康『聲無哀樂』的論述。嵇康的這一理論比漢斯立克早 1600 年。」〔註10〕音樂美學是一門新興學科，關於自律和他律問題的爭辯、音樂和情感的關係、音樂內容和形式等難題有待於進一步的研究和完善。魏晉南北朝時期的音樂美學思想，尤其是嵇康的音樂美學思想對這一學科的建設無疑具有一定的啓發和借鑒意義。

第二節　研究綜述

　　中國音樂美學的研究現狀堪憂。從學科建設來看，音樂美學是一門新興學科，但這門學科主要以西方音樂美學爲主，教材主要以傳授西方音樂美學思想爲目的，因而音樂美學研究西化傾向嚴重，中國音樂美學思想幾乎不占比重。從時間上看，嚴格意義上的中國音樂美學的研究起步很晚，論文自 1984 年李曙明撰寫《音心對映論——〈樂記〉「和律論」音樂美學初探》開始引發中國音樂美學研究熱潮，專著從 1986 年蔣孔陽的《先秦音樂美學思想論稿》

〔註10〕杜洪泉《中國古代音樂美學概論》，北京：大眾文藝出版社 2005 年版，第 233 頁。

開始，全面系統研究以蔡仲德《中國音樂美學史》爲代表，其他有一定影響的論著也僅只十餘部〔註 11〕。從中國美學史的研究來看，音樂美學所佔有的份額遠遠少於文學理論，甚至少於畫論和書法理論。比如徐復觀的《中國藝術精神》一書共有十章，而樂論只有一章，畫論卻有八章。其他的著述如李澤厚、敏澤、張法、陳望衡、曾祖蔭、於民等學者編著的中國美學史也大都如此。從中國音樂美學史的研究來看，目前還停留在以人爲單位的「史」的梳理層面上，沒有透過歷史深入到內部探討具有中國特色的論題、範疇和術語。現將相關的魏晉南北朝音樂美學研究按照類別分別進行說明。

一、中國美學思想史、玄學、文論論著中的魏晉南北朝音樂美學思想研究

這類著述限於篇幅，相關的內容一般只有阮籍的《樂論》和嵇康的《聲無哀樂論》。關於阮籍的《樂論》，主要有兩種觀點，一種以蔡仲德、陳伯君、敏澤等學者爲代表，認爲阮籍《樂論》沒有超越儒家音樂美學的藩籬。對於阮籍反對「以悲爲樂」的理論，蔡仲德認爲是「爲維護等級統治而反對民衆唱出其不幸與不平，此種思想更無傑出之可言」〔註 12〕。一種以李澤厚等學者爲代表，認爲《樂論》「體現了魏晉美學衝破儒家倫理學的美學而走向純粹美學的傾向」〔註 13〕。李澤厚還說阮籍《樂論》達到「重視『樂』所達到的理想的精神境界，即『自然一體』、『萬物一體』的境界，消除了人與人的相互爭奪殘害」〔註 14〕，有階級鬥爭的論調，未免有拔高之嫌。整體上看，對阮籍《樂論》的價值評判，貶斥多於褒揚。陳伯君在校注阮籍《樂論》時有一條批語：「按：《三國志・魏書・高貴鄉公髦記》：『甘露元年夏四月丙辰，帝幸太學，問諸儒……於是復命講禮記。』疑此文乃阮籍爲高貴鄉公散騎常侍時奉命講《禮記》（《樂記》爲《禮記》之一篇）或與諸儒辯論時候的作品。」〔註 15〕高晨陽也說過從思想淵源看，阮籍的《樂論》主要依據儒家的經典《禮

〔註 11〕參見附錄：中國音樂美學史研究著作。
〔註 12〕蔡仲德《中國音樂美學史》，北京：人民音樂出版社 2003 年版，第 493 頁。
〔註 13〕李澤厚、劉綱紀主編《中國美學史》（第二卷上），北京：中國社會科學出版社 1984 年版，第 180 頁。
〔註 14〕李澤厚、劉綱紀主編《中國美學史》（第二卷上），北京：中國社會科學出版社 1984 年版，第 173 頁。
〔註 15〕《阮籍集校注》，陳伯君校注，北京：中華書局 1987 年版，第 77 頁。

記‧樂記》而作成。〔註 16〕他們都看到了阮籍《樂論》與儒家經典《禮記‧樂記》的相似之處，卻忽略了二者之間的差異。阮籍《樂論》中的很多觀點的確延續了儒家正統樂教觀，但其中蘊含的玄學精神和道家思想才是阮籍真正想要表達的觀點，應該引起足夠的重視。

對於嵇康的《聲無哀樂論》，各家爭議頗多，現歸納爲四種觀點：第一種觀點側重宇宙之道，以湯用彤《魏晉玄學論稿》爲代表，他將嵇康的音樂理論與魏晉玄學的本體論思想相比附，把音樂之「和」看作宇宙本體的體現。認爲美好的音樂是宇宙本體、自然之道的體現，音樂必再現宇宙之和諧。〔註 17〕第二種觀點側重一種境界，以李澤厚、劉綱紀《中國美學史》（第二卷上）爲代表，認爲樂的本體是超越哀樂的「和」，這是嵇康樂論的特色所在，藝術的最高本體不是情感的哀樂，而是超越情感哀樂的個體精神的一種無限自由的狀態，即對於超越人生中一切有限功利追求的自由境界的表現。〔註 18〕這一說法把嵇康「聲無哀樂」的基本精神鎖定在一種境界的追求上，這種境界來自於主體超越自身情感的局限達到無哀樂的宇宙之和的狀態，簡言之，是一種主（欣賞主體）客（宇宙客體）統一的境界，而不再像第一種觀點將其歸於純客觀的道的展示。第三種觀點側重主體。羅宗強《魏晉南北朝文學思想史》認爲嵇康《聲無哀樂論》強調了審美主體的作用，指出哀樂之情，生於審美者自身。審美者不是被動的接受，而是創造。〔註 19〕李健中、高華平《玄學與魏晉社會》認爲嵇康《聲無哀樂》從音樂鑒賞的角度，大膽肯定主體意識的存在，認爲音聲之聲本身並無情感內容，而只是引發了原本就藏於鑒賞者內心深處的情感，將「心」從「聲」的制約和統御中解放了出來。〔註 20〕第四種觀點側重音樂本身。牟宗三《中國哲學十九講》認爲中國正統的觀點重視音樂教化作用，如《樂記》所載，嵇康已經超過這個程度，而就音樂本身來談論美；〔註 21〕陳炎主編，廖群、儀平策寫的《中國審美文化史》認爲嵇康用「自然之和」的概念淨化了音樂，剔除了儒家美學賦予音樂的種種

〔註 16〕 高晨陽《阮籍評傳》，南京：南京大學出版社 1994 年版，第 119 頁。

〔註 17〕 湯用彤《魏晉玄學論稿》，上海：上海古籍出版社 2001 年版，第 201 頁。

〔註 18〕 李澤厚、劉綱紀主編《中國美學史》（第二卷上），北京：中國社會科學出版社 1984 年版，第 218～221 頁。

〔註 19〕 羅宗強《魏晉南北朝文學思想史》，北京：中華書局 1996 年版，第 70 頁。

〔註 20〕 李健中、高華平《玄學與魏晉社會》，石家莊：河北人民出版社 2003 年版，第 72 頁。

〔註 21〕 牟宗三《中國哲學十九講》，上海：上海古籍出版社 2005 年版，第 193 頁。

非自然的倫理內涵和功能，還音樂（也是整個藝術）以一種不假人以爲用的獨立自足的本體存在。〔註 22〕辛剛國《六朝文採理論研究》認爲，嵇康《聲無哀樂論》體現了文（藝）的自覺，實現了「樂」之主體由異化的他律向藝術自律的回歸。〔註 23〕十分明顯，持這一看法的學者認爲嵇康「聲無哀樂」的主旨乃是探討音樂自身的審美特質，反對從音樂之外探求音樂美的本質，認爲音樂的美在自身的「和」。

　　不難發現，以上四種觀點分別從宇宙客體、主客統一、主體和音樂本身對《聲無哀樂論》的理論內涵進行探討，第一種觀點肯定宇宙之道，忽視欣賞主體；第二種觀點較爲全面，但沒有立足於音樂本身；第三種觀點強調情感，淡化音聲；第四種觀點立足於音樂自身，四種觀點研究視角發生轉換，各從一個側面進行探討，無疑缺乏一種全面的視角。嵇康《聲無哀樂論》中核心的範疇「和」包含自然之和、音聲之和與主體之和，從宇宙客體、音樂本身和主體出發來探討音樂的起源、本質和社會作用等音樂美學重大問題。「象」是嵇康音樂美學的重要範疇，他提出「和聲無象」的觀點否定儒家功利主義樂象觀，其樂象觀肯定審美主體的主觀能動性，對音樂審美問題有獨到的見解。還有「雅俗」、「樂教」等範疇涉及嵇康對雅樂和俗樂等音樂風格的看法以及音樂的功能的看法。總之，應當從嵇康音樂美學的固有範疇出發全面多角度進行探討，對嵇康《聲無哀樂論》的體系建構和範疇研究還有待深入進行下去。

二、中國古代音樂美學史中的魏晉南北朝音樂美學思想的研究

　　目前爲止，蔡仲德的《中國音樂美學史》（包括 1995 年和 2003 年修訂版兩個版本，人民音樂出版社出版）一書是對中國古代音樂美學史研究最全面和最權威的學術成果。該書緒論中探討了中國音樂美學史的一系列重大問題：「中國音樂美學史的對象」、「中國音樂美學史的分期」、「中國音樂美學史中的儒道兩家思想」、「中國音樂美學史中始終討論的幾個問題」、「中國古代音樂美學思想的特徵」、「研究古代音樂美學思想與建立現代音樂美學體系的

〔註 22〕廖群、儀平策《中國審美文化史》（先秦卷・秦漢魏晉南北朝卷）濟南：山東畫報出版社 2007 年版，第 368 頁。
〔註 23〕辛剛國《六朝文採理論研究》，北京：中國社會科學出版社 2005 年版，第 246頁。

關係」。該書的出版在學界產生重大影響，標誌著中國音樂美學史學科的基本
建立。他對中國古代典籍中的音樂美學理論進行了全面的梳理與分析，在第
四編將魏晉和隋唐合在一起，其中魏晉南北朝的部分有七章，主要以人爲章
節，按照歷史排序，把魏晉南北朝時期的音樂美學思想分爲概述、王弼、阮
籍、嵇康、陶淵明、其他著作、佛教典籍（包括隋唐佛教）等七種音樂美學
思想。蔡仲德對這幾位理論家的音樂美學思想的探討較爲深入和全面，很多
觀點比如對《聲無哀樂論》的幾個問題的探討也是發前人之所未發。但值得
注意的是，這種以人爲單位的研究方法雖然有利於把一位音樂美學家的思想
闡述的全面而詳細，具有一種「史」的視野，但缺陷也是顯而易見的。這種
以人爲單位的史的研究方法，不僅從材料上無法做到全面與統觀，更重要的
是不利於對音樂美學的範疇、論題進行縱向和橫向的比較和分析，從而無法
將某一論題從起源、到形成再到分化的過程探討得很清楚。因此從整體看，
蔡仲德對魏晉南北朝這一時期音樂美學思想的研究往往更多地停留在介紹梳
理層面，理論體系性不強而理論內涵的研究還顯得不夠深入。本文以爲學科
的建構與完善僅憑一人一時的努力是遠遠不夠的，蔡仲德所作的工作就是後
學研究的基礎，我們將在繼承和超越的過程中將中國音樂美學史的研究引向
深入。

修海林的《古樂的沉浮》（山東文藝出版社 1989 年版）、《中國古代音樂
美學》（福建教育出版社 2004 年版）兩本書的出版，在學界引起一定的反響。
修海林在《中國古代音樂美學》導言「關於中國音樂美學研究對象的思考」
中提出了與蔡仲德不同的觀點。他在該書中的具體研究情況也反映了他所使
用的研究材料與蔡仲德的有一定的差異。他對先秦音樂美學思想的研究，對
先民的審美意識的論述中加入了音樂考古成果，對「樂」與「和」的範疇研
究引入了文字學考辨和文化研究視角，可以說修海林在研究方法上有一定的
革新，研究對象的範圍也有所擴展。修海林在研究過程中有一定的範疇意識，
對「和」、「樂」等術語的內涵把握比較到位。其中魏晉南北朝時期的音樂美
學思想，他同蔡仲德一樣與隋唐合在一起討論，也以人爲研究單位，具體有
阮籍、嵇康、《列子·湯問》、《宋書》、《文心雕龍》的音樂美學思想等幾部分，
與蔡仲德的《中國音樂美學史》相比，加入了《宋書》，研究範圍有所增加。
其他的一些音樂美學史還有：葉明春的《中國古代音樂審美觀研究》主要用
平和、不平兩種審美觀來審視歷代音樂美學思想，其中涉及「平和」的範疇

研究。龔妮麗、張婷婷的《樂韻中的澄明之境——中國傳統音樂美學思想研究》內容包括中國音樂美學概說、音樂審美活動及其思想歷程、音樂的存在、音樂的審美特徵、音樂的審美風格、不同門類音樂的審美旨趣、音樂欣賞等。該書從中國音樂的審美實踐及哲學思想中總結出中國傳統音樂文化與西方音樂文化不同的審美追求、審美趣味及美學理想，指出中國音樂的美感特徵是「以和爲美」、「虛實相生」、「氣韻生動」等。整體看，該書對中國音樂美學思想的分析和探討有別於以往以人爲單位的「史」的研究視野，具有一種整體統照的研究思路。該書從音樂實踐出發來總結音樂美學思想雖不失爲一種新的視角與嘗試，卻忽視了對音樂美學理論的研究，且完全用西方的理論構建中國音樂美學的框架，雖然也自成體系，但對本民族的音樂美學術語、範疇沒有涉獵，不利於顯示中國古代音樂美學思想的精髓，也不利於文化傳承。

三、專人、專著研究

　　嵇康對中國音樂美學的貢獻極大，在魏晉南北朝乃至中國音樂美學史上都佔據著極其重要的地位。其音樂美學專著《聲無哀樂論》近七千餘字，有著嚴謹的理論系統性，是繼先秦荀子《樂論》、漢代《禮記・樂記》之後的論著，嵇康的音樂美學思想在魏晉南北朝音樂美學思想研究中佔據的比重較大。張蕙慧的《嵇康音樂美學思想探究》（臺北文津出版社 1999 年版）史料收集翔實，論述全面。但只有第三章對嵇康音樂美學的內涵進行分析屬於音樂美學的內部研究，第五章是比較研究，而第一、二、四、六、七、八章節關於嵇康美學思想的評價、啓示、影響的討論則是對嵇康音樂美學所作的外部研究，且其研究方法是用西方的音樂美學理論來套嵇康的音樂美學思想，忽視了嵇康音樂美學自身的理論內涵和範疇，不利於建構中國古代音樂美學自身的體系。

　　張節末的《嵇康美學》（浙江人民出版社 1994 年版）對嵇康的美學思想進行了全面的研究。張節末把嵇康的美學思想分爲自然美學、人格美學和音樂美學，分別進行探討。該書能夠立足哲學，從道家自然原則入手探尋嵇康音樂自然觀，揭示道家思想對嵇康自然美學思想的深遠影響，立足嵇康本人的哲學思想，以嵇康自由的人格理想入手探尋嵇康人格美學中超越哀樂的審美追求。同時對先秦至漢末樂論中情感理論的發展作一全面梳理和總結，揭示了嵇康《聲無哀樂論》的理論背景。全書只在第四章中對《聲無哀樂論》

進行了深層理論模式析論，分設心物爲二、情感二分、有無之辯、美善並濟、「和心」發爲「和氣」的言志說五個小節。外編中用西方的理論模式對嵇康和康德、漢斯立克的美學思想進行了比較研究。張節末對嵇康音樂美學的研究，對嵇康《聲無哀樂論》等篇著作中出現的概念、術語能夠詳細進行剖析，有一定理論深度，應該說對嵇康的音樂美學思想的外部研究較爲充分，能夠綜論時代的哲學思想（道家自然觀）、嵇康本人的哲學思想以及先秦兩漢樂論與嵇康音樂美學思想之間的必然聯繫。但內部研究有待深入，對嵇康音樂美學思想的研究缺乏整體的思路。其他專人的思想研究著述，如南京大學出版社「中國思想家評傳叢書」之高晨陽《阮籍評傳》（1994 年版）和童強《嵇康評傳》（2006 年版）。該叢書的最大特點在於能夠將個人思想與時代政治、思潮、思想家生平結合起來論述，因而兩本書分別對阮籍、嵇康音樂美學思想的探討有一種全面而多角度的研究視角。

四、範疇研究

20 世紀 80 年代，中國古代美學範疇的研究日益受到學界的重視，而音樂美學範疇的研究尚處於起步階段，只限於期刊論文，還沒有這方面的專著，發展的前景和開拓的空間是十分廣闊的。根據電子全文資料統計，從 1980 年到 2010 年，學術界對中國音樂美學古代部分研究論文探討的範疇包括：「和」、「平和」、「新聲」、「德音」、「鄭聲、淫聲、鄭衛之音」、「天籟」、「中和」、「禮樂」、「悲」、「無聲之樂」、「淡和」等 11 個範疇；自 1959 年至 2010 年爲止，探討的命題主要：「樂而不淫，哀而不傷」、「非樂」、「音聲相和」、「大音希聲」、「美善相樂」、「移情」、「聲無哀樂」、「但識琴中趣，何勞絃上聲」等 8 個命題。〔註24〕

這些範疇和命題的研究有一定的價值和意義，爲建立中國獨有的範疇體系具有積極的促進作用。本篇論文將在此基礎上把魏晉南北朝時代的音樂美學思想的研究引向深入。中國音樂美學思想研究薄弱已經成爲不爭的事實。如何在音樂美學學科建設上汲取中國音樂美學思想，建構有中國特色的音樂

〔註24〕對期刊論文中關於中國音樂美學範疇研究的統計，本文參考了葉明春、李浩撰寫的《20 世紀中國音樂美學古代部分研究歷史與現狀梳略》一文，見韓鍾恩主編《二十世紀中國音樂美學問題研究》（上冊），上海：上海音樂學院出版社 2008 年版，第 105 頁。

美學體系，對組成中國音樂美學思想的構成細胞——範疇進行深入研究是當務之急。

第三節　研究方法

　　20世紀80、90年代末中國音樂美學研究興起一股「音心對映」的討論熱潮。李曙明提出一種新觀點，他認爲區別於西方自律論和他律論，中國古典音樂美學是一種「音心對映」的和律論。他說《禮記・樂記》中「比音而樂」即「音心對映」，「是《樂記》和律論音樂美學的魂魄，也是本文的中心旨趣。『比音而樂』的命題，具有西方自、他二律論所無可比擬的理論伸發潛力，它是中華民族獨具特色的音樂美學體系的重要基石。」〔註25〕他的觀點有極其強烈的震撼力，猶如一塊巨石，在音樂美學界掀起了巨大的波動，許多知名學者參與了這次論辯，引發了長達20餘年的關於音樂主體與客體、內容與形式、自律與他律等重大音樂美學問題的爭鳴，對音樂美學學科的建設以及中國音樂美學體系如何建構均產生極其重大的影響，討論的成果在2008年以韓鍾恩、李槐子主編的《音心對映論爭鳴與研究》結集問世而劃上圓滿的句號。時經三年，熱鬧過去，平靜思考這場論辯，我對中國古代音樂美學闡釋的方法有了不同的看法。

　　李曙明得出此結論的論據主要是重新解釋《禮記・樂記》中的「比音而樂」，《老子》的「音（意）聲相和」、嵇康的「樂之爲體以心爲主」。李曙明得以成功地引發數十年關於中國音樂美學爭鳴的原因在於當時社會上掀起一股音樂美學研究熱潮，這次論辯對中國音樂美學體系的建構有著重要的意義。李曙明有志於「建立和發展具有中華民族特點的馬克思主義音樂和美學體系」，以期和西方音樂美學接軌，這種設想值得首肯。但方法和觀點有待商権。他提出「經我互注，以我爲主」的研究方法〔註26〕，雖然的確改變了單純「我注六經」所帶來的拘泥於文本資料的局限，但未免有「六經注我」之嫌。李曙明的前兩個論據對「比音而樂（le）之」和「意聲相和」的解釋，因爲不遵循原文，已經遭到大多數學者的反對。筆者贊成梁厚意對「比音而樂

〔註25〕李曙明《音心對映論——〈樂記〉「和律論」音樂美學初探》，《人民音樂》1984年第10期。

〔註26〕李曙明《東西方音樂美學之比較研究——兼答蔣一民與蔡仲德等諸君》，《音樂研究》1990年第1期。

之」的解釋〔註 27〕，以及牛龍菲對老子「音聲相和」的考證〔註 28〕，對嵇康「樂之爲體以心爲主」的解釋，也遭到蔡仲德等學者的反對。正所謂「皮之不存，毛之焉附」，論據被推翻，論點還能成立麼？筆者以爲，中國擁有源遠流長的音樂美學思想體系，「樂象」、「和聲」等術語古已有之，並形成體系嚴謹、博大精深的樂象、和聲理論，所欠缺的只是將這些思想體系化和重新建構，李曙明所提出的音心對映的和律論，引發數十年的爭鳴而未決，由此可見中國音樂美學研究的西化傾向。事實上，音心對映的問題就是樂象所探討的內容，和律問題屬於和聲的範疇，應該對歷代的樂象、和聲等範疇進行深入探討，而不是簡單套用西方的術語機械地解釋、論證中國的音樂美學思想。這才是中國音樂美學首先面對和解決的問題。

　　筆者以爲，應立足於中國古典音樂美學自身所獨有的概念術語、範疇命題，來構建中國古代音樂美學自身的理論體系和框架。李曙明提出的「和律論」顯然是套用西方自律和他律術語的結論，這樣的提法對中國音樂美學思想並不一定適合。中國古代的美學家建構完整的理論體系者極少，對於中國古代的音樂美學思想是否有體系，我們傾向於「潛體系」的說法，要將這種「潛體系」轉換爲「顯體系」，既是轉換，也是重建。

一、範疇研究

　　韓鍾恩主編的《二十世紀中國音樂美學問題研究》中收錄了葉明春、李浩撰寫的《20 世紀中國音樂美學古代部分研究歷史與現狀梳略》，這篇論文羅列了 1999 年蔡仲德先生根據《中國音樂美學史》教學需要，爲中央音樂學院研究生提供了 105 個中國音樂美學範疇和命題，其中魏晉南北朝時期的範疇和命題有「聲無哀樂」、「音聲有自然之和而無繫於人情」、「躁靜者，聲之功也」、「聲音以平和爲體」、「聲能使人歡放而欲愜」、「和聲無象，音聲無常」、「音聲可以……導養神氣，宣和情志」、「但識琴中趣，何勞絃上聲」、「絲不如竹，竹不如肉，漸進自然」等 9 個〔註 29〕。蔡仲德先生所列魏晉南北朝時期命題多過範疇。範

〔註 27〕 梁厚意將樂讀爲音樂的樂，名詞作動詞「演奏」講，並將音理解爲純音樂，樂理解爲「樂舞」，見《淺釋「比音而樂之」的「音」與「樂」──〈樂記〉存疑探討之一》，《星海音樂學院學報》1989 年第 3 期。

〔註 28〕 牛龍菲《「音聲相和」還是「意聲相和」？》，《人民音樂》2001 年第 10 期。

〔註 29〕 見韓鍾恩主編《二十世紀中國音樂美學問題研究》（上冊），上海：上海音樂學院出版社 2008 年版，第 105 頁。

疇是對事物、現象的本質聯繫的概括。命題是相關範疇的討論結果。可以說，範疇是構成美學思想的最小細胞，從中展現了中西不同的思維路徑。

　　中國美學範疇具有多義性、模糊性、隨意性、直覺性等特點〔註30〕，這給研究帶來了較大困難。所以應對魏晉南北朝時期出現的音樂美學的範疇予以梳理、分析，確定有哪些主要範疇，並給予解釋。這需要結合古人的思維方式，聯繫整個中國文化傳統的大背景來考察，作出比較明確，接近原意的詮釋。同時不能以古釋古，而是要給予現代詮釋，將傳統音樂美學的範疇納入現代邏輯的理論框架，以嶄新的視野賦予古代音樂美學思想以鮮活的生命力。中國古代美學和古代文論的研究重心，在史的研究的基礎上，有逐漸向範疇研究和體系研究轉移的趨勢。而中國古代音樂美學思想中的研究目前還處於「史」的階段，雖然有一些期刊論文，但還沒有範疇研究的專著，本篇論文有助於學科研究的深化和推進。

　　在魏晉南北朝時代的視野下，勾勒中國古代音樂美學思想演變的歷史規律，揭示其發生發展的社會文化背景；同時以「範疇」為組成細胞，闡明具有中國特色的音樂美學的術語、概念，深入透析構成中國古代音樂美學思想組成細胞的思想精髓，從而展現中國傳統音樂文化與西方音樂文化不同的審美趣味和美學理想。中國音樂美學的範疇，由於文化背景的特殊性，呈現出與西方音樂美學範疇迥然不同的面貌。中國現代美學體系的建立和音樂美學學科的建設，需要吸納融彙中國古代音樂美學範疇中凝聚審美認識的精粹。

　　範疇研究是本論文最主要的研究方法，這是因為中國古代音樂美學是有自身範疇命題和理論體系的，比如「和」這個範疇有一定的延續性，先秦典籍中就有樂之和的觀點，其後幾乎所有談論音樂的著述中都談到「和」這個話題，「和」可以視為中國古代音樂美學的核心範疇，因而不能套用西方音樂美學的理論而忽視中國音樂美學自身的理論體系。魏晉南北朝音樂美學思想是中國音樂美學史的斷代研究，如果單純以人為研究對象來結構全文，未免會顯得雜亂而沒有體系性。本文採用範疇的形式，分源起、和聲、樂象、雅俗、樂化篇五個章節，章節的設置參考了《禮記‧樂記》的篇章體制〔註31〕。

─────────────

〔註30〕 見《中國美學範疇叢書》系列叢書中蔡鍾翔、陳良運撰寫的總序，南昌：百花洲文藝出版社 2009 年版。
〔註31〕 《禮記‧樂記》篇目為樂本、樂論、樂禮、樂施、樂言、樂象、樂情、魏文侯、賓牟賈、樂化、師乙。

《禮記‧樂記》包含先秦至漢代以來的美學思想〔註32〕，可視作西漢以前儒家音樂美學的代表作，是中國音樂美學史上一部論述全面、體系嚴謹的音樂美學思想的集大成之作，其在中國音樂美學史上的地位與《文心雕龍》在中國文學批評史上的地位相似。就其篇目而言，共有十一篇，大致可以分為兩類：一類整體論樂，具有較強的體系性。其中《樂本》論樂的本源；《樂論》、《樂禮》、《樂情》談禮樂相濟的思想；《樂言》、《樂化》、《樂施》論樂的教化作用；《樂象》論樂的特徵。一類記錄孔子、師乙、子夏關於樂的言論，內容比較零散。本文章節的設置主要依據第一類篇目，改《樂本》為「和聲篇」、合《樂論》、《樂禮》、《樂施》、《樂言》、《樂化》為「樂教篇」，合《樂情》、《樂象》為「樂象篇」，將情感問題放在「樂象篇」裏探討，添加「雅俗篇」來探討中國音樂美學史上雅俗之爭問題，這樣既保持了中國傳統音樂美學的論題，又拋棄《禮記‧樂記》原有體系注重倫理道德的外部研究視角，也與西方音樂美學體系相接軌。同時在第一章設有源起篇，將魏晉南北朝時期的音樂美學思想放在時代的大背景中探尋其思想源頭，探討這一時代的音樂美學思想與政局、玄學、佛學以及音樂實踐的關係。「和聲」、「樂象」、「雅俗」、「樂教」這四個範疇探討的內容涵蓋音樂的本質和起源、音樂審美、音樂風格和音樂的作用等音樂美學的主要理論問題，又與中國傳統音樂美學的範疇緊密相關，如「和」、「平和」、「中和」、「和聲」、「和比」、「比」、「文」、「自然」、「樂象」、「心」、「情」、「雅」、「俗」、「意」、「趣」、「味」、「神」等範疇。

二、以中為本，西學參證

本篇論文立足於魏晉南北朝音樂美學產生的時代背景、文化現象、音樂實踐及這一時期音樂美學自身的理論範疇，進行文本闡釋。這是本篇論文研究的主要方法和視角。中國古代音樂美學思想往往以經驗的狀態感性地呈現

〔註32〕《樂記》傳為戰國初公孫尼子所作。班固《漢書‧藝文志》以為漢武帝時河間獻王與毛生等共採《周官》及諸子言樂事以作《樂記》。《隋書‧音樂志上》說：「《樂記》取《公孫尼子》」，「河間獻王與毛生等，共採《周官》及諸子言樂事者，以作《樂記》」。以此可見，《樂記》的底本依據公孫尼子，又有後人附加的內容，其觀點以儒家音樂美學思想為主。後來只有十一篇先後收入《禮記》、《史記‧樂書》得以保存下來，其餘篇目只有篇名見於劉向《別錄》，分別為《奏樂》、《樂器》、《樂作》、《意始》、《樂穆》、《說律》、《季札》、《樂道》、《樂義》、《昭本》、《昭頌》、《竇公》。

自身。但是，我們不能否認，中國古代豐富的音樂美學思想是取之不盡、用之不竭的巨大寶庫，它們所缺乏的只是一種理性的提升。因此，本文力求對魏晉南北朝音樂美學思想的範疇、命題進行美學內涵的挖掘、闡釋和邏輯層面的提升。對文本的闡釋，是以歷史語境爲基礎的，歸納每一個術語、概念在文本語境中的全部使用情況，聯繫歷史語境，對每一範疇、概念的內涵進行分析，然後結合整體的思想，作出用法與意義的歸類，最後對每一範疇所討論的命題進行美學意義的闡發，更重要的是注重內在的邏輯層次，力求將每一範疇體系化，形成與西方美學思想相互對映的邏輯構架。

　　本文所使用的另一種研究方法是西學參證，並不是指搬用、套用各種西方理論，而是指以西方音樂美學思想的邏輯思辨性來取代中國古代音樂美學經驗性、描述性的思維方式；以西方建立音樂美學這門學科時所探討涉及的理論問題去統觀中國古代音樂美學思想，對魏晉南北朝音樂美學思想的研究始終帶著問題去研究，這些問題包含音樂美學探討的難點問題，如音樂與情感的關係、音樂的美、音樂的審美心理與音樂的作用等問題，這樣對魏晉南北朝時期音樂美學之於音樂美學學科的價值和意義會有更深入的認識。所以，西學參證爲本文研究的意義在於，一方面，西方音樂美學理論爲中國音樂美學思想提供了一種可供參考的視野和思路；另一方面，以西方理論分析性、邏輯性的語言之長來彌補中國古代經驗性、描述性的表述之短，可以視爲一種更深層次的思維方面的西學參證，這不僅體現爲話語系統的根本轉換，更是使中國音樂美學思想條理化、結構化、系統化的一種深層的邏輯建構。

三、文本闡釋的尺度：古今統一

　　對於歷史文本的闡釋要把握適當的尺度。現象學告訴我們，沒有絕對的眞理，只有人眼中的世界。伽達默爾的「視界融合」的理論認爲，「眞正的歷史對象根本就不是對象，而是自己和他者的統一體，或一種關係，在這種關係中同時存在著歷史的實在以及歷史理解的實在」〔註33〕，因此，我們對歷史文獻的闡釋也不可能做到絕對的眞實。根據闡釋學理論，「一種詮釋學處境是由我們自己帶來的各種前見所規定的。就此而言，這些前見構成了某個現在的視域，因爲它們表現了那種我們不能超出其去觀看的東西……如果沒有

〔註33〕伽達默爾《眞理與方法》，上海：上海譯文出版社1999年版，第384～385頁。

過去，現在視域就根本不能形成。正如沒有一種我們誤認爲有的歷史視域一樣，也根本沒有一種自爲的現在視域。理解其實總是這樣一些被誤認爲是獨自存在的視域的融合過程。」〔註 34〕因此，對古代音樂美學的文獻資料，要做到古今統一，古爲今用。既不能拘泥於文獻，在字面意思裏打轉，而不聯繫音樂美學思想的文化背景和哲學思潮；也不能完全脫離原文的語境，閉門造車，發明新的理論，再拿文獻爲自己的理論作注解。

中國古代音樂美學思想的研究既要立足於中國古代音樂遺留下來的具體文獻資料，全面考察文獻典籍產生的時代背景、文化現象和社會思潮，深入分析文本中出現的範疇、概念和術語，透徹領會著者的思想精神實質；同時也不忽視對古代文本闡釋的現代性視域。站在音樂美學學科建設的高度，從古代音樂美學典籍中吸取有益於學科建設的給養，並以西方音樂美學理論爲參校，建立中國古代音樂美學自身的理論體系。

綜上所述，範疇研究是本文的首要研究方法，本文立足於範疇來構建符合中國人審美心理的音樂美學思想體系；中西參證的研究方法使魏晉南北朝音樂美學思想不再局限於自身狹小的空間，爲中國音樂美學思想走向世界奠定基礎；古今統一的研究方法是任何時代的研究者面對歷史文本所必須採用的方法，但古今統一的尺度較難把握。古代文獻的研究始終面臨現代視域的重新再闡釋。我們對魏晉南北朝音樂美學思想的研究本著古爲今用的原則和方法使其在新時期重新煥發光彩。

〔註34〕伽達默爾《眞理與方法》，上海：上海譯文出版社 1999 年版，第 393 頁。

第一章　源起篇

　　魏晉南北朝時期，音樂美學的繁榮不是偶然的，而是音樂美學發展到一定階段，在時代文化的大背景下，受政治格局、社會思潮（其中包括哲學思潮、美學思想等思想領域的變革）以及宗教等社會意識形態的影響，同時也是在音樂實踐土壤中共同孕育的花朵。我們在研究這一時期的音樂美學思想時如果不把它置之於時代背景下，是無法深入理解其思想實質的。

第一節　時政與音樂美學

　　音樂美學思想不是憑空產生的，就如特定的人總是處在特定的時代，人頭腦中產生的所有觀念、思想又總是與這個時代發生關係。而一個時代的時局形勢、政策方針關係著世人的生計要害，命運遭際。時政作爲時代的風向標對音樂美學觀念的影響是首當其衝的。戰亂是魏晉南北朝時代最大的形勢特點，它從漢末延續下來貫穿於魏晉南北朝整個時代，造成政權分立、禮崩樂壞的政治局面，它也輕而易舉地撕毀了漢代封建神學精心編織的倫理道德羅網，因而帶來了人的覺醒，由群體德行轉向個體才能的價值體系已然在社會中普遍得以確立。在動蕩的時局，惡劣的政治氣候之下，生存遭遇威脅，人們在冰與火的歷練中迸發出生命的激情，唱響了生命的讚歌，音樂成爲人們精神的家園，靈魂的守候者。音樂之於人的生命意義日益凸顯，從而改變了與此相關的音樂觀念。

一、才與性的交鋒

漢末，曹操頒佈「求才三令」對時代的道德觀念、審美思潮起到了推波助瀾的積極作用。求才三令頒佈的時間分別在建安十五年、十九年和二十二年。(《三國志・武帝紀》)求才三令認為，一個人身上往往是才能與性行相互背離的，有德者未必有才，而有才者未必是德行的楷模。關於三令的意義，陳寅恪先生說：「三令的頒佈是政治社會道德思想上的一次大變革。可視為曹魏皇室大政方針的宣言。」[註1]同時選拔官吏倡導「唯才是舉」的大政方針，改變了漢代注重德行的觀念，儒家道德倫理觀念已然破滅。曹操求才三令以才取人是一種政治風向標，代表了與漢代「舉孝廉」截然不同的一種人才觀和價值觀，無疑對與人性緊密相關的音樂思想產生了深遠影響。

才性也稱「才行」、「才德」等，是關於才能與操行的討論。操行往往以儒家所立的仁、義、孝、廉等倫理道德為標準，可見，德行是一種群體共性的要求，而才能包含情感、學識、能力等諸多個體差異的特點，有個性的光輝在閃耀。曹操選舉制度的變化，彰顯了人的個體才能越來越得到賞識。在漢代儒術統治的時代裏，人只是天人合一觀念編織的倫理道德羅網中固定的一個網點，一旦這種羅網被撕破，人的個性被發現，個體的才能、性情、情感才得以在藝術領域中嶄露頭角。在藝術理論中倡導藝術要抒寫個體之情感：「詩緣情而綺靡」，以區別於上古提倡的「詩言志」。作為中國藝術的核心，音樂與人們尤其是文士的關係日益緊密，形成了風格獨具的士人音樂，也即文人音樂，他們把音樂作為個體怡情養性、消閒解悶的工具，提倡在音樂中暢神悅志，宣泄情感，導養神氣，以期頤養天年，全身養性。

魏末晉初，出身士族大家的司馬氏掌握了政權，推行名教，實行九品中正制，以中正來定品級，將德置於才之前，改變了由曹操所倡導「唯才是舉」的政策方針。由此引發了一場關於人性的大辯論，才性關係問題成為魏晉清談論辯的主要內容之一。據《世說新語・文學》記載：「鍾會撰〈四本論〉始畢，甚欲使嵇公一見。置懷中，既定，畏其難，懷不敢出，於戶外遙擲，便回急走。」劉注：「〈魏志〉曰：『會論才性同異，傳於世。』四本者，言才性同，才性異、才性合、才性離也。尚書傅嘏論同，中書令李豐論異，侍郎鍾會論合，屯騎校尉王廣論離。文多不載。」才性之間的關係由學術問題上昇

[註 1] 陳寅恪《魏晉南北朝史講演錄》，合肥：黃山書社 2000 年版，第 12 頁。

到意識形態領域，不僅僅是學術觀念的不同，甚至可以以此來判定文士們的政治立場，從而決定著他們的人生命運。主張才性同的傅嘏、才性合的鍾會站到了掌握實權的司馬氏一邊，加官進爵；選擇才性異、離的李豐、王廣堅持曹操唯才是舉的主張，都被司馬氏殺害。

縱觀魏晉南北朝歷史，性與才作為不同的政治主張總是不停地交鋒與較量。兩晉到南北朝時期，主要延續九品中正制，以尊奉儒學的豪族子弟入官；而曹操的「唯才是舉」的號召只在宋孝武帝提出「非才勿舉」（《宋書・孝武帝紀》）和梁武帝「唯才是務」（《梁書・武帝紀上》）的時候得到回應。才性問題作為政治命題體現了不同的選官標準和士人不同的政治立場；作為玄學論題則集中探討了人性、人格問題，又對與人性緊密相關的音樂藝術產生深遠的影響。

才性最初表現為情性問題。由「唯才是舉」所帶來的人性的覺醒，於是變為了情性的兩難。伴隨著自我意識的覺醒，則是人格的分裂。自然與人的個體才能相關而德行與禮法道德一致。才性問題也就與自然和名教關係相掛鉤。為統治者造輿論聲勢，企圖以道家思想來論證儒家思想的合理性，但名教與自然最終無法調和。這個時代的人們儘管痛心名教的虛偽，追求率性而為，但是一方面就文士本身思想而言很難做到完全脫離儒家思想的影響；另一方面，追求仕途的士人，為了功名起見也大力倡導名教。從小浸染於儒家家學的阮籍雖然行為任性怪誕，不拘禮法，提出「禮豈為我輩所設」，但思想仍然很傳統。嵇康對儒家大肆批判，但骨子裏仍以儒家行為為準繩。據《三國志》裴松之注引嵇康子嵇喜為康所作之傳，云其家世儒家。《隋書・經籍志》記載嵇康曾著有《春秋左氏傳音》；《世說新語・語言》說嵇康曾經遊心太學。足見嵇康深受儒學的浸染。余敦康以為阮籍和嵇康以名教與自然相結合作為自己的精神支柱，當二者不可調和之時，他們二人的精神支柱便崩潰了。〔註2〕儒家思想一直是封建文人安生立命所奉行的圭臬，它在魏晉士人心中的地位猶如上帝一般，而隨著統治階級打著名教的旗幟實施一己之貪欲，如今「上帝死了」，文人心中的信仰無異於驟然崩塌了。漢末以來，空前的信仰危機和精神恐慌造成了人格的缺失和分裂，魏晉南北朝的有識之士致力於探討完美的人格是如何造就的，因此傾向於在藝術中尋求答案。情與性如何統一的難題在音樂中找到了回應。

〔註 2〕余敦康《魏晉玄學史》，北京：北京大學出版社 2004 年版，第 302 頁。

二、生與死的挣扎

魏晉南北朝時期，除了戰亂帶來生命的威脅之外，這個時代政治上有個十分鮮明的特點，就是言論極度不自由，這種不自由也是以生命爲代價的。「魏晉名士少有全者」是個不爭的事實。戰禍不可避免，人禍或可解脫。這個人禍始自人們的政治態度，名教與自然是政治試金石，決定著文士們命運「是生存還是毀滅」。虛與委蛇、違心之論能保全生命，卻成了政治的應聲蟲，爲後人不恥；任情任性、暢所欲言雖招致殺身之禍卻能舍生而取義，得到後人敬仰。死難，生亦難，生死的抉擇是人生選題，也是價值觀的交鋒。

時局動蕩、言論威脅造成的生命脆弱是魏晉時人心中揮之不去的陰影。藥、酒與音樂是他們生命的三部曲。以藥來保養生命，以期永壽；以酒來澆滅心中的塊壘，麻醉於紛亂的世事，以期獲取暫時的逃避；用詩樂來寄予心聲，抒發自己獨特的性情。魏晉時人活得很矛盾，看似灑脫實則內心困苦。魯迅說：「我們看晉人的畫像或那時的文章，見他衣服寬大，不鞋而屐，以爲他一定是很舒服，很飄逸的了，其實他心裏都是很苦的。」〔註3〕正因爲內心困苦，因此才尋求解脫的方法。他們飲酒、服藥，舉止力求清俊脫俗，卻顯得矯情做作；談玄說理虛空不注重實際卻囿於世事不得解脫。如果要對士人的精神特質進行總結的話，一言以蔽之，外表灑脫而內心不得脫。因爲不得脫，所以他們才把生命的重心放在了藝術創作和藝術的哲學思考上了。「一個真正藝術家的靈魂，注定要承受死亡和痛苦的重壓，因爲上帝已把他們安排到生命的邊緣——最靠近地獄的地帶，他們除了面對死亡並從中吸取力量之外別無選擇。」〔註4〕不能承受生命之輕，在這樣的時代，哪怕是一顆茅草都有可能壓斷他們的生命之樹。名士們飲酒吃肉，放蕩形骸，也不能澆滅心中的塊壘，於紛擾之世事中獲得解脫；手揮尾塵，口若懸河，也無法撫平心中的傷痛。

音樂是魏晉南北朝士人的精神家園，他們詩意地棲居在音樂的世界裏，要想透徹洞悉士人的精神世界，必然瞭解他們對待音樂的態度，領悟他們棲情於琴、得道於樂，由有限超越無限的生活方式。音樂成爲他們生命的一部分，是超越生死，追求生命永恒的媒介，從沒有哪個時代人們與音樂的關係

〔註3〕 魯迅《魏晉風度及文章與藥及酒之關係》，見《魯迅全集》（第三卷），北京：人民文學出版社2005年版，第530頁。
〔註4〕 殷國明《藝術家與死》，廣州：花城出版社1990年版，第11頁。

像這樣緊密。因此，他們把音樂置於很高的地位，一致把樂看作天地的一分子，把音樂的起源歸於天地陰陽的化生。儒家強調人的社會屬性，而道家強調人的自然屬性。儒家看重「樂」的社會教化作用，而道家認為聲音的產生是源自自然，是「吹萬不同而使其自己」(《莊子‧齊物論》)的。在人的生命如草芥的動亂時代，人們更加易於接受道家把人、聲視為陰陽自然化生的產物，而摒棄了儒家所認同的禮樂之制。這個時代主要的音樂理論家如嵇康、阮籍等人深受儒家思想的浸染，也體現著與這個時代相一致的人生哲理思索。

面對生與死的兩難境遇，歸隱是魏晉以降士人們的集體抉擇。他們或大隱隱於世，或歸隱山林，生命的孤獨是必須直面的人生處境，也是無法消解的生命苦痛。阮籍詩文中孤獨的意象、愁悶的自我形象是深入人心的：「夜中不能寐，起坐彈鳴琴。薄帷鑒明月，清風吹我襟。孤鴻號外野，翔鳥鳴北林。徘徊將何見，憂思獨傷心」(《詠懷》之一)。除了服藥和飲酒，魏晉六朝士人找到了一種卓有實效的消解孤獨，擺脫痛苦的途徑，這便是音樂。裸行的酒徒劉伶在《北芒客舍詩》中說：「何以除斯歎，付之與琴瑟。長笛響中夕，聞此消胸襟」，飲酒或可解憂，但也只限於一時，音樂卻能帶來永恒的精神超越。音樂對士人的人生發生影響，同時士人的人生態度和生命意識又影響了音樂的審美觀念和音樂思想。

這時期的音樂觀念和理論與人生價值、人格理想的生命哲學是緊密結合的。東漢末年，時局動盪造成生命的易逝，人們宴飲高潮之際，時常高唱葬歌《薤露行》。所謂樂極生悲在這個時代這一時刻得到最好的詮釋。是生存還是毀滅，在生死兩重天的考驗之下，魏晉時人活得很累，心理落差極大。阮籍窮途慟哭顯示了人在窮途末路的悲傷與無助，因此人們看中音樂撫慰精神的功能，提倡在音樂中去調和自身情性。《世說新語‧言語》：「謝大傅（即謝安）語王祐軍曰：『中年傷於哀樂，與親友別，輒作數日惡。』王曰：『年在桑榆，自然至此，正賴絲竹陶寫。」同親友別離，心緒難以平覆，此時用音樂進行調節，這是魏晉時人的共識。他們認識到了音樂具有陶冶情緒，平衡心性的功用。

養生成為魏晉士人探討的熱門話題，他們集中探討了音樂和養生的關係問題。《世說新語‧文學第四》：「舊云，王丞相過江左，止道聲無哀樂、養生、言盡意，三理而已，然宛轉關生，無所不入」，其中養生和聲無哀樂都是嵇康提出來的。嵇康就養生這個論題，與向秀進行幾個回合的論辯，分別寫成《養

生論》《答難養生論》和《難養生論》等篇論文，向秀代表及時行樂的思想，認爲有生就有情，情欲的滿足是自然的要求；而嵇康就認爲情欲要節制，同時認爲音樂也是養生的手段。嵇康的音樂美學思想從根本上看是建立在他養生思想之上的，同時也與他的人生、人性思想觀念緊密結合，如果不聯繫嵇康的生命意識，僅就音樂而論其美學思想，只能得其外殼，無法深入到靈魂深處統括其音樂美學思想的精髓。

阮籍《樂論》中說：「刑、教一體，禮、樂，外、內也。刑弛則教不獨行，禮廢則樂無所立。尊卑有分，上下有等，謂之禮；人安其生，情意無哀，謂之樂。」這裡，阮籍所說的樂，既是音樂，也是和樂的生命狀態。雖然他也將禮和樂並列，提倡音樂的教化功能，但從保養生命的角度重新給音樂下定義。音樂和養生相互關聯，樂不僅外在表現爲音樂，內在展現爲一種生命的知足、平和、安樂的人生狀態。這種養生的思想來自於道家哲學。《淮南子·原道訓》也給樂下過定義：「吾所謂樂者，人得其得者也。」《淮南子》認爲並非身處仙境、耳聽雅樂、芬芳縈繞才算樂，樂是一種不役於外物，內心平和、以內樂外的精神狀態。《淮南子》是西漢淮南王幕客所編，以道家自然天道觀爲中心，綜合了先秦道、法、陰陽各家著述。從對樂所下的定義來看，阮籍《樂論》雖有很濃厚的儒家思想，但也繼承了道家的思想，尤以養生爲主，有了以人爲本的時代意義。

從某種意義上說，音樂審美意識和思想就來自於人們的生命意識和人生態度。對生命有多珍惜，投注在音樂等藝術上的熱情就有多強烈，其思想和理論就有多深入。魏晉六朝時期，音樂美學的首要任務就是要解決人生難題，爲生命尋找出路。音樂眞正進入到士人的精神生活領域，從而改變了人們對音樂價值和作用的看法，儒家所倡導的樂教思想變爲了音樂的審美價值觀。

三、禮崩樂壞

禮與樂的結合是社會文明進程的必然環節，而樂與禮的分離是社會矛盾激化到一定程度的產物。在封建集權的時代，樂是禮的工具，音樂是統治階級手中制勝的法寶。在權力分散的動亂年代，音樂從禮的束縛中脫離出來，成爲文人雅士享受生命追求自由的生命存在方式。在音樂理論中，一直有兩種觀點，一種主張禮樂結合，主張樂爲禮服務的正統的雅樂觀點；一種是主張禮樂分離。

主張禮樂結合觀點的一派是傳統的音樂美學觀念。中國古代傳統的觀念是將樂視爲禮的附庸，禮樂並行治理天下，教化萬民。所以正統經學之士捍衛自周代以來形成的禮樂觀念，主張音樂要繼承雅頌傳統，維護統治秩序。魏晉南北朝時期，持這種觀點的人也不在少數，大多爲深受儒家學說浸染的德高位重的股肱之臣，是官方音樂美學的代表。魏晉時期的碩儒高堂隆曾因爲明帝「西取長安大鐘」而進行勸誡：「求取亡國不度之器，勞役費損，以傷德政，非所以興禮樂之和，保神明之休也。」而明帝曹叡假借卞蘭之口表達了不同的看法：「是日，帝幸上方，隆與卞蘭從。帝以隆表授蘭，使難隆曰：「興衰在政，樂何爲也？化之不明，豈鐘之罪？」（《三國志・魏書》）高堂隆和明帝持有的觀點就是禮樂相合與相分兩種觀點的代表。他們的分歧和衝突在於禮樂觀的不同。高堂隆認爲使用亡國的樂器演奏不祥，音聲和政治是相通的，禮樂是治國的根本。明帝一方認爲政治和音樂是分離的。興衰是政治治理的結果，與音樂無關。

主張禮樂分離是漢魏以來隨著禮樂制度解體而新興的一種觀念。曹魏以來，治國採用的是刑名法術，輕視儒術。這種觀念影響深遠，對音樂從禮制的束縛中獨立出來起至關重要的作用。《全晉文》輯錄了夏侯玄《辯樂論》中的部分文字：

> 夏侯玄《辯樂論》曰：「阮生云：『律呂協則陰陽和，音聲適則萬物類。天下無樂，而欲陰陽和調，災害不生，亦以難矣。』此言律呂音聲，非徒化治人物，仍可以調和陰陽，蕩除災害也。夫天地定位，剛柔相摩，盈虛有時。堯遭九年之水，憂民阻饑；湯遭七年之旱，欲遷其社，豈律呂不和，音聲不通哉？此乃天然之數，非人道所招也。」〔註5〕

夏侯玄的《辯樂論》是針對阮籍《樂論》而寫的一篇詰難之文。夏侯玄認爲阮籍的《樂論》說音樂的功能不僅能夠教化百姓，還能夠影響自然界，而夏侯玄認爲音樂和治理百姓是兩回事，這是一種禮樂分離的觀點。

禮樂分離的觀點主要以嵇康《聲無哀樂論》爲代表。該文全長五千五百字，以主客問答的形式進行了七難七答，指出「和聲無象而哀心有主」，將音樂自身與人心之哀樂區分開來，認爲聲與心各自有其性質和範疇。他提出音

〔註5〕《全三國文》（上），（清）嚴可均輯，北京：商務印書館 1999 年版，第 209 頁。

聲是一種形式美的運動形式，肯定了音聲的純美性，從而將音樂從禮制的束縛中解脫出來，打破了儒家所提倡的比德式的欣賞方式，是音聲自律性觀點的集中代表。

即便如此，主張禮樂之制的始終是正統官方音樂美學的主導思想。西晉哲學家、文學家傅玄主張禮樂治國的思想。他認爲秦代滅亡的原因在於沒有推行禮樂相合的政策：「商君始殘禮樂。至乎始皇遂滅其制。……日縱桀紂之淫樂，二年而滅。」〔註6〕北朝主張禮樂相合觀點的代表是北魏朝臣刁雍。他寫過《興禮樂表》，主張在少數民族建立政權的北魏實行漢文化的禮樂政策：

> 臣聞有國有家者，莫不禮樂爲先，故《樂記》云：禮所以制外，樂
> 所以修內。和氣中釋，恭敬溫文。是以安上治民，莫善於禮，易俗
> 移風，莫善於樂。……夫感天動神，莫近於禮樂，故大樂與天地同
> 和，大禮與天地同節。……唯聖人知禮樂之不可以已，故作樂以應
> 天，製禮以配地。所以承天之道，治人之情。故王者治定製禮，功
> 成作樂。〔註7〕

刁雍認爲魏晉時代因爲統治階層沒有作樂以配禮，導致政權的更叠。所以提倡樂與禮合的禮樂之制。其觀點雖然沒有創新的內涵，但有極強的代表性，是官方音樂美學思想的傳聲筒，影響深遠。中國古典音樂美學從整體上也可以視爲這兩種觀點的爭鳴與鬥爭。禮與樂分離的觀點從魏晉南北朝時代得到大多數文人士子的贊同。

時政決定著主流音樂美學思想的走向。其中政治是至關重要的因素。可以說，有什麼樣的政治就有什麼樣的官方音樂美學思想。官方的大政方針像指揮棒引導著主流音樂美學思想的走向，維護統治階級的官方音樂美學思想總是與政治結合在一起的。時局關係人們的生計要害，直接導致人們人生觀、價值觀發生轉變，因而影響了與此相關的音樂價值觀。

第二節　玄學與音樂美學

魏晉南北朝時期人們的生命遭遇挑戰，思想的火花卻如岩石下的小草一

〔註 6〕《全三國文》（上），（清）嚴可均輯，北京：商務印書館 1999 年版，第 487
　　頁。
〔註 7〕《全後魏文》，（清）嚴可均輯，北京：商務印書館 1999 年版，第 254 頁。

般堅韌而頑強，迸發出生命的熱度和絢爛的色彩。人們敞開了心門，以相容並蓄的姿態暢談時政。玄學最初就來自於人們拯救時弊的初衷，名士們以天下興亡爲己任，力求通過理論的探討來建立合理的社會秩序。如果說，時政是音樂理論繁榮的外因，那麼，玄學就是其內因。玄學作爲一種盛行於魏晉南北朝時期的學術思潮，對人們的思想行爲產生直接而深遠的影響。一方面，作爲一門學術思潮，玄學的論題可以直接成爲音樂理論探討的內容，或者產生相關的觀點和提法；另一方面，玄學思辨爲他們打開了邏輯思考之門，談玄說理使得他們能夠交流思想，不同觀點的幾次論辯有助於將論題引向深入，同時使他們討論的結果得以論著的形式問世，比如嵇康《聲無哀樂論》就是這樣誕生的。阮籍《樂論》保留了問答式的形式，夏侯玄的《辯樂論》是詰難阮籍《樂論》的，可惜多半散佚了，只留下少量文字。像《辯樂論》中這樣沒有流傳下來的論辯之作根據現有史料來看應該還有很多，大多是清談的產物。

「玄學」一詞後出，漢魏盛行之際對這種哲學思潮並沒有一個確切的稱謂。劉宋置學官始有「玄學」一門。玄學得名與《周易》、《老子》《莊子》三玄有關。《周易·參同契》：「惟昔聖賢，懷玄抱眞。」「玄」據《說文解字》：「玄，幽遠也。黑而有赤色者爲玄，象幽而入覆之也。」〔註8〕玄學指的是形而上的、難以被人所感知的幽深玄奧之學。玄學是新學，並非是一門獨立於儒家和道家之外的第三種哲學思潮，而是用道家思想對漢末走向末路的儒學加以撥亂反正，澄清附會在儒家身上的讖緯迷信和虛僞禮教的誤解。湯用彤指出「蓋世人多以玄學爲老、莊之附庸，而忘其亦係儒學之蛻變」〔註9〕王志平也說「玄學只是一場新的經學革命而已」〔註10〕。玄學雖然沒有獨立存在，但絕非儒學和道家的附庸，也不僅僅是兩家的結合，而是有自身的論題和邏輯思辨的思維方式，在魏晉大放異彩，影響深遠，尤其對藝術理論和美學思想。關於玄學與儒道兩家關係的問題，對我們理解這一時段的音樂美學有重要的意義。阮籍和嵇康的音樂美學著述也存在這樣的問題。阮籍《樂論》有超越儒家樂論和沒有脫離儒家樂論之藩籬的兩種看法的爭鳴，嵇康《聲無哀

〔註8〕《說文解字》，（漢）許愼撰，（宋）徐鉉校定，北京：中華書局1963年版，第84頁。

〔註9〕湯用彤《魏晉玄學論稿》，上海：上海古籍出版社2001年，第76頁。

〔註10〕王志平《中國學術史·三國兩晉南北朝卷》，南昌：江西教育出版社2001年，第17頁。

樂論》結尾部分中探討樂教問題也引起了質疑。魏晉時代的音樂美學有儒家、道家思想的痕迹，更多的是與這一時代玄學探討的重大論題相關，其立足點是個體的人，而非社會群體禮法網路中的人。這是理解阮籍、嵇康等音樂美學思想的關鍵，解讀的鑰匙。

玄學探討的論題是形而上的，卻又是立足於人的現實人生的，有很強的現實針對性和對人生的指導價值。魏晉南北朝是一個戰亂頻仍、生命脆弱的年代，由於時代的因素，玄學探討的重心發生了轉換。余敦康說：「就本質而言，玄學是一種闡發內聖外王之道的政治哲學，它力求與世界協調一致，爲當時的不合理的政治局面找到一種合理的調整方案。但是，當現實變得更不合理，連調整的可能性也完全喪失時，玄學就從世界分離出來而退回到自身，用應該實現的理想來對抗現有的存在。玄學發展到了這個階段，給自己塗上了一層脫離現實的玄遠之學的色彩，由政治哲學變爲人生哲學，由外向變爲內向。」〔註11〕余敦康所指出的玄學的人生轉向對藝術批評至關重要，因爲藝術立足的也同樣是人，玄學探討的論題給予藝術批評以極大的理論支持和思維訓練，由玄學探討而延伸到藝術領域，是許多玄學家們人生思考的必經之路，諸如阮籍、嵇康、夏侯玄等人的玄學思想和音樂理論就是互相補充、相得益彰的。湯一介對玄學研究論題進行了總結，他說：「從漢末到魏晉的思想發展看：『才性問題』是要給人性找存在的根據；『有無問題』是要給天地萬物找存在的根據；『一多問題』是要給社會找存在的根據；『聖人問題』則是給當時人們的理想人格找依據。從這幾個方面構成了一個總問題，就是宇宙人生的存在的根據何在？」〔註12〕玄學探討的論題直接影響了音樂討論的話題。比如音樂的起源問題，音樂的本質、音樂的審美以及音樂的價值問題都在玄學思考的範圍之內，其中很多觀點都可以從玄學中找到根源。

玄學側重於形而上問題的哲學思辨，講究形式邏輯，以清談爲途徑，各種觀點相互衝突碰撞，激起了思想的火花，極大地提高了理論的思辨性和體系性。眾所周知，中國古代大多數著作往往是談話式的隨性筆錄，對一個問題的論述缺乏深入的探討。而魏晉南北朝時期的音樂美學論述就極有體系性和思辨性，對一個問題的探討能從多方面進行闡述，玄學的思維支持使得這一時期的音樂美學思想區別於其他時代的音樂美學思想而風格獨具，成就卓

〔註11〕余敦康《魏晉玄學史》，北京：北京大學出版社2004年版，第301頁。
〔註12〕湯一介《郭象與魏晉玄學》，北京：北京大學出版社2000年，第15頁。

著。就玄學論題而言，所有的論題都是圍繞著有無、體用關係展開的。王葆玹說：「在正始玄學乃至整個魏晉玄學當中，本末體用就自然觀而言是指道與物，就認識論而言是指義與象、就政治而言是指理與事，就人性論而言是性情，就人才論而言是才性。」〔註13〕按照這個思路可以再添加一個，就人體而言又有形神的本末關係。玄學對音樂思想的影響主要表現在以下三個方面：

一、言、意與象

何晏、王弼的貴無論、裴頠的崇有論是魏晉時代就有無關係進行探討的哲學本體論。有無的論辯是玄學中的基本問題，極大地啓迪了人們的抽象的邏輯思維能力。一切現實問題都可以從有無問題中找到理論依據，比如聖人有情無情、五音和大音等問題都可以視爲有無問題的具體化。言意關係的問題也受到有無問題的影響。在貴無的玄學傾向影響下，從有聲、有形的音聲、語言文字，朝著言外之意、絃外之音和象外之旨的「無」的境界轉化，由實入虛的藝術境界由此得以倡導，從而開啓了中國意境理論的先聲。

「言意之辨」是哲學上爭論已久的論題。魏晉玄學又在《周易》《莊子》的基礎上進一步將此問題引向深入，集中探討言外之意，在音樂上引申爲「絃外之音」。《周易‧繫辭》說：「書不盡言，言不盡意。然則聖人之意，其不可見乎？」又說：「是故夫象，聖人有以見天下之賾，而擬諸其形容，象其物宜，是故謂之象」，強調聖人可以通過「立象」來表現宇宙萬物千變萬化的形貌及其內在聯繫，凸顯聖人的才能，能夠成功解決達意這一難題。莊子則強調「言不盡意」，而且強調書、言皆不足貴，所貴者在於意，語言文字只不過是糟粕而已。

王弼進一步把這個問題引向深入。他在言意中加入「象」，提出「得意忘象」的命題，認爲「盡意莫若象，盡象莫若言」，「言者所以明象，得象而忘言。象者所以存意，得意而忘象」，凸顯了「象」的功能和作用。認爲先有主體之「意」，用「象」來表現，而「象」又離不開言，「象」爲溝通主體之「意」與客體的「言」之間的工具。言語、話語、表達手段和方式總是有限的，外部大千世界和深幽的內心世界卻是無限的。如何用有限來表現無限，既是哲學問題，又是藝術問題，同時也是人生問題。

湯用彤《言意之辨》一文指出，王氏新解，魏晉人士用之極廣。〔註14〕

〔註13〕王葆玹《正始玄學》，濟南：齊魯書社1987年版，第392頁。
〔註14〕湯用彤《魏晉玄學論稿》，上海：上海古籍出版社2001年版，第26頁。

同時，在《魏晉玄學與文學理論》一文中，湯用彤還認爲「魏晉南北朝文學
理論之重要問題實以『得意忘言』爲基礎。」〔註 15〕王弼得意忘象的觀點對
藝術理論有極大的啓發作用。王羲之在《題衛夫人〈筆陣圖〉後》提出「意
在筆先」，在書論中又明確提出「意」的美學命題，強調書法作品中的意趣、
風格與氣韻。玄言詩也是注重遊覽景物時善於由實入虛，體味景物之外所蘊
含的「道」，講究的是一種「得意忘言」的「化境」。這一時代，深受「得意
忘言」思想影響的就是陶淵明。他不僅在詩作中以其傳神寫意之具象實踐了
「得意忘言」的玄學理論，而且主張「但識琴中趣，何勞絃上聲」，套用言意
關係，「琴中趣」可視爲「意」，而「絃上聲」可視爲「言」，體現了忽略具體
存在的形式，注重精神領域之「趣味」的審美傾向。

　　荀粲在王弼突出象的功用的基礎上，認識到聖人之意的多層含義，不僅
有事物表象所傳達的淺層次的含義，還有深層的「理之微者」，這只有靠「象
外之意」來顯示。

> 粲諸兄並以儒術論議，而粲獨好言道，常以爲子貢稱夫子之言性與
> 天道，不可得聞，然則六籍雖存，固聖人之糠秕。粲兄俣難曰：「易
> 亦云聖人立象以盡意，繫辭焉以盡言，則微言胡爲不可得而聞見
> 哉？」粲答曰：「蓋理之微者，非物象之所舉也。今稱立象以盡意，
> 此非通于意外者也。繫辭焉以盡言，此非言乎繫表者也：斯則象外
> 之意，繫表之言，固蘊而不出矣。(《三國志・魏書・荀彧傳》注引
> 何劭《荀粲傳》)

在「言不盡意」而用立象的方式盡意的前提下，荀粲和其兄討論的焦點是象
能否盡意。與其兄「立象盡意」的觀點相反，荀粲認爲「象不能盡意」，因爲
「聖人之意」不是普通的意思，而是「象外之意」，是物象不能顯示的「理之
微者」，即「性與天道」。而這象外之意才是應該引起重視的，是蘊含在物象
背後的高深的道理。這個觀點對音樂理論的影響十分巨大。范曄所提倡的絃
外之響與此是一脈相承的。

　　隨著清議變爲清談〔註 16〕，「立象以盡意」中象的方式就逐漸發生了轉

〔註 15〕湯用彤《魏晉玄學論稿》，上海：上海古籍出版社 2001 年版，第 209 頁。
〔註 16〕關於清議和清談、清論的區別，王葆玹進行了考辨，認爲「清議」是清正的、
　　　　合乎道德倫理規定的政治議論，清談、清論是抽象的哲學討論。詳見《正始
　　　　玄學》，濟南：齊魯書社 1987 年版，第 108～109 頁。

變，由於立言以盡意易於招致禍患，所以人們開始在藝術中找尋，產生了詩歌、書畫、音樂盡意的文學理論、畫論和音樂理論。藝術之象取代言論，成為一種妙象，去傳達聖人之意旨。在山水田園的自然景觀中找尋宇宙的真諦，寄託主體的情意，產生了大量的玄言詩，其中以陶淵明的詩作為代表達到了寫意傳神的境界，最能達意。繪畫領域中顧愷之畫人物的「點睛傳神」是為了探尋聖賢的精神世界，瞭解聖人之意旨。〔註17〕書法領域王羲之「意在筆先」的美學命題，提倡用所書之象來傳達主體之「意」，此「意」即為書法作品的意趣、風格和氣韻等主客交融的要素。言意之辨在藝術領域產生了深遠影響，在言不盡意的前提下，以藝術的手段傳達主體之意趣成為時代的美學思潮，這種美學思潮在藝術領域互相影響，互相作用，極大豐富了藝術理論。音樂美學思想的繁榮也得益於此。

　　言意之辨對音樂美學思想和美學理論的影響尤為深遠。對音樂觀念的影響表現在嘯這門音樂藝術形式的興起和觀念上。《晉書・成公綏傳》說：「綏雅好音律，嘗當暑承風而嘯，泠然成曲，因為《嘯賦》。」成公綏說嘯：「協黃宮於清角，雜商羽於流徵」〔註18〕，可見，嘯被人們視為一種沒有固定曲調，能夠即興發揮的一種無辭歌。因其自由靈活的表現力，受到魏晉時人的喜愛，成為他們傳情達意、交友結識的一種重要工具。對音樂美學理論的影響表現在啟迪了嵇康的聲無哀樂論思想。湯用彤在《魏晉玄學與文藝理論》一文中談到言意之辨對嵇康《聲無哀樂論》的影響。他說：「嵇叔夜雖言『聲無哀樂』，蓋其理論亦繫於『得意忘言』之義。夫聲無哀樂（無名），故由之而『歡戚自見』，亦猶之乎道體超象（無名），而萬象由之並存。故八音無情，純出於律呂之節奏，而自然運行，亦全如音樂之和諧。」〔註19〕可見，嵇康《聲無哀樂論》深受玄學言象意關係的影響。

二、形神關係

　　形神關係的探討可視為玄學有無本體論在個體人身上的具體化。形為有，是形而下的物體載體；神為無，是形而上的抽象的精神氣度。伴隨著玄

〔註17〕　《太平御覽》七百二引沈約《俗說》云：「（顧愷之）為人畫扇，作嵇、阮，而都不點睛。或問之，顧答曰：『那可點睛，點睛即語』」。顧愷之所畫人物都是魏晉名臣名士，在當時是公認的「上賢亞聖」。
〔註18〕　《全晉文》（中），（清）嚴可均輯，北京：商務印書館1999年版，第614頁。
〔註19〕　湯用彤《魏晉玄學論稿》，上海：上海古籍出版社2001年版，第201頁。

學上的貴無論，在藝術領域中日益追求通過藝術的手段展現精神的氣度，繪畫領域提出的「以形寫神」，音樂美學中提出的通過在音樂欣賞中「全神」、「暢神」的思想，就來源於此，與傳統樂教思想形成比照，對音樂審美理論和音樂價值觀都起到深遠的影響。

形神關係是玄學探討的論題，從人物品評中來。魏晉時人雖然也看中人物的外在形貌，但更加重視人物的風神氣度等內在的精神氣質。劉邵《人物志‧九徵》說：「夫色見於貌，所謂徵神。徵神見貌，則情發於目。」涼劉昞注：「貌色徐疾，為神之征驗。目為心候，故應心而發。」〔註20〕劉劭強調通過外貌來體察徵驗人物內在無形的神，這種重神的傾向成為魏晉風流的主導理論。玄學通過有無的論辯強調了人的精神本體是無限的，而物質實體是有限而不完善的。因此，魏晉名士注重精神的自由，大多放蕩形骸。阮籍「當其得意，忽忘形骸」，王羲之也歡息「放浪形骸之外」。

「以形寫神」是東晉著名畫家顧愷之提出的畫論史上影響深遠的論斷之一，成為中國古代形象塑造的基本原則。顧愷之從自身的創作實踐中認識到形和神是不能分離的，形是神的載體，要想傳神必須通過具體的形。他重視眼睛的傳神功能，認為「傳神寫照，正在阿堵中」（《世說新語‧巧藝》），透過眼睛的心靈之窗，人的精神氣質得以展現出來。無論對繪畫還是詩歌創作都產生極大的作用。顧愷之認為「『手揮五絃』易，『目送歸鴻』難」（《世說新語‧巧藝》）。有形的物象容易成畫，而無形的神氣最難入畫。重「神」的思想對音樂美學有一定影響。音樂理論也在玄學形神關係的探討中提出了音樂中「神」的範疇和理論。《古詩十九首‧今日良宴會》說：「彈箏奮逸響，新聲妙入神」。這裡，「入神」是作為一種審美標準來評價新聲的，在音樂理論更多用「神」來看待音樂的價值和功能。比如阮籍、嵇康等人提出音樂可以「節制全神」、「導養神氣」、「暢神」等主張，可以看出儒家樂教思想向著審美作用的轉變。

三、聲無哀樂

魏晉南北朝是一個任情、重情的時代。漢末魏初玄學中一場探討聖人有情無情的論辯，帶來了情的地位的提升，確立了情的價值體系。王弼和何晏

〔註20〕《人物志譯注》，（魏）劉劭撰，（涼）劉昞注，伏俊璉譯注，上海：上海古籍出版社 2008 年版，第 21 頁。

針對聖人有情無情進行論辯：「何晏以爲聖人無喜怒哀樂，其論甚精，鍾會等述之。弼與不同，以爲聖人茂於人者神明也，同於人者五情也。神明茂，故能體沖和以通無，五情同，故不能無哀樂以應物。然則，聖人之情，應物而無累於物者也。」〔註21〕何晏的聖人無情觀，是承繼漢代性善情惡的看法，將情排除在人性之外。王弼認爲只要是人，都有情，情是人與生俱來的本性，是「應物」的產物，即對人間事物的一種情感判斷，聖人只不過不被情感所束縛。王弼給予情感以本體地位，他的「聖人有情」說之後，掀起了一股鍾情、重情的社會風氣，並形成一股美學思潮。「情」正式進入美學領域，取代上古以來文論觀「詩言志」。「詩言志」所倡導的「志」側重表明思想志向，陸機在《文賦》中則標舉「詩緣情」，主倡個體情感，開創了詩歌獨抒胸臆的新局面；劉勰也專用一篇《情採》來凸顯眞情實感在文章中的重要作用。阮籍通過「情」來界定「樂」：「人安其生，情意無哀，謂之樂」，認爲先王制樂的目的是「將以定萬物之情，一天下之意也」，阮籍雖然沒有像陸機和劉勰那樣高舉詩歌創作的目的是抒情，但他將音樂創作與萬物的情意並舉，雖不脫教化意味，但比起漢儒禮樂合一的思想，可謂不小的進步了。

　　與重情思潮同時，情與禮的紛爭也貫穿於魏晉南北朝時期。郭象、向秀共注《莊子》企圖調和情禮之間的衝突。兩晉南朝重視禮學，伴隨戰後禮崩樂壞，重建禮制的形式下，玄學家、禮學家們同時考慮了人情的因素，提出「典禮之興，皆因循情理」（《晉書‧謝尚傳》）、「緣情製禮」（《通典》卷九十二引曹義語）。嵇康高舉「越名教而任自然」的旗幟對虛僞的世俗禮法進行了超越。這個自然對人而言就是人的自然情性。魏晉名士劉伶以放蕩形骸聞名於世，在他看來裸體是人最爲自然的存在方式，衣物因爲人爲附加了等級、禮法而應摒棄。阮籍更是視禮法爲無物，提出「禮豈爲我輩設也」響亮號召唱出了魏晉名士們的心聲。竹林七賢之一的王戎提出「情之所鍾，正在我輩」（《世說新語‧傷逝》），他在遭臨大喪之際，與和嶠表現出不同的態度：「和嶠雖備禮，神氣不損；王戎雖不備禮，而哀毀骨立」（《世說新語‧德行》）。人們讚賞王戎是因爲普遍認識到情自然而本眞，禮虛僞而造作，因此更加看重人自然情性眞實的流露，反對扼殺、阻礙情的世俗之禮。這樣，情獲得了駕凌於禮之上的地位。

〔註21〕何劭《王弼傳》，見《王弼集校釋‧附錄》，（魏）王弼撰，樓宇烈校釋，北京：中華書局1980年版，第640頁。

　　宗白華先生說：「晉人向外發現了自然，向內發現了自己的深情。」〔註22〕我們常說魏晉南北朝是人的覺醒的時代，這個「人」的覺醒歸根結底就是個體情性的覺醒，而且這個「情」不是儒家所強調的具有普遍約束力的道德情感，而是個體的「情」，它是人自身的「氣」、「性」、「習」等先天與後天形成的一切打上個體烙印的喜怒、愛憎等情感反應。事實上張揚個體情性是這個時代為擺脫社會禮制束縛，掙脫儒家所強調的普遍道德情感枷鎖的有力口號。「越名教而任自然」的嵇康所認為的自然就是自然而不做作的個體情性。這個時代人們熱衷探討的玄學論題之一是完美的人格是什麼樣的？在道德規範與個體情性之間是否有合適的平衡點？余敦康指出：「阮籍和嵇康的玄學思想一直是承擔著巨大的痛苦，在對立的兩極中動蕩不安。他們把外在世界的分裂還原為內心的分裂，並且極力探索一種安身立命之道恢復內心的寧靜，為的是使世界重新獲得合理的性質，在更高的層次上適合於人們的精神需要。」〔註23〕他們更多看到的是禮與情的對立，以及禮對情的扼殺。因此總是徘徊在名教與自然的兩極，掙扎與道德規範與自然任性之間，情與禮的兩難是魏晉士人兩難抉擇。劉伶的裸行、阮籍的窮途效哭，這些士人的極端言行都展現了他們人格分裂下苦悶而沒有出路的心路歷程。

　　「情」在這個時代正式進入音樂美學的領域，「樂」與「禮」的關係不再是人們關注的焦點，「情」取代「禮」成為樂論探討的核心論題，這主要歸功於嵇康。聲無哀樂是嵇康提出的，並成為士林中「言家口實，如客來之有設」（《晉書·嵇康傳》）。他主張把樂教的核心手段情感從音樂中剝離出去，引起玄學家們廣泛的討論，成為魏晉時人談玄說理的論題之一。嵇康之前，「情」也出現在音樂著述中。荀子《樂論》中有論情的文字：「樂者，樂也，人情之所必不免也」，「民有好惡之情而無喜怒之應，則亂」，強調樂對人情的節製作用。《樂記》中有「樂情篇」，其主旨談論的是禮樂之情：「樂也者，情之不可變者也；禮也者，理之不可易者也。樂統同，禮辨異，禮樂之說管乎人情矣」。這兩者所談論的情都是人情，而不是音樂中的情感。自《聲無哀樂論》以來，「情」取「代」禮成為音樂美學的核心論題，而關於音樂與情感的關係問題的討論延續至今，成為音樂美學探討的理論難點。

　　聲無哀樂這個玄學論題是嵇康以道家思想為依據批判儒家聲有哀樂論，

〔註22〕宗白華《美學與意境》，北京：人民出版社1987年版，第189頁。
〔註23〕余敦康《魏晉玄學史》，北京：北京大學出版社2004年版，第301頁。

同時又受到玄學有無思想、言意之辯的影響下提出來的。雖然是嵇康提出來的，但這個觀點並不是很新穎，我們從《淮南子》中也可以看到類似的觀點。《淮南子·齊俗訓》：「若夫規矩鈎繩者，此巧之具也，而非所以巧也。故瑟無絃，雖師文不能以成曲，徒絃則不能悲。故絃，悲之具也；而非所以爲悲也。」可見，《淮南子》認識到絃只是製造聲音的工具，不是悲傷的原因，悲傷等情感來自於人心：「夫載哀者聞歌聲而泣，載樂者見哭者而笑。哀可樂者，笑可哀者，載使然也」。雖然嵇康的觀點與前人相似，但這不足以抹殺嵇康在音樂美學史上的重要地位。嵇康的功績在於不僅使「情」成爲音樂美學的核心論題，同時也據心聲二分的原則，以「和」爲中心構建了嚴謹而深入的體系。

　　除了佔據主流文化地位的官方音樂美學和遭排擠沒有「話語權」的民間音樂美學思想之外，魏晉南北朝時期音樂美學思想的主體部分是士人音樂美學思想。音樂美學思想主要是精英文化，或者說是士人哲學，它作爲一種思想觀念，在這一時代必然與士人所津津樂道的玄學結合在一起。玄學與藝術的自覺緊密相關。玄學從清議走向清談，離開政治話題越遠，距離藝術自律就越近，玄學爲藝術理論從政治的掌控下逐步走向獨立奠定了基礎。中國藝術理論大都隻言片語，缺乏詳細和細緻的論證，而受到玄學思辨的影響，音樂美學第一次產生了大量體系精深、論述嚴謹的著述。因此，從某種意義上可以說，沒有玄學就沒有魏晉時代音樂美學的繁榮。

第三節　佛學與音樂美學

　　佛教思想是魏晉南北朝音樂美學繁榮的另一個重要內因。佛教在漢代傳入中國，魏晉南北朝時代達到全盛。《隋書·經籍志》：「魏黃初中，中國人始依佛戒，剃髮爲僧。先是西域沙門來此，譯《小品經》，首尾乖舛，未能通解。甘露中，有硃仕行者，往西域，至于闐國，得經九十章，晉元康中，至鄴譯之，題曰《放光般若經》。泰始中，有月支沙門竺法護，西遊諸國，大得佛經，至洛翻譯，部數甚多。佛教東流，自此而盛。」魏晉南北朝的佛教主要有兩支。一支爲「般若學」，主要依託玄學探討佛教的本體問題，帶有很強的思辨性，美學中的境界論受到此種觀點的影響；另一支爲「涅槃學」，主要探討頓悟成佛的問題，有很大的世俗性。佛教在傳入中國之時進行了本土化革新，

汲取了魏晉玄學思想，反過來又啓迪了玄學思辨，形成一種佛玄合流的思想。關於佛玄合流的具體時間，余敦康說：「根據現有資料，清談名士接受般若思想是在西晉中葉以後，到了東晉初年，才形成佛玄合流的般若學思潮。」〔註24〕從晉代開始到南朝，佛教思想進入名士的精神領域，對音樂觀念產生影響。佛教對美學產生作用與玄學有相似的地方。佛教更加強調本體空無的作用，一切實有都產生於空無。

佛教教義博大精深，富有玄機，不僅是一門學問，與藝術理論互補，而且作爲一種精神領域的信仰，影響了一代又一代的藝術家和藝術理論家。這一時期的藝術家、藝術理論家與佛教關係十分密切。據《圖畫見聞志・敘論》記載：「自吳曹不興，晉顧愷之、戴逵，宋陸探微，梁張僧繇，北齊曹仲達，隋……無不以佛道爲功。」〔註25〕不僅繪畫題材來自於佛教，同時很多藝術理論家都是佛教信徒。劉勰一生大半光陰都在佛寺度過，自覺將佛理移入其論著中，宗炳宣揚「神不滅論」，在繪畫創作也提倡「應會感神」，這股藝術思潮對音樂美學思想也有很大的影響。佛教對魏晉南北朝時期音樂美學思想的影響表現爲間接和直接兩種不同的方式。間接作用表現在佛教作爲一門學問作用於藝術領域，藝術理論從中汲取養分，形成美學思潮，間接作用於音樂美學思想。直接作用表現在佛教典籍中有不少論樂的文字，這也構成了魏晉南北朝音樂美學思想的一部分。齊竟靈王蕭子梁、梁武帝蕭衍，其子簡文帝蕭綱等人篤信佛教，寫下大量解釋佛經的論述，其中就有論樂的文字，這些文字有一定的理論價值。

一、神與天樂

佛教中的神與玄學中探討的形神論中的精神之神有異，神在佛學中被置於本體之境界，這個「神」類似於玄學中的「無」，既指造物之神靈，又指的是一種超越塵世最高的境界。玄學中也說「神」。王弼說：「聖人茂於人者神明也，同於人者五情也。神明茂，故能體沖和以通無；五情同，故不能無哀樂以應物。」王弼將人的精神與形體分開看待，且更加重視精神之「和」，此精神之「和」他以「神明」代之，指的是一種以情從理不爲情所束縛的精神

〔註24〕余敦康《魏晉玄學史》，北京：北京大學出版社2004年版，第427頁。

〔註25〕《圖畫見聞志》，（宋）郭若虛撰，北京：人民美術出版社1963年版，第19～20頁。

自由的境界。而佛教否定包括精神和肉體在內的世俗人生，認為萬物有神靈，人死神不滅，這種有神論將人帶入虛空的諸神統治的世界，向往一種虛幻的空靈的境界。佛教盛行以來，「神」成為藝術理論中一個特有的術語和範疇。

東晉名僧慧遠在《沙門不敬王者論》中說：「夫神者何耶？精極而為靈者也。精極則非卦象之所圖，故聖人以妙物而為言，雖有上智，猶不能定其體狀，窮其幽致。」〔註26〕慧遠將「神」與卦象進行比較。中國古人以卦象類比宇宙萬物的變化，而慧遠認為「神」比象更加抽象、靈動變幻，難以類比，故而更加精妙幽深。「神也者，圖應無生，妙盡無名，感物而動，假數而行。感物而非物，故物化而不滅；假數而非數，故數盡而不窮。」〔註27〕慧遠將「神」與玄學之「無」相比附，認為「神」既為造物主，感應萬物，自身又是不生不滅的。梁代沙門出身的劉勰比較了佛法與中國土生土長的道教的差異：「夫佛法練神，道教練形。形器必終，礙於一垣之裏；神識無窮，再撫六合之外。」佛法將人的精神提升至一個較高的境界，其所代表的是一個擁有無邊法力，通神明、神靈的神秘世界，具有無限超越的能力，這樣無形中神化了人的精神活動，改造了中國傳統的形神論，深化了玄學中的形神之辯，同時也為「神」成為藝術理論中的重要範疇奠定了基礎。

劉勰還以佛教徒的眼光對玄學和佛學進行了比較，他在《文心雕龍·論說篇》中說：「次及宋岱、郭象，銳思於幾神之區；夷甫、裴頠，交辨於有無之域，並獨步當時，流聲後代。然滯有者全繫於形用，貴無者專守於寂寥；徒銳偏解，莫詣正理，動極神源，其般若之絕境乎？逮江左群談，惟玄是務，雖有日新，而多抽前緒也。」他認為玄學無論是貴無派還是崇有論都是偏執一詞，沒有探究到底，觸及神理的源泉。而在他看來佛學的般若學說能夠破解「有」、「無」二論的偏執。「般若之絕境」就是最高的宇宙境界，藝術中的「神理」就是這種境界的體現。《文心雕龍·原道》說：「人文之元，肇自太極，幽贊神明，《易》象惟先。」劉勰是有神論者，因而他認為文章來自於太極之道，能夠傳達神明的旨意。因而文章作為一種「情文」是「五情發而為文章，神理之數」，既符合自然之道，又順應神理之數，可見劉勰的《文心雕龍》是一種融彙儒、道、釋於一爐的集大成之作。

劉宋時代的宗炳作為虔誠的佛教徒曾著有《明佛論》來宣揚佛理。在其

〔註26〕《全晉文》（下），（清）嚴可均輯，北京：商務印書館1999年版，第1771頁。
〔註27〕《全晉文》（下），（清）嚴可均輯，北京：商務印書館1999年版，第1771頁。

藝術理論著述《畫山水序》這篇不足五百字的序言中多次提到「神」:「神本亡端,棲形感類,理入影迹,誠能妙寫,亦誠盡矣。於是閒居理氣,拂觴鳴琴,披圖幽對,坐究四荒,不違天勵之叢,獨應無人之野。峰岫嶢嶷,雲林森眇。聖賢映於絕代,萬趣融其神思,余復何爲哉?暢神而已。神之所暢,孰有先焉」。〔註28〕宗炳作爲一位有神論,其所說之「神」不再單指造物之神,而是特指一種神明之境,它已進入藝術批評領域,成爲一個獨特的理論術語。宗炳提到「拂觴鳴琴,披圖幽對」,將音樂活動與繪畫欣賞並舉,他所說之「神」也適用於音樂活動。他所提出的音樂「暢神說」,改變了傳統以儒家爲主的音樂教化價值觀。

神所享有的音樂稱之爲「天樂」,天樂凌駕於世俗之樂上,佛教否定一切與世俗有關的包括音樂在內的人世生活,《般若波羅蜜心經》說:「色即是空,空即是色」,色是人世萬物的幻象,音樂也是一種幻象,都應該加以摒棄。《廣弘明集》收錄的南齊竟陵王蕭子良的《淨住子淨行法·三界內苦門十四》談到「三界皆苦,何可樂者」時說:「若謂好聲以爲樂者,則應絲竹繁會,觀聽無厭,何意小久便致昏倦,耳不樂聞?當知是苦。」〔註29〕以音樂爲苦,認爲對音樂的追求終有厭倦的時候,並以不聽樂爲尺度制定戒律:「亦不得聽吹貝鼓角琴瑟箏笛箜篌歌叫伎樂之聲」。佛教將聲視爲六塵之一,塵爲污染之義,即污染人們清淨的心靈,蒙蔽了眞性。六塵也名六境,即「眼耳鼻舌身意」六根所緣之外境。因而與聲有關的音樂應該加以摒棄,但佛教並不否定所有音樂,事實上,在其傳播過程中,音樂是宣揚教義行之有效的工具。佛教所提倡的音樂就是天樂,天樂既是娛神之樂,也是普度眾生之樂。

天樂是不被紅塵所污垢的無瑕完美的神聖之樂,追求一種澄明空境,具有超越之美。佛教這種音樂審美觀念與儒家、道家的音樂理論相一致,它與道家所論「大音希聲」、「天籟」所蘊含的恬淡的審美意蘊,儒家所肯定平定人心的雅樂觀相互交融。「天樂」爲眾生指明脫離苦海、通向智慧的彼岸,走向極樂世界,故講究妙音清心,使人大徹大悟,這與儒家提倡「和雅」之樂,強調音樂的教化作用有相似之處。這表明佛教本土化過程中也進行了音樂觀念的本土化。

〔註28〕《歷代論畫名著彙編》,沈子丞編,北京:文物出版社1982年版,第15頁。
〔註29〕《弘明集·廣弘明集》,(梁)僧祐撰《弘明集》,(唐)道宣撰《廣弘明集》,
上海:上海古籍出版社1991年版,第323頁。

　　由神而來的天樂追求一種虛幻空靈的美，由此對音樂美學中追求象外之象、絃外之音的理論奠定了思想基礎。中國古代的核心藝術理論意境論的形成深受佛學思想的影響，這已是學界公認的事實。而佛教所宣揚的天樂就是建立在老子的「大音希聲」、莊子的「天籟」、儒家的「無聲之樂」的基礎上，同時更加強調樂的虛幻和空靈之美。魏晉南北朝時期的音樂意境論，陶淵明的「無絃琴」等音樂思想都受到佛教不同程度的影響。

二、佛與心

　　佛家有言塵世即為苦海，對於凡俗眾生而言，雖然不能成為萬物主宰之「神」，但可以通過修行、頓悟等方式成佛。「佛」在佛經中是覺者或智者的含義。佛陀是印度原就有的詞，佛教又給它加了三個意思：正覺；等覺或遍覺；圓覺或無上覺。而成佛的關鍵在於「心識」〔註30〕。「佛」所強調的是心識智慧，這個智慧不是世間凡夫的聰明智慧，而是如來的圓常大覺，主要靠心識而不是靠腦力。佛教核心術語「般若菠蘿蜜」強調的是靠智慧由生死苦惱的此岸，度到涅槃安樂的彼岸，到達涅槃極樂的世界。

　　鳩摩羅什翻譯傳教的《金剛般若波羅蜜經》說：「是故，須菩提，諸菩薩摩訶薩應如是生清淨心，不應住色生心，不應住聲、香、味、觸、法生心，應無所住而生其心。」〔註31〕心無掛礙，心境空明，是進入涅槃境界的必要條件，因而佛教教義規定戒律來剋制情欲、通過修行禪定的方式才能進入佛教最高境界。曹魏唐僧鎧譯的《無量壽經》是流傳最廣的修行法門，其中說到佛與心的關係問題：「我作佛時，所有眾生，生我國者，皆得他心智通。若不悉知億那由他百千佛剎眾生心念者，不取正覺。」〔註32〕心的清淨智通是成佛的關鍵，在念佛的過程中要觀想佛的功德形象，以排除雜念，獲得涅槃。東晉名僧慧遠修習般若三昧，強調一心念佛。「慧遠的觀念念佛主要依據東漢

〔註30〕也稱「識性」，指的是以體悟宇宙生命而通達自我的生命感覺和觀念。趙建軍說：「在哲學上，識性問題解答了怎樣認知存在；在美學上，自我生命理想依法所成，法依於識性而確立了體現生命主體的抉擇意志與自由狀態，可說是一種拓入生命存在深層的美學。」見《映徹琉璃——魏晉般若與美學》，北京：中國社會科學出版社 2009 年版，第 34 頁。

〔註31〕《金剛經》，（後秦）鳩摩羅什譯，陳秋平、尚榮譯注，北京：中華書局 2007 年版，第 36 頁。

〔註32〕《無量壽經》，（曹魏）唐僧鎧譯，賴永海主編，陳林譯注，北京：中華書局 2010 年版，第 52 頁。

支讖譯的《般若三昧經》。」〔註33〕這與淨土所依的《無量壽經》中說「發菩提心,一向專念無量壽佛」也相近,這一向專念就是與禪修相應的。因而他所倡導的念佛法門就是觀想諸佛與般舟三昧的禪修是相結合的。慧遠在《念佛三昧詩集序》中談到在念佛過程中「心」的冥想功能:「夫稱三昧者何?專思寂想之謂也。思專則志一不分,想寂則氣虛神朗。……故令入斯定者,昧然忘知,即所緣以成鑒。鑒明則內照交映,而萬象生焉。」〔註34〕在慧遠看來,念佛的關鍵在於要充分發揮心的想像作用,心的虛空、寂靜使天地入我心中,從而生成萬象。到了東晉南朝時期的竺道生,改造了道安、慧遠等人的學說,提倡頓悟成佛,這樣無形中簡化了成佛的手續,而且將心的感悟能力提到極致。

晉末僧肇曾受到道家的思想和玄學思潮的影響。他在《不真空論》中一開篇就運用了老莊的有無之辨:「夫至虛無生者,蓋是般若玄鑒之妙趣,有物之宗極者也。」將般若最高的智慧「玄鑒」與「道」之無相比附,進一步探討萬象與心的關係問題:「如此,則萬象雖殊,而不能自異。不能自異,故知象非真象。象非真象,故則雖象而非象。然則物我同根,是非一氣,潛微幽隱,殆非群情之所盡,故頃爾談論,至於虛宗,每有不同。夫以不同而適同,有何物而可同哉?故眾競作,而性莫同焉。何則?心無者,無心於萬物,萬物未嘗無,此得在於神靜,失在於物虛。」〔註35〕作為鳩摩羅什的得意弟子,僧肇在這篇論著中闡明了般若空觀的要義。般若空宗認為萬象的本質在於性空,表面看雖然千差萬別,但卻是人主觀所附加的。僧肇批判了「心無」義,這派觀點以心中無物體察萬物,實際還是承認萬物之有。般若空觀主張人們應該通過玄鑒去照鑒萬物之空的本性來求得人生的根本解脫。般若空觀關於心的諸般功能的探討深化了人們對主體心識智慧的自覺要求,無疑也深刻地影響了音樂美學的樂象思想。

在道家和儒家音樂思想中都強調心的功能,諸如莊子的「虛靜」、「心齋」說,提倡「心」的虛空、虛靜狀態,從而達到對萬物之道的體察;儒家看到

〔註33〕任繼愈主編《中國佛教史》(第二卷),北京:中國社會科學出版社 1985 年版,第 619 頁。

〔註34〕《全晉文》(下),(清)嚴可均輯,北京:商務印書館 1999 年版,第 1784～1785 頁。

〔註35〕《全晉文》(下),(清)嚴可均輯,北京:商務印書館 1999 年版,第 1809～1810 頁。

心中之欲對欣賞主體的危害，主張節情去欲以德心來駕馭音聲，兩家音樂美學思想都認識到心的重要性。玄學從人格角度來追求心的任性自然、通脫率真，以求達到超越凡俗的人生境界。儒家和玄學在心與自然的關係上，主體和客體是分離有別的。道家強調的「心齋」、「坐忘」雖然主客融爲一體，但要求主體無己的物化過程，這樣無「我」只剩下「物」了。而佛教提倡在對涅槃境界的追尋中心與外物達到合一：「內有獨鑒之明，外有萬法之實。萬法雖實，然非照不得內外相與，以成其照功，此則聖所不能同用也。內雖照而無知，外雖實而無相，內外寂然，相與俱無。此則聖所不能異寂也。」〔註36〕在般若空觀看來，世間萬象沒有絕對的眞諦，只有人眼中的萬象，透過萬象照鑒萬象性空的特質才能獲得涅槃。人心中的善念至關重要，成佛與成魔就在人們的一念之間。這樣，佛教在儒道兩家和玄學探討「心」之功能的基礎上又朝前邁進了一大步，使心與象成爲一體，在心的照鑒功能之下能夠透過萬象把握象外之眞諦，即「空」的本性。這樣主體之「心」既與「象」相通，又游離於「象」之外，這樣的佛學觀點無疑與意境理論十分接近了。對音樂美學而言，佛教所探討的心的各種功能以及心與象的關係問題無疑深刻地影響了樂象思想，對魏晉南北朝時期樂象論的形成有著啓發和借鑒意義。

　　方立天將佛教典籍中的「心」解釋爲以下三種含義：一爲「緣慮心」，即具有思考作用的心；二爲「集起心」，積集種子生起現行的八識。三爲「如來藏心」，即衆生乃至宇宙萬物中具有眞實本體的眞心。〔註37〕方立天所概括出的「心」的三點內涵仍然適用於魏晉南北朝時期佛教典籍。趙建軍認爲：「東晉般若學以佛玄的哲學化討論方式，將佛教心性涵義拓深到聯繫世間人生存在本質追求的方面，顯示了殊深的美學意趣，極大地促進了中國傳統美學結構心性感悟與智慧型的主體心識的結合，從而對於此後的心性美學的人格境界的自覺奠定了厚實的義理基礎。」〔註38〕趙建軍看到了東晉般若學對中國傳統美學的深刻影響，不僅如此，作爲一門心性哲學，佛教對魏晉南北朝樂象論思想的影響是深遠的。

〔註36〕（東晉）僧肇《涅槃無知論》，見《全晉文》（下），（清）嚴可均輯，北京：商務印書館 1999 年版，第 1807 頁。

〔註37〕方立天《中國佛教哲學要義》（上卷），北京：中國人民大學出版社 2002 年版，第 268～269 頁。

〔註38〕趙建軍《映徹琉璃——魏晉般若與美學》，北京：中國社會科學出版社 2009 年版，第 189 頁。

佛教肯定了心在成佛過程中的主觀能動性，心的冥想、感悟、觀照能力得到大力的倡導；佛教作爲一門心性哲學在繼承莊子的「虛靜」、「心齋」、「坐忘」等觀點，儒家音樂美學中節情去欲思想的基礎之上，提倡由「心識」所達到的涅槃境界，從主體方面對心提出了更高的要求，無疑深刻地影響了音樂美學思想，對魏晉南北朝樂象理論從倫理學中掙脫出來，走向審美理論奠定了堅實的理論根基。

三、中觀與中音

中觀是魏晉般若學觀照萬物的一種方式，「中」即不偏不斜，「觀」指的是以智慧觀察特定對象，或通過觀察特定對象獲得智慧。古印度龍樹著《中觀論》，也稱《中論》，集中代表了般若空觀的中觀思想。在龍樹看來，眞實的人生應取中觀正道，避免邪門歪道的偏執一念。因而只有中觀才能擺脫邪見、偏見的束縛，從而獲得涅槃之空觀。鳩摩羅什的得意門徒僧睿在《中論序》中說：「以中爲名者，照其實也；……故知大覺在乎曠照，小智纏乎隘心。照之不曠，則不足以夷有無，一道俗；知之不盡，則未可以涉中途，泯二際。道俗之不夷，二際之不泯，菩薩之憂也。是以龍樹大士折之以中道，使惑趣之徒，望玄指而一變。」〔註39〕僧睿指出龍樹菩薩所著的《中論》的本義是排除邪見，照鑒世界之實相。

梁代慧皎把這個思想運用到對佛教音樂的解釋上，他說：「壯而不猛，凝而不滯，弱而不野，剛而不銳，清而不擾，濁而不蔽。諒足以超暢微言，怡養神性，故聽聲可以娛耳，聆語可以開襟。若然，可謂梵者深妙，令人樂聞者也。」〔註40〕他認爲佛教音樂也應該不偏不斜、不雅不俗，音樂的形式與風格都保持在一個恰當的尺度之上，這樣方能感化人們。《試論藏傳佛教音樂審美》一文對藏傳佛教音樂進行了研究，發現「在現代音樂理論裏由三整音構成的音程叫做增四度或減五度。但從佛教音樂觀來看三整音恰恰符合佛教的『中觀』哲學」〔註41〕。該文認爲佛教音樂的音律、音程符合佛教哲學，蘊含佛教「中觀」的音樂美學思想：「本來增四或減五構成的音程的特性，如同佛教『中觀見』，無論人們怎麼加工，怎麼轉換，其音數永遠都是三個整音，

〔註39〕《全晉文》（下），（清）嚴可均輯，北京：商務印書館 1999 年版，第 1760 頁。

〔註40〕《高僧傳》，（梁）慧皎撰，西安：陝西人民出版社 2010 年，第 789 頁。

〔註41〕更堆培傑《試論藏傳佛教音樂審美》，西藏大學學報 2006 年第 3 期。

人爲音程度數怎麼變化，其音程的音數卻沒有任何質的變化。」這篇論文證實了慧皎「中觀」的音樂美學思想與佛教音樂的實際情況是一致的，說明佛教音樂美學思想與儒家音樂美學中的雅樂論是一脈相承的。

與中國土生土長的宗教道教相比，佛教的獨特之處在於它成爲一門學問，即佛學，對包括音樂美學在內的藝術理論產生了深遠影響；同時作爲一種思想領域的意識形態直接影響了人們的精神生活和審美觀念。佛學思想中的「天樂」觀所追求的超越、空靈之神韻無疑啓迪了絃外之音的意境思想；「心識」智慧在成佛中的重要性也使心在審美中的主觀能動性得以倡導；「中觀」論加深了人們對雅的審美品味的肯定。如果說玄學開啓了魏晉南北朝音樂美學繁榮之門，那麼，佛學思想則引領其達到高峰。

第四節　音樂實踐與音樂美學

魏晉南北朝時期音樂美學的繁榮除了受到政局、玄學和佛教思想的影響之外，還受音樂自身發展規律的制約。音樂美學與音樂實踐的關係猶如一棵樹上結出的果一樣親密而不分彼此，有什麼樣的音樂實踐就有什麼樣的音樂美學思想。音樂自身的發展也促進了音樂理論的繁榮。魏晉南北朝時代，音樂的普及度很高。士族、民間百姓之中精通音樂的人很多。酒色、五石散、音樂以及清談成爲魏晉風度的代表。由於戰亂，民族融合，西域音樂和佛教音樂傳入中原地區，促進了各民族音樂文化的交流與發展。這些音樂現象共同促進音樂美學思想走向成熟與繁榮。

一、從「樂」到「和聲」

魏晉南北朝時期，音樂的種類很多，純音樂的器樂、聲樂獲得了較大發展。這一時期，宮廷大型樂舞逐步爲民間音樂形式所取代，純音樂形式「但歌」（人聲唱和，無樂器伴奏）、但曲（不用歌唱的純器樂曲調）非常流行。詩、樂、舞三位一體的表演模式趨於解體，音樂逐步取得獨立的地位。郭沫若在《公孫尼子與其音樂理論》一文中指出：「中國舊時期的所謂『樂』（岳），它的內容包含得很廣。音樂、詩歌、舞蹈，本是三位一體可不用說，繪畫、雕鏤、建築等造型美術也被包含著，甚至於連儀仗、田獵、肴饌等都可以涵蓋。所謂『樂』（岳）者，樂（洛）也，凡是使人快樂，使人的感官可以得到

享受的東西，都可以廣泛地稱之爲『樂』（岳）。但它以音樂爲其代表，是毫無問題的。大約就因爲音樂的享受最足以代表藝術，而它的術數最爲嚴整的原故吧。」〔註42〕郭沫若對「樂」的理解範圍未免過大，「樂」在上古一般指的是詩、樂、舞三位一體結合在一起的綜合藝術。後來，隨著時代和藝術自身的發展演變，「樂」逐步分離，純文學的詩歌，配樂的舞蹈，以及單一的樂曲和歌曲已經逐步獨立出來。「詩、樂、舞」三位一體的格局被打破。

在魏晉南北朝時期，純器樂和聲樂藝術獲得了較大的發展。除了琴之外，文士中精通琵琶的人很多。竹林七賢之一的阮咸「妙解音律，善彈琵琶」，他所製的圓盤柄直的琵琶被稱爲「阮」，備受文人青睞。《後漢書》作者范曄及謝尚等名士都善於彈奏琵琶。從西域傳來的曲項琵琶，區別於中原原有的琵琶樣式，被稱爲龜茲琵琶，開始盛行，特別是在北朝，有許多來自西域的琵琶名手，如曹妙達、安馬駒、白明達、蘇祗婆等人。箏笛受到上層人士的喜愛，比如東晉的桓伊、南朝的何承天等都以善彈箏著名於世，其中桓伊是出色的直笛演奏家。《晉書》記載了他的一個小故事，據說王徽之有一次在河邊偶遇桓伊，請他吹笛，桓伊當時已經顯貴，而且也不認識王徽之，但仍然爲王徽之作了一曲「三調」，傳說唐代琴曲《梅花三弄》就是根據他的這首笛曲改編。其他樂器，如簫、胡笳、箜篌等樂器也在民間和豪門家宴中盛行。這些器樂曲一般都是自歌曲或舞曲改編，稱爲「但曲」，表明純音樂的形式已然從樂舞中獨立出來。嘯，類似於今天的口哨，也很得魏晉時人的推崇。阮籍的嘯聲已經能夠達到出神入化、隨心所欲的地步。嘯是魏晉特有的一種音樂種類。在先秦典籍中，嘯往往與歌連用，沒有成爲一種獨立的音樂形式。如《詩經·召南·江有汜》「其嘯也歌」，《小雅·白華》「嘯歌傷懷」。東漢末，嘯逐步獨立。向栩「不好言語，而喜長嘯」（《後漢書·獨行傳》），成瑨以「坐嘯」聞名（《黨錮傳》），而眞正獨立出來成爲一種音樂形式是在魏晉時代。晉代的成公綏專門寫了一篇《嘯賦》，對於這門音樂藝術，他說嘯「發妙聲於丹脣，激哀音於皓齒，響抑揚而潛轉，氣沖鬱而飄起，協黃宮於清角，雜商羽於流徵，飄浮雲於泰清，集長風於萬里」〔註43〕，認爲嘯聲有曲調和旋律，隨口發聲，靠氣運轉，是音樂中最爲自然的一種。音樂史上有「嵇琴阮嘯」的傳說，嵇康彈琴，阮籍長嘯，二人的音樂造詣登峰造極，也與其人的個性風度相得益彰，相映成趣。

〔註42〕郭沫若《青銅時代》，北京：中國人民大學出版社 2005 年版，第 141 頁。
〔註43〕《全晉文》（中），（清）嚴可均輯，北京：商務印書館 1999 年版，第 614 頁。

除了嵇康的音樂美學專著之外，產生了大量用文學作品形式進行音樂理論探討的著作，如阮籍的《清思賦》、嵇康的《琴賦》、《箏賦》，夏侯玄的《笙賦》等。竹林名士如阮籍、嵇康、阮咸等人都有自己創制的器樂作品。琴曲裏，阮籍有《酒狂》，嵇康有「嵇氏四弄」（《長清》、《短清》、《長側》、《短側》），阮咸有《三峽流泉》；嵇康還著有《琴賦》，論自己彈琴聽曲的心得感受。音樂究竟何時完全從綜合藝術詩樂舞三位一體中分離出來，無法確切知道具體時間，但中國音樂美學從文獻典籍和哲學論著中獨立出來，可以準確地說是在魏晉南北朝時代。以純音樂美學論著嵇康《聲無哀樂論》為標誌。《聲無哀樂論》之前，阮籍的《樂論》、夏侯玄的《辯樂論》都是在荀子《樂論》和《樂記》的基礎上對綜合藝術的評論，並非單純的音樂美學著述。我們對《聲無哀樂論》進行檢索，發現嵇康使用了 76 個「樂」，但含義多為哀樂的「樂」；綜合藝術之「樂」只有 18 個，多為論述「先王制樂」時才提到的廣義的「樂」。《聲無哀樂論》全文一共使用了 127 個聲、37 個單獨的音、29 個聲音、8 個音聲、9 個和聲來指代音樂，含義等同於現在所說的純音樂。可見，嵇康生活的時代音樂已經完全獨立出來，而嵇康論述的中心是純音樂，因而《聲無哀樂論》可謂我國第一部音樂美學專著，它的問世標誌著中國音樂美學的獨立和自覺。綜合藝術的「樂」也逐步為純音樂的「和聲」、「音聲」所取代，綜合藝術理論《樂論》變為純音樂理論著作《聲無哀樂論》。

二、雅樂的衰落與俗樂的興盛

雅樂在統治階級和一些文人的倡導下，成為主流的正統音樂形態，而代表平民階層審美趣味的俗樂卻遭到排斥和壓制。維護統治階級利益的儒家文化，看重的就是雅樂的教育作用，提倡在雅樂的審美活動中完成君子道德品質的培養，因為在他們看來，俗樂過於激蕩人心，不利於形成君子的中庸之道。秦穆公、楚莊王喜好「淫樂」，衛靈公、齊宣王聽俗樂而喜，他們這種行為受到了輿論的鄙視和嘲諷，始終難登大雅之堂。雅樂和俗樂的分流自周代開始白熾化，從而開啓了延續千年的雅俗之爭。

雅樂的發達集中體現了封建社會統治階級在音樂文化上的成就，它對於維護封建社會的禮制起到積極的維護作用。魏晉南北朝時期，隨著禮制的逐步瓦解，雅樂也最終因其生命力的貧弱，逐步為俗樂所取代。雖然統治階級一再視俗樂為洪水猛獸，稱之為「亡國之音」、「淫聲」、「亂世之音」，卻無法遏制俗

樂猶如春風燒不盡的野草一般的蓬勃興盛。雅樂由於沒有現實生活與情感體驗作支撐從而缺乏藝術生命力，隨著周代禮制的逐步解體，雅樂的弊端也越來越凸顯出來。在經歷禮崩樂壞的大動亂之後復歸一統的魏晉六朝時代，重新建立的禮樂制度顯然吸取了前代雅樂的不足，善於從民間和外來民族的音樂中汲取養分，用以維護統治階級的利益。雅樂衰落從漢末就開始了。據《漢書・禮樂志》記載：「是時，河間獻王有雅材，亦以爲治道非禮樂不成，因獻所集雅樂。天子下大樂官，常存肄之，歲時以備數，然不常御，常御及郊廟皆非雅聲。……今漢郊廟詩歌，未有祖宗之事，八音調均，又不協於鍾律，而內有掖庭材人，外有上林樂府，皆以鄭聲施於朝廷。」成帝時，「鄭聲尤甚。黃門名倡丙強、景武之屬富顯於世，貴戚五侯定陵、富平外戚之家淫侈過度，至與人主爭女樂」，政治的腐敗必然導致聲色娛樂之鄭聲的流行。樂的教化作用蕩然無存。因此，「性不好音」的哀帝遂罷免的樂府，這被後人認爲是「亡國之兆」。眞正亡國的原因與音樂有何關係，其根源還是在於政治的腐敗。

魏晉南北朝是一個大動亂的時代，隨著禮樂制度的解體，俗樂興盛，雅樂再次衰落。這主要表現在以下幾個方面：首先由於戰亂，雅樂器被破壞，先秦雅樂樂章失傳。據《晉書・律曆志上》記載：「漢末天下大亂，樂工散亡，器法堙滅。……元康中，勖子藩嗣其事，未及成功，屬永嘉之亂，中朝典章，咸沒於石勒。及元帝南遷，皇度草昧，禮容樂器。掃地皆盡，雖稍加採掇，而多所淪胥，終於恭、安，竟不能備。」每一次政權的更叠都伴隨著戰亂，而每一場戰爭都使好不容易恢復一點的禮樂遭到破壞，因此，縱觀魏晉南北朝時代，雅樂典章禮儀始終處於不完備的狀態。

其二，典禮使用的雅樂經過了改制，雅樂之名雖存，而音調已經俗化。據《晉書・樂志》：「杜夔傳舊雅樂四曲，一曰《鹿鳴》，二曰《騶虞》，三曰《伐檀》，四曰《文王》，皆古聲辭。及太和中，左延年改變《騶虞》、《伐檀》、《文王》三曲，更自作聲節，其名雖存，而聲實異。」從史料的記載可知，雅樂正聲裏已混入俗樂音調，這就說明了雅樂和俗樂交融在一起是有著歷史原因的。

其三，宮廷宴會使用音樂大都是俗樂。魏朝宮廷大興銅雀伎樂，就是俗樂。歌舞樂曲的興盛，歌舞音樂是一種宴會娛樂的音樂。據《宋史・樂志》記載：「又今之《清商》，實由銅雀，魏氏三祖，風流可懷，京、洛相高，江左彌重。」《南齊書・蕭惠基列傳》：「自宋大明以來，聲技所尚多鄭衛淫俗，

雅樂正聲，鮮有好者。惠基解音律，尤好魏三祖曲及相和歌，每奏，**輒賞悅不能已。**」可見，這個時候的清商曲還是鄭衛俗樂。魏晉時期的清商三調就是俗樂，進入宮廷之後，經過了清商署這個專門官方音樂機構的校對整理，逐步雅化。據《晉書·樂志》記載：「荀勖又作新律笛十二枚，以調律呂，正雅樂。」西晉時，清商署由荀勖掌管，他通過笛律來正雅樂，爲清商三調進入宮廷作好了準備，使其由俗樂變爲雅樂，逐步符合統治階層「雅」的審美趣味。以至於《樂府詩集》中將清商三調稱之爲「清商正聲」。隨著俗樂的雅化，由於生命力衰減，清商曲也就逐步衰落了。晉代南遷建立東晉之後在民間汲取的「吳聲」和「西曲」，同樣由於雅化，也難逃與清商曲相似的命運。到隋文帝時，七部樂中「清商樂」被視爲「華夏正聲」，改稱爲「清樂」，並創制大量新詞豔曲，到唐朝，清樂逐步被新聲所取代了。

其四，援俗入雅，雅中有俗是歷史發展的必然規律。《魏書·樂志》記載：「十一年春，文明太后令曰：『先王作樂，所以和風改俗，非雅曲正聲不宜庭奏。可集新舊樂章，參探音律，除去新聲不典之曲，裨增鍾縣鏗鏘之韻。』」在雅樂的恢復中，隨著漢族政權的南遷和北方少數民族統治政權的建立，各地民間俗樂和少數民族音樂進入雅樂，是歷史的必然趨勢。《魏書·樂志》載：「初，高祖討淮、漢，世宗定壽春，收其聲會。江左所傳中原舊曲，《明君》、《聖主》、《公莫》、《白鳩》之屬，及江南吳歌、荊楚四聲，總謂《清商》。至於殿庭饗宴兼奏之。」北魏孝文帝將江南的清商樂進行改編，成爲宮廷雅樂。據《隋書·音樂志》記載：「太祖輔魏之時，高昌款附，乃得其伎，教習以備饗宴之禮。及天和六年，武帝罷披庭四夷樂。其後帝聘皇后於北狄，得其所獲康國、龜茲等樂，更雜以高昌之舊，並於大司樂習焉。採用其聲，被於鍾石，取《周官》制以陳之。」龜茲樂等少數民族音樂隨著少數民族政權的建立而進入雅樂樂章。

最後，佛教在流傳過程中利用了民間音樂，同時在最高統治者篤信佛法的齊梁等時代創制了大量的佛教音樂，佛教音樂因而進入了雅樂系統。「帝既篤敬佛法，又製《善哉》、《大樂》、《大歡》、《天道》、《仙道》、《神王》、《龍王》、《滅過惡》、《除愛水》、《斷苦輪》等十篇，名爲『正樂』，皆述佛法。又有『法樂童子伎』，童子倚歌梵唄，設無遮大會則爲之」（《隋書·音樂志》）。這些佛教音樂稱之爲「正樂」已經與先秦廟堂雅樂有了很大改觀，由此改變了人們對雅樂和俗樂的看法。

雅俗之爭從意識形態領域影響到音樂的創作實踐，又延續到了音樂思想理論領域。最為集中的表現是嵇康《聲無哀樂論》對決傳統儒家的樂教論。嵇康《聲無哀樂論》採取反覆辯難的形式，通過客人詰難，主人答辯的正反雙方觀點的大交鋒。如此，雙方闡明觀點和七次論辯共答辯了八次，一層深似一層，客人代表儒家的傳統樂論和以嵇康為代表的道家自然音樂觀，真實反映了魏晉時代的社會思想，在禮崩樂壞的社會現實下，儒家所奠定的禮樂觀念受到了質疑，道家的思想再次運用到了音樂思考中。表面上是一次音樂觀念的大交鋒，實際上是一次儒、道兩家思想的大較量，折射出雅樂距離現實生活越來越遠的社會現實，人們重新思考音樂的作用和價值，這必然需要一種新的音樂理論來進行解釋，嵇康的《聲無哀樂論》就是其中的代表著作。

三、佛教音樂與西域民族音樂

魏晉南北朝是個大分裂的時期，各民族音樂文化不斷融合，同時佛教音樂自兩漢傳入，魏晉之後得到廣為流傳。隨著民族遷徙和絲綢之路的開拓，大量外民族的音樂文化和審美觀念不斷交彙，對傳統音樂觀念有一定的衝擊。

佛教在流傳的過程中，利用了民間音樂來傳播佛理，帶來了佛教音樂的盛行。梁代慧皎在《高僧傳‧經師》中總論佛教時說：「天竺方俗，凡是歌詠法言，皆稱為唄」，「誦經則稱轉讀，歌讚則號為梵音。昔諸天讚唄，皆以韻入絃管」。〔註44〕最初佛曲主要以天竺或西域音樂風格為主，後形成南北派讚唄風格。據《宋高僧傳》記載：「原夫經傳震旦，夾譯漢庭，北則竺法蘭，始直聲而宣剖；南惟僧會，揚曲韻以諷通。」〔註45〕竺法蘭東漢初到洛陽白馬寺翻譯佛經，其創制的佛曲代表遒勁的北派風格；唐僧會於三國時期在江南傳教，其所傳佛曲代表南派婉轉的風格。三國後，佛曲逐步多樣化。

佛教音樂在傳入中國的時候首先遇到的難題是翻譯問題：「自大教東流，乃譯文者眾，而傳聲蓋寡。良由梵音重複，漢語單奇。或用梵音以詠漢語，則聲繁而偈迫，若用漢曲以詠梵文，則韻短而辭長。是故金言有譯，梵響無授。」〔註46〕佛曲要用漢語演唱，必然得將梵語翻譯成漢語，但由於漢語單奇很難配上原來的佛曲，這樣便有大量的偈子、讚唄沒有音樂可配。這樣佛

〔註44〕《高僧傳》，（梁）慧皎撰，西安：陝西人民出版社2010年，第789頁。
〔註45〕《宋高僧傳》，（宋）贊寧撰，北京：中華書局1978年版，第647頁。
〔註46〕《高僧傳》，（梁）慧皎撰，西安：陝西人民出版社2010年，第788頁。

曲在重新創制的過程中逐步與本土民間音樂融合。曹植製作了很多本土佛曲，據《高僧傳》說「傳聲則三千有餘，在契則四十有二」〔註47〕。除了曹植之外，梁武帝喜愛佛教音樂：「帝既篤敬佛法，又製《善哉》、《大樂》、《大歡》、《天道》、《仙道》、《神王》、《龍王》、《滅過惡》、《除愛水》、《斷苦輪》等十篇，名為『正樂』，皆述佛法。又有『法樂童子伎』，童子倚歌梵唄，設無遮大會則為之」（《隋書・音樂志》），他也製作了十支曲子。

　　隨著「絲綢之路」開通，印度梵樂經過西域傳入中原，西域《龜茲樂》的形成顯然受到佛教的影響。呂光滅龜茲所獲《龜茲樂》「多亦佛曲百餘成」〔註48〕，而「變龜茲之聲為之」的西涼樂可能包含著很多佛教音樂。佛教音樂與西域音樂、中國本土民間音樂、宮廷音樂、文人音樂都保持著千絲萬縷的聯繫，同時作為一個新的音樂品種，又有自身獨特的風格特色和存在方式，自其在中國紮根之後就成為我國音樂文化的一部分，和其他音樂一起共同作用於意識形態，對音樂美學觀念產生深遠影響。

　　自絲綢之路開通以來，中原與西域的音樂文化交往更加密切，尤其是北朝（北魏、北齊、北周）不斷有西域人因傳教等原因定居中原，如北魏來歸的曹婆羅門因愛慕中土隨以本國國名為姓，世代以彈琵琶著稱。另一方面，北朝統治者常娶北狄、西域女子為后，隨嫁大量的樂工帶來了西戎技康國樂和西域音樂。由此西域樂舞盛行於整個東晉南北朝，據《隋書・音樂志》記載的就有天竺、龜茲、西涼、高昌、康國、安國、疏勒等地區的舞蹈。異域的音樂文化所展現的多種樂器的音色和豐富的藝術表現力無疑對中原音樂文化和思想觀念產生深遠影響。影響最大的樂舞品種是龜茲樂和西涼樂。龜茲樂使用西域的樂器，音樂風格與中原迥異；而西涼樂除了使用西域樂器之外，還演奏鍾、磬、笙、簫等傳統樂器，其風格既有傳統特色又有異域風情而「最為閒雅」（《舊唐書・音樂志》）。西域樂舞的傳入，必然帶來不同音樂思想的交流與交鋒。西元 568 年，龜茲樂人蘇祇婆來到北周，與中原宮廷樂官就樂律方面的問題展開討論。《隋書・音樂志中》中記載了周隋兩朝樂官鄭譯對龜茲樂樂律的思考：「先是周武帝時，有龜茲人曰蘇祇婆，從突厥皇后入國，善胡琵琶。聽其所奏，一均之中間有七聲。因而問之，答云：『父在西域，稱為

〔註47〕慧皎《高僧傳》，西安：陝西人民出版社 2010 年，第 788 頁。
〔註48〕《教坊記・序》，（唐）崔令欽撰，羅濟平校點，瀋陽：遼寧教育出版社 1998年版。

知音。代相傳習，調有七種。』以其七調，勘校七聲，冥若合符。……譯因習而彈之，始得七聲之正。然其就此七調，又有五旦之名，旦作七調。以華言譯之，旦者則謂均也。其聲亦應黃鍾、太簇、林鍾、南呂、姑洗五均，已外七律，更無調聲。譯遂因其所撚琵琶，絃柱相飲為均，推演其聲，更立七均。合成十二，以應十二律。律有七音，音立一調，故成七調十二律，合八十四調，旋轉相交，盡皆和合。」鄭譯發現一個驚人的事實，即當時的宮廷音樂所使用的音階已經受到龜茲樂調的影響，使用了傳統雅樂古調之外的音階。對這種現象，鄭譯認為：「案今樂府黃鍾，乃以林鍾為調首，失君臣之義，清樂黃鍾宮，以小呂為變徵，乖相生之道。今請雅樂黃鍾宮以黃鍾為調首，清樂去小呂，還用蕤賓為變徵。」鄭譯的觀點代表正統雅樂觀，堅持正聲調，對雅樂使用下徵調和清商調深惡痛絕。這件事發生在西元 582 年，史稱「開皇議正樂」，雖然發生在隋朝剛剛建立，反映的卻是魏晉以來特別是在少數民族統治的北方中原正聲與異域音樂混雜的音律問題，由音律又引發了關於「正樂」觀念的交鋒。

　　一個時代的音樂美學思想總是與音樂實踐聯繫在一起的。實踐是基礎，觀念是上層建築，有什麼樣的音樂實踐就有什麼樣的音樂美學思想。魏晉南北朝時期器樂與聲樂的發展促使純音樂美學專著的問世，民間音樂的盛行、少數民族音樂和佛教音樂的傳播，它們與宮廷音樂的交融也深刻影響了人們的雅俗觀念。

　　綜上所述，魏晉南北朝時期音樂美學思想的繁榮是時政、玄學、佛學和音樂實踐等時代各種因素共同影響的結果。如果把魏晉南北朝音樂美學思想比作一朵需要細心呵護的花朵，那麼時政好比適宜的氣候，提供了適合生長的外部條件；玄佛思潮是養分，給予了成長壯大過程中的充足營養；音樂實踐則是土壤，沒有它花朵也會成為無本之木。它們共同作用帶來了花朵的怒放，成就了魏晉南北朝時期音樂美學思想的繁榮。

第二章　和聲篇

「和聲」一詞早在春秋戰國時代就已聯合使用。如：

> 夫耳內和聲，而口出美言，以爲憲令，而布諸民，正之以度量，民以心力，從之不倦，成事不貳，樂之至也。(《國語‧周語下》)

> 是以先王之祀也，以一純、二精、三牲、四時、五色、六律、七事、八種、九祭、十日、十二辰以致之，百姓、千品、萬官、億醜，兆民經入畡數以奉之，明德以昭之，和聲以聽之，以告遍至，則無不受休。(《國語‧楚語下》)

> 則和於物，物和則嘉成。故和聲入於耳而藏於心，心億則樂。(《左傳‧昭公二十一年》)

可見，「和」不僅是古人對「聲」的屬性的認識，也包含著對天（自然）的屬性和人自身的認識，可以說中國古人之所以如此看重「樂」的作用和價值，把「樂」置於「六藝」中提倡君子修養的培養，是「和」的思想在起作用。「和聲」自產生之時就與「樂」的教化作用結合在一起，音樂、自然和人自身由於共同的「和」的屬性而緊密相連。

第一節　「和」範疇的內涵及其演變

「和」是中國音樂美學的核心範疇。「和」的思想涉及音樂的起源、本質以及音樂的作用和價值等重大音樂理論問題。這種音樂美學思想的形成與中國傳統文化意識與精神有關。「和」具有中國本土特色，是天人合一思想的體現，是人們對如何處理人與自然、社會以及人自身等各種關係的思考。中國

古代音樂美學中的和聲觀念涉及哲學、倫理學、心理學等多個學科，對其內涵的解釋也顯得至關重要。

一、聽覺的和諧

從「和」的造字之本意來看，說明先民聽覺的審美意識已經初步建立起來了。「和」在《說文解字》中解釋爲：「調也。從龠，禾聲，讀與『和』同」〔註1〕，釋「龢」爲調和。「和」字中象形部分「龠」字，《說文解字》解釋爲：「樂之竹管，三孔，以和衆聲也。從品、侖。侖，理也。」〔註2〕「龠」在甲骨文中象二、三管編成的吹管樂器，後世的多管排簫與此類似。郭沫若先生從甲骨文獻中進行考證把「和」解釋成編管簧樂〔註3〕。兩個以上的樂管一起發聲，如何才能做到更加悅耳，好聽，這就有個調和聲音的問題。而伴隨這種樂器的演奏，人們很容易發現音聲的數位化特點，比如音高與管長成反比，哪幾種聲音調和在一起才更加悅耳。因此，「在絃管樂器的樂學實踐中產生以簡單整數比爲諧和的音樂聽覺審美觀念，意味著音樂審美中『和』的觀念的確立。」〔註4〕這一觀念在先秦著述中都有所反映。《左傳·襄公二十九年》記載吳國季札對《頌》的評論時說：「五聲和，八風平，節有度，守有序，盛德之所同也。」講求對音樂進行節制，不能太高，也不能太低，滿足耳朵的適度感覺，符合音樂的審美心理。單穆公說：「夫鐘聲以爲耳也，耳所不及，非鐘聲也。」（《國語·周語下》）音樂是建立在人耳聽覺之上的一門藝術，因此，音樂必須要以耳朵的感受爲基礎：「耳之察和也，在清濁之間。」（《國語·周語下》）悅耳的聲音才可能成爲音樂。醫和提出了與「淫聲」相對的「中聲」概念。他說：「中聲以降，五降之後不容彈矣。於是有煩手淫聲，慆堙心耳，乃忘平和，君子弗聽也。」（《左傳·昭公元年》）他以宮商角徵羽五聲音階爲度量尺度，符合的就是「中聲」，超出五聲範圍的就是「淫聲」。這個標準是

〔註1〕《說文解字》，（漢）許慎撰，（宋）徐鉉校定，北京：中華書局 1963 年版，第 48 頁。《說文解字》中有「和」「龢」兩個字，「和」的解釋爲「相應也，從口禾聲」（第 32 頁），意思爲唱和。郭沫若認爲和龢是古今字。今解釋原義就捨「和」而取「龢」。

〔註2〕《說文解字》，（漢）許慎撰，（宋）徐鉉校定，北京：中華書局 1963 年版，第 48 頁。

〔註3〕郭沫若《甲骨文字研究·釋和言》，見《郭沫若全集》（考古編，第一卷），北京：科學出版社 1982 年版，第 93～94 頁。

〔註4〕修海林《古樂的沉浮》，濟南：山東文藝出版社 1989 年版，第 159 頁。

以耳朵審美能力爲依據的。周朝樂官伶州鳩主張音樂要「大不逾宮，細不過羽」是因爲「細抑大陵，不容於耳，非和也」（《國語·周語下》），過大過細的聲音聽起來都不舒適，很難維持心中的平和。可見，音樂之「和」，生於「聰耳」：「和六律以聰耳」（《國語·鄭語》），要靠耳朵的感知去分辨「和」與「不和」，因此，耳朵的審美能力對音樂創作和欣賞而言至關重要。馬克思在《1844年經濟學哲學手稿》中指出「人不僅通過思維，而且以全部感覺在對象世界中肯定自己。」〔註5〕感覺對人的本質力量的確認起到關鍵作用，因而音樂對象的存在與否起作用的在於人耳朵的審美能力：「只有音樂才激起人的音樂感，對於沒有音樂感的耳朵來說，最美的音樂毫無意義，因爲我的對象只能是我的一種本質力量的確證。」〔註6〕中國古人對音樂的審美感覺最初來自於體察「和」與「不和」，統治階層由於教化的需要，將「和」限定在「中聲」的範圍之內，無疑縮小了人耳的審美對象，不利於音樂的發展。

二、多元化的統一

　　從哲學上看，「和」展現了中國人的思維方式，在對立中尋求一種平衡，將矛盾雙方轉換爲內在的和諧共存。這種觀念的形成最早就與春秋時期「和同之辯」的哲學思辨有關。《國語·鄭語》：「夫和實生物，同則不繼，以他平他謂之和，故能豐長而物歸之。若以同裨同，盡乃棄矣。」「和」與「同」雖然意思相近，但從哲學上講，「和」比「同」好。「和」是不同事物的和諧共處，而「同」是相同事物的並列共生。中國古人對萬物生生不息現象進行無數次探索之後體悟出了一個道理，這就是「和實生物」的哲學命題所包含的內容：相同、單一意味著衰落和消亡，萬物相剋方能相生，多樣才能長久。「和」是萬物生命現象的規律，也是生命精神的眞諦。所以，自然界和社會都應該「去同求和」，摒棄單一、枯燥、死寂的「同」，去求得矛盾對立中的統一，才能生機勃發，萬世長存。從萬物的創造來看，「聲一無聽，物一無文，味一無果，物一不講」（《國語·鄭語》），這就是「和實生物」哲理的實際應用。單就音樂而言，不同屬性的音樂要素諸如音高、音強、音色在時間的流動中

〔註5〕 馬克思《1844年經濟學哲學手稿》，中共中央馬克思、恩格斯、列寧、斯大林
　　　　著作編譯局譯，北京：新華出版社2000年版，第87頁。
〔註6〕 馬克思《1844年經濟學哲學手稿》，中共中央馬克思、恩格斯、列寧、斯大林
　　　　著作編譯局譯，北京：新華出版社2000年版，第87頁。

交織成曲，形成「和聲」。沒有「和」，沒有對立元素的相雜相容，就沒有音樂。先秦關於音樂形式的討論雖然蘊含音樂形式美法則的萌芽，但它是哲學思想的一部分沒有獨立出來。魏晉南北朝時期音樂理論家們立足於音樂形式本身從「文」、「比」、「和比」等規律出發探討音樂形式美的法則，是對先秦「和實生物」規律和對立統一思想的繼承和革新。

三、內容與形式的和諧

中國古人對音樂的要求是既要在形式對立中尋求統一，又要內容上載德，有助於君子道德修養的完善，維持心志的平和。就構成方式而言，「和」指的是不同的藝術形式要素相互統一，在對立中達到一種和諧的狀態。《左傳·昭公二十年》記載了春秋時代晏嬰的一段話：「一氣、二體、三類、四物、五聲、六律、七音、八風、九歌以相成也。清濁、大小、短長、疾徐、哀樂、剛柔、遲速、高下、出入、周疏以相濟也。君子聽之，以平其心。心平德和。若以水濟水，誰能食之。若琴瑟之專一，誰能聽之？」音樂形式要素在「清濁、大小、短長、疾徐、哀樂、剛柔、遲速、高下、出入、周疏」的相互對立中產生了美，如果琴瑟單一，就違反了聽覺的審美感應。這個「和」首先是音樂內容的豐富與完善。要用文舞、武舞傳達各地風俗，歌頌關係百姓生計的九德；其次是音樂形式在時間長短、速度快慢、音量大小、音強高低、情感風格、進行與休止等方面的對比和交融。

荀子《樂論》：「故樂者，審一以定和者也，比物以飾節者也，合奏以成文者也。」可見，中國古人很早就認識到音樂形式要符合美的規律。《樂記》「聲相應，故生變。變成方，謂之音。」鄭玄注曰：「宮、商、角、徵、羽。雜比曰音，單出為聲。」孔穎達疏曰：「言聲者，是宮商角徵羽也。……清濁相次云雜比。曰音者，謂宮商角徵羽清濁相雜，和比謂之音。云單出曰聲者，五聲之內，唯單有一聲無餘聲相雜，是謂單出曰聲也。……衆聲和合成章，謂之音。」「音」與「聲」的區別在於：「聲」僅僅是單一的響聲，而「音」卻是不同音高、聲調按照「比」的規律交融在一起的藝術樣式。人們認識到和諧不僅僅是形式要素的對立統一，內容要素更要符合美的規律。這個美在儒家傳統觀念裏就是「善」，即要對人有好處，主要是有助於君子德行的培養。季札在評論各國的樂舞時，其審美標準是「德」：「五聲和，八風平，節有度，守有序，盛德之所同也」（《左傳·襄公二十九年》）。樂舞不僅要形式和諧，

更重要的是要載德。孔子提出關於審美評價的中庸原則：「樂而不淫，哀而不傷」，作爲中和的內容原則。孔子主張興「雅樂」，放「鄭聲」，也是因爲這兩種音樂違反了「中和」的原則，沒有道德的內容。《樂記》：「故曰：『樂者，樂也。』君子樂得其道，小人樂得其欲。以道制欲，則樂而不亂；以欲忘道，則惑而不樂。是故君子反情以和其志，廣樂以成其教，樂行而民鄉方，可以觀德矣。」可見，「和」是有等級的，初級的「和」只是滿足了耳朵感官的舒適與和諧，獲得的是悅耳層次的審美愉悅；高級的「和」在人心，獲得的是道德情感的審美愉悅。所謂「反情以和其志」，提倡君子摒棄初級的情緒感官的滿足，去追求內在情志的審美愉悅。音樂逐漸爲統治階級所利用，所謂「禮樂」、「德音」就包含了統治階級的審美價值判斷，其「和聲觀」包含聲美和意善兩方面，是形式與內容的和諧統一。在中國傳統音樂觀念中，音樂的內容比形式更加重要，形式要以內容爲標準和依據，音聲之和目的在於「和其志」，能夠使人心志和諧的音樂才是好的音樂，否則，就是淫聲，應加以放逐。由此可見，以儒家爲代表的傳統音樂觀念是一種偏重內容和諧的美善合一的和聲觀。

　　魏晉南北朝時期興起一股注重雕琢、提倡形式美的文藝思潮，在一定程度上改變了儒家音樂觀中重「和其志」輕「五聲和」的傾向。「竹林七賢」之一的嵇康非常贊成晏嬰的話，在他的音樂美學專著《聲無哀樂論》中直接引用了「以水濟水」的比喻，並把音聲形式要素概括爲大小、間促（遼）、變希（衆）、舒疾、單複、高埤、清濁。把這些形式要素按照時間的先後有機和諧的交織融合在一起，就成了音樂，嵇康稱之爲「和比」，這是音樂形式美的法則。爲此，嵇康把哀樂剔除在音樂之外，因爲它並非形式要素。另外，嵇康還把「比」與「和」並列，凸顯了音樂的時間功能。故王次炤稱「時間是音樂形式存在的關鍵因素」〔註7〕。除此之外，阮籍強調「比其文」、劉勰提倡的「聲文」，這些關於「音聲之和」的探討都不同程度地使重「和」輕「文」的和聲觀發生了較大改變。

四、主體的和諧

　　就其「和」的對象而言，不同歷史時期論述會有所側重。在遠古時期，

〔註7〕　王次炤《音樂美學新論》，北京：中央音樂學院出版社2003年版，第91頁。

人們生存狀態惡劣，觀念落後，因而更加看重人與神的和諧相處。《尚書・舜典》記載：「八音克諧，無相奪倫，神人以和。」遠古時代，巫風盛行，作樂的目的不是娛己，而是爲了娛神。在神靈的無邊法力之下，人類企望尋求一種庇祐和保護，以使人類不至於瀕臨滅絕，從而世代繁衍下去。

春秋戰國時代，百家爭鳴，對音樂「和」的問題多有探討，主要以儒家和道家爲代表。儒家強調人與人之「和」，樂和實乃爲人和服務。五聲之「和」在儒家看來就是尊卑、高下的等級秩序。荀子在《勸學》裏明確提出「中和」的概念：「《禮》之敬文也，《樂》之中和也，《詩》《書》之博也，《春秋》之微也，在天地之間者畢矣。」

道家強調音樂的自然屬性，主張人化生成萬物的一分子，與自然合一。老子提出「音聲相和」的觀點：「天下皆知美之爲美，斯惡已；皆知善之爲善，斯不善已。故有無相生，難易相成，長短相形，高下相盈，音聲相和，前後相隨，恒也。」在老子看來，音與聲運用對立統一的原則是永恒的自然規律，因此聖人無爲，行不言之教化。這樣，老子就以音樂「和」的自然規律來否定儒家所論證的樂的等級觀念，以及「人與人和」的樂教觀。在四十一章提出「大音希聲」的觀念，以無聲之道否定有聲之樂。「五音令人耳聾」，把「五音」作爲「大音」的對立範疇。

魏晉時代玄學興起，對人性的思考更加深入，音樂成爲平和個體情性的有效方式。嵇康在所有的樂器中，最喜歡古琴，原因是琴「性潔靜以端理，含至德之和平」，在琴聲中「可以感蕩心志，而發泄幽情矣」，這裡，琴音不必是君子之德的培養工具，而是養生的好方法，他提倡個體在音聲中得到情緒的宣泄，從而保持個體心性的平衡和健康。

綜上所述，「和」的內涵不外乎三個因素：自然、人和音樂自身，這三個因素包含世界客體、人這個主體，人創造出的主客統一的音樂。春秋戰國時代對「和聲」的論述只限於片言隻語，沒有具體闡明。到魏晉南北朝時代，和聲問題已經基本形成體系，涉及音樂的起源和本質、音樂的本體、音樂作用等密不可分的音樂美學的重大問題。究其原因在於這一時期的玄學家們以和諧作爲最高的理想和理論目標，而音樂「和諧論」是他們構建的玄學體系中不可或缺的重要部分。余敦康說：「魏晉時期，幾乎所有的玄學家都以整體性的和諧作爲自己奮力追求的目標，雖然由於現實世界的自我分裂以及玄學理論的內部矛盾，他們並沒有成功地達到這個目標，但是他們始終是把和諧

樹立爲最高的理想。」毫無例外，幾乎所有的玄學家「整體性和諧」的理想無論在實踐還是在理論中都以失敗告終。玄學家們以和諧構建自身體系時，阮籍、嵇康等人都就音樂中的和諧問題進行過深入的探討，提出了獨到的見解。下面就和聲問題的自然之和、音聲之和、主體之和三個方面，標列三節分別論述。

第二節　自然之和

　　魯樞元先生說：「如果說一個民族的文學歷史的書寫必須切合這個民族文學的特質，必須植根於這個民族的精神文化土壤之中，必須以這個民族特有的宇宙觀、存在論、價值取向、審美偏愛爲依據的話，那麼，世界上其他國家的文學史的書寫或許可以忽略『自然』這一維度，唯獨中國文學史的書寫絕對不能無視『自然』的存在。」〔註8〕此段論述切中肯綮，可謂一語道破中國人的民族特性以及自然與宇宙觀和藝術觀的緊密關係，尤其在崇尚自然的魏晉南北朝時代更應將藝術理論與自然聯繫在一起討論。

　　中國藝術理論不能忽視『自然』的存在，這是因爲自然被視爲一種包含人在內的鮮活的生命體，可以化生萬物，是萬物之母，同時也能和人進行雙向交流。老子說：「有物混成，先天地生。寂兮寥兮，獨立不改，周行不殆，可以爲天下母。吾不知其名，字之曰道，強爲之名，曰大。」道是化生萬物之母，萬物的本性是「和」。而道以自然爲法則，自然被視爲天地人世間最高的法則。老子說：「人法地，地法天，天法道，道法自然。」王弼的解釋是：「道不違自然，乃得其性，法自然也。法自然者，在方而法方，在圓而法圓，於自然無所違也。自然者，無稱之言，窮極之辭也。用智不及無知，而形魄不及精象，精象不及無形，有儀不及無儀，故轉相法也。道順自然，天故資焉。天法於道，地故則焉。地法於天，人故象焉。王所以爲主，其主之者一也。」〔註9〕王弼把自然抽象出來，視之爲「無」，也是「一」，即宇宙的本體，自然成爲玄學討論的核心範疇，余敦康對它的解釋是「所謂自然，它的確切含義並不是指的道家思想，也不是指茫茫無垠的自然界本身，而是指支配著

〔註8〕魯樞元《百年疏漏：中國文學史書寫的生態視閾》，《文學評論》2007 年第 1 期。

〔註9〕《王弼集校釋》（上），（魏）王弼撰，樓宇烈校釋，北京：中華書局 1980 年版，第 65 頁。

自然界的那種和諧的規律。」〔註 10〕余敦康對自然的解釋是著眼於魏晉玄學的。而魏晉玄學以自然爲核心範疇，對這個時代的音樂美學思想產生了深遠的影響。

魏晉南北朝時期音樂美學中自然的含義較爲複雜，由於受到玄學自然觀的影響，首先指的就是這種和諧的宇宙自然規律。朱志榮說：「中國古人認爲和諧是宇宙之道的體現，其中反映了天地萬物的生命精神。天地間的萬物的生命現象，便是最高的藝術，造化便是最高的藝術活動。藝術中的和諧是自然之道的體現。」〔註 11〕在古人心目中，樂的地位至高無上，最初樂是用來娛神的。因此，音樂就擁有了與自然一樣崇高的地位，被看作自然的化身，認爲音樂來源於自然和諧的品性，強調樂的本質是「和」。其次，指的是人自然、不做作的本性。自然是與名教相對的範疇，與名教後天而人爲的品性相對照，自然具有一種先天而和諧的品質，調和名教和自然的一派，企望通過宇宙自然界和諧的規律來調節社會領域的各種人際關係，社會矛盾無法調和時，提出「越名教而任自然」，轉而把眼光從現實投向了與時人關係密切的音樂藝術，從藝術中尋找人性的平衡點，以及促使人心性和諧的方法，遂把自然的範疇廣泛運用到藝術領域。《文心雕龍・明詩》：「人稟七情，應物斯感，感物吟志，莫非自然。」自然已經不是純然客觀物和關照對象，而是對主體心理構成的認知，對個體自然情性的激賞，成爲主體不矯飾、不浮誇的審美風尚。最後，還指與人爲相對的音樂的自然屬性。音樂中的「自然之和」是魏晉時代提出的觀點，它指的是音樂和諧的自然屬性。下面對這個時代音樂美學中的自然觀逐一進行論述。

一、「八音有本體，五聲有自然」

「自然」是阮籍玄學的核心範疇。阮籍在《樂論》中提出中心論點：「夫樂者，天地之體，萬物之性也。」〔註 12〕這一觀點是建立在道家自然觀的基礎上，認爲樂體現了天地自然無爲的精神，因而具有天地賦予萬物的恬淡平和的自然本性，並以自然本性爲尺度將雅樂和淫聲區分開來：「合其體，得其

〔註 10〕余敦康《魏晉玄學史》，北京：北京大學出版社 2004 年版，第 305 頁。

〔註 11〕朱志榮《中國審美理論》，北京：北京大學出版社 2005 年版本，第 124 頁。

〔註 12〕阮籍《樂論》，出自《阮籍集校注》，陳伯君校注，北京：中華書局 1987 年版，第 78 頁。以下所引阮籍之作均出自該書，出自阮籍《樂論》的引文不再注明出處。

性，則和；離其體，失其性，則乖」，符合這一自然本性的就是雅樂，反之，就是淫聲。阮籍認為雅樂順應天地自然無為的精神，萬物恬淡平和的自然本性，能夠起到移風易俗的作用，而鄭衛之音等淫樂背離了這樣自然之道，才引起了世間的紛亂。

對雅樂和鄭聲的區分，傳統樂論一直以來都是把它建立在政教之上。凡是符合教化民心，維護統治秩序的就是雅樂，反之，則是淫聲。《樂記》：「樂者，天地之和也；禮者，天地之序也。和，故百物皆化；序，故群物皆別。樂由天作，禮以地制。過制則亂，過作則暴。明於天地，然後能興禮樂也。」這樣，音樂成為禮樂之制的附屬品。「天下大定，然後正六律，和五聲，絃歌詩頌，此之謂德音，德音之謂樂。」在儒家看來，鄭聲這樣的俗樂由於沒有道德教化的功用，甚至不能稱之為「樂」，只是一種聲音罷了。儒家強調人的社會屬性，看重「樂」的教化作用，而道家強調人的自然屬性，認為聲音的產生是源自自然，是「吹萬不同，而使其自己」﹝註 13﹞的。在人的生命卑賤如草芥的動亂時代，人們更加易於接受道家把人、聲視為陰陽自然化生的產物，而摒棄了儒家所認同的禮樂之制。阮籍《樂論》就體現了與這個時代相一致的哲理思索。他認為音樂的本質是與天地萬物自然本性相一致的「和」，聖人作樂就順應了音樂這種「和」的本性，其中蘊含了陰陽之氣，體現了生命的精神，並且把雅鄭二樂的形成歸於自然之道上，這個自然之道就是音樂的自然本體。

阮籍用道家的自然觀，來解釋儒家樂論的核心問題：樂的移風易俗功能如何實現。他認為「八音有本體，五聲有自然」，樂器有材質的不同，每種材質的樂器都有固定的產地和一定的度數，他說：「若夫空桑之琴，雲和之瑟，孤竹之管，泗濱之磬，其物皆調和淳均者，聲相宜也，故必有常處；以大小相君，應黃鍾之氣，故必有常數。」「常處」指的是樂器特定的產地，而「常數」是律管特定的數字比例，兩者都是樂器的自然屬性，而此種自然屬性又與樂的移風易俗功能緊密相關：「有常處，故其器貴重；有常數，故其制不妄。貴重，故可得以事神；不妄，故可得以化人。」阮籍用音樂的自然之道消解了儒家音樂觀的功利主義意圖，使音樂「移風易俗」的觀點發生了質的改變。

﹝註13﹞《莊子·齊物論》中認為天籟是「吹萬不同而使其自己」的，認為這樣的聲音是不需要依傍、靠自己發聲的大自然聲音。見陳鼓應注譯《莊子今注今譯》（上），北京：中華書局 2009 年版，第 40 頁。

他總結說：「乾坤易簡，故雅樂不煩；道德平淡，故五聲無味。不煩則陰陽自通，無味則百物自樂，日遷善成化而不自知，風俗移易而同於是樂，此自然之道，樂之所始也。」音樂與萬物的本性相一致，所謂天之道是靜，人之性是自然，因而樂音尙簡而不煩，平和沖淡，符合天道，又與人性相通。天、人、樂在這一點上相通互感，樂的移風易俗的功用就是這樣發生的。這樣音樂是否具有移風易俗的功能就轉化爲音樂「和」與「不和」的問題，與政教分離開來，儒家樂論的核心問題發生了置換。

阮籍提倡「正樂」，也是從音樂「和」的自然本性去立論的。這種先王所制的「正樂」體現了天地萬物「和」的本性，「昔先王制樂，非以縱耳目之觀，崇曲房之嬺也。必通天地之氣，靜萬物之神也；固上下之位，定性命之眞也。故淸廟之歌詠成功之績，賓饗之詩稱禮讓之則，百姓化其善，異俗服其德；此淫聲之所以薄，正樂之所以貴也」。先王所制雅樂的主旨是爲了使天地之氣相通，萬物之神寧靜，上下之位牢固，天賦本性安定。所以製成的樂符合人的天賦本性，這個本性就是自然，而非爲了貪圖感官的享受，淪爲聲色的奴隸。阮籍反對「淫聲」，是因爲鄭聲背離了「和」的自然屬性，在音樂上不加節制，過度強調聲色享樂，易於使人心性過度激蕩，「猗靡哀思之音發，愁怨偷薄之辭興，則人後有縱欲奢侈之意，人後有內顧自奉之」，從而引發了人的貪欲和過分奢侈的世俗風氣。可以說，阮籍的這個見解是有很深的現實針對性的。漢末到魏晉，俗樂大肆流行，豢養女伎，極盡奢侈宴樂的風氣大行於世。阮籍自己也說：「正法不修，淫聲遂起。張放、淳于長驕縱過度，丙強、景武富溢於世。罷樂之後，下移踰肆。身不是好而淫亂愈甚者，禮不設也。」阮籍對俗樂的認識是有一定道理的。敏澤說：「對民間音樂這樣的認識和這樣的態度，說明了阮籍的音樂美學思想相當落後，偏見很深」〔註14〕，其觀點反而有失公允。李澤厚說阮籍《樂論》達到「重視『樂』所達到的理想的精神境界，即『自然一體』、『萬物一體』的境界，消除了人與人的相互爭奪殘害」〔註15〕，有階級鬥爭的論調，未免有拔高之嫌。

阮籍肯定雅樂反對鄭聲，爲雅樂唱讚歌乃形勢使然，但阮籍並沒有把音

〔註14〕敏澤《中國美學思想史》（上卷），長沙：湖南教育出版社2004年版，第609頁。

〔註15〕李澤厚、劉綱紀主編《中國美學史》（第二卷上），北京：中國社會科學出版社1984年版，第173頁。

樂當成禮的附庸，也沒有將雅樂與統治階級劃等號，而是側重音樂的自然本性去立論，已然拋開了禮對樂的束縛，還音樂一個自然本體的清明世界。從阮籍的觀點出發，可以通過音樂的自然本性來澄清附會在音樂上的倫理教化觀念，幫助我們提升對雅樂和俗樂的認識。

二、「音聲有自然之和，而無繫於人情」

在嵇康看來，音樂來自自然之和，體現了宇宙萬物和諧的自然屬性，是人們師法自然的產物。音樂的自然之和就是音樂的自然屬性，這種自然屬性並不會因為人為加工和人們主觀情感的滲入而改變。

嵇康認為音樂來源於宇宙萬物的和諧運動。這是建立在對自然音剖析的基礎之上的，自然音指的是自然界的一切聲音，包括宇宙萬物發出的聲音，有風聲、雨聲，也有人的聲音，比如哭聲和笑聲等等。嵇康認為音樂是自然界的事物，其產生於元氣的自然運行，「凡陰陽憤激，然後成風，氣之相感，觸地而發」〔註16〕，自然界氣的自然運行帶來風的運動，風在自然萬物中穿行，使得物體振動，聲音由此產生。嵇康說：「夫天地合德，萬物資生。寒暑代往，五行以成，章為五色，發為五音。音聲之作，其猶臭味在於天地之間。」音聲和顏色、氣味一樣都是自然界的一分子，靠聽覺和視覺、味覺來把握，這種聲音來自自然，於是具有了自然的品性。

嵇康把音樂這種和諧的自然屬性，稱之為「自然之和」。嵇康說「音聲有自然之和，而無繫於人情」，他用「自然之和」來探討音樂的自然屬性，指出音樂起源於自然界的和諧運動，可以看出嵇康繼承了老莊關於音樂的自然觀點。老子的「大音希聲」，反對人為，強調音樂的自然屬性；莊子的「天籟」、「地籟」和「人籟」的觀點集中探討了自然界聲音的來源，就像風吹萬物產生聲音一樣，萬物的形狀各異，自然的聲音其音質就不同，自然界的聲音就產生於風與天地中孔穴之間的相互作用。在自然音的產生問題上，嵇康與莊子持有相同的意見，他還專門引用莊子所說的「天籟」：「吹萬不同，而使其自己也」，以此來肯定音樂的自然屬性，而沒有人為的情感內容。這正如湯用彤先生所說：「故八音無情，純出乎律呂之節奏，而自然（指大道）的運行，

〔註16〕嵇康《聲無哀樂論》，見《嵇康集校注》，戴明揚校注，北京：人民文學出版社1962年版，第211頁。以下所引嵇康之作均出自該書，出自嵇康之作的引文不再注明出處。

亦全如音樂之和諧。」〔註17〕嵇康把音樂的自然屬性歸於宇宙萬物的「道」，音樂的和諧規律就等同於自然天道的運行。

　　嵇康認為音樂的自然屬性並不會因為樂器、曲調的不同而加以改變。人們根據和諧的原則創造的音樂同自然音一樣，也具有自然的屬性。他說：「且口之激氣為聲，何異於籟籥納氣而鳴邪？」人口頭髮出的聲音與用氣息吹管樂是使用了相同的原理，因此，聲樂同樣具有了自然屬性。器樂使用的自然材料，古人謂之「八音」，即金、石、絲、竹、匏、土、革、木，以此製成的樂器，無論是絃樂、管樂，還是打擊樂，其發聲原理是自然的，每種材料製成的樂器都有其物理屬性，具有獨特的音色。因此，嵇康說「琴瑟之清濁不在操者之工拙也」，琴瑟的音色取決於樂器的自然屬性，這種自然屬性是由樂器的物質材料決定的，不受人為因素的限制，也就是說「器不假妙瞽而良，籥不因慧心而調」，樂器不會因為高明的樂工而變好，也不會因為聰慧的心靈而協調，樂器的自然屬性絕不以人的主觀意志為轉移。

　　嵇康還論述了音律的自然屬性，認為音律與自然是一一對應的關係，不需要有人為因素。他說：「律呂分四時之氣耳，時至而氣動，律應而灰移，皆自然相待，不假人以為用也。」自然風的利用，氣的運行，是音樂的自然規律。古人很早就認識到，樂律與自然風、氣候、節氣之間具有一種相應關係。音樂的十二律呂隨著十二月作有序的變動。節氣的自然運動，帶來樂音的和諧振動，律呂隨著節氣的變化而運動，律管中的氣相應振動，管口的灰隨之被風吹散。當然，嵇康也認識到律呂與節氣的關係並非機械的一一對應。《禮記・月令》中說：「孟夏之月，律中中呂。」這個觀點嵇康並不贊同，反而認為律呂有自身的和諧規律，即便冬天吹奏中呂，樂音仍然會飽滿而沒有損傷。他說：「然律有一定之聲，雖冬吹中呂，其音自滿而無損也。」在嵇康看來，十二律呂是自然和諧規律的有機運用。十二律根據三分損益法上下相生，使得五音在律管上均衡分列，樂音高低變化有序，剛柔相濟。音律是人類外師造化的產物，人們根據自然界的發聲原理，創造出了音樂，體現了和諧的生命精神。

　　嵇康認為音樂起源於「自然之和」，這就是音樂的自然屬性，指的是樂音的和諧振動、樂器材質的天然特點及音律的數的規律等等，這些都是不以人的情感為轉移的。嵇康「用『自然之和』的概念淨化了音樂，剔除了儒家美

〔註17〕湯用彤《魏晉玄學論稿》，上海：上海古籍出版社2001年版，第201頁。

學賦予音樂的種種非自然的倫理內涵和功能，還音樂（也是整個藝術）以一種不假人以爲用的獨立自足的本體存在」〔註18〕。稽康的「聲無哀樂論」以音樂的自然屬性爲標槍，直接刺中上古傳統特別是儒家聲有哀樂論的靶心，澄清千年以來附會在音樂上的倫理觀念。

三、「漸近自然」

晉代成公綏曾寫過一篇《嘯賦》，其中提出以自然爲美的審美標準：

> 發妙聲於丹脣，激哀音於皓齒，響抑揚而潛轉，氣沖鬱而燎起，協黃宮於清角，雜商羽於流徵，飄浮雲於泰清，集長風乎萬里。曲旣終而響絕，遺餘玩而未已，良自然之至音，非絲竹之所擬。
>
> 音均不恒，曲無定制，行而不流，止而不滯，隨口吻而發揚，假芳氣而遠逝。音要妙而流響，聲激曜而清屬。信自然之極麗，羌殊尤而絕世，越《韶夏》與《咸池》，何徒取異乎鄭、衛！〔註19〕

成公綏認爲在所有音樂中，嘯聲通過自然之氣在脣齒之間運作，同時又與自然之十二律呂相互交流，形成優美的旋律，是最美的音聲，絲竹等器樂是無法比擬的。成公綏以自然爲標準來判定嘯聲最美，理由有二：其一，就風格而言，嘯聲玄遠清越，餘韻悠長，能夠與天地之間的浮雲、長風合而爲一，成爲天地間最美的聲音；其二，就音樂形式看，嘯聲有聲無辭，抒發心中情感最爲自由愜意。成公綏多次用到「自然」，他所說的自然指的是音樂的自然屬性。在他看來，嘯聲的自然特性在於它不假借樂器之類的外物靠人的氣流在脣齒間自然發音，而且所發之音能恰如其分地傳達心中的情思。就自然的屬性而言，嘯聲比一切雅樂和俗樂都貼近自然而絕美。

陶淵明在母喪期間，爲其外祖父孟嘉寫過傳，在《晉故征西大將軍長史孟府君傳》中假借孟嘉之口，談到絃樂、管樂和人聲的區別時，說「絲不如竹，竹不如肉」，原因是「漸進自然」。陶淵明認爲絃奏用手，管奏用口吹，而人唱發自肺腑，後者永遠比前者自然，最自然的是聲樂。《禮記·郊特牲》說：「歌者在上，匏竹在下，貴人聲也。」雖然同樣重視人聲，但沒有揭示原因。陶淵明用道家的自然觀來解釋這個問題。莊子曾經把音樂劃分爲三個等

〔註18〕陳炎、儀平策《中國審美文化史》（秦漢魏晉南北朝卷），濟南：山東畫報出版社 2007 年版，第 368 頁。

〔註19〕《全晉文》（中），（清）嚴可均輯，北京：商務印書館 1999 年版，第 614 頁。

級：人籟、地籟和天籟，把自然界自然而然的聲音定爲最高境界，把人創造的音樂斥爲最低級，體現了崇尚自然反對人爲的思想，但這種劃分將自然音等同於音樂是不合理的。陶淵明以自然爲標準來區別不同種類的音樂，並以此來判定音樂的等級，這種劃分符合音樂自身的特性。在今天看來，聲樂比之器樂，的確擁有更爲自由而廣闊的領域，能夠達到更高的境界。用自然來解釋其原因是頗爲合理的。

陶淵明所說的「自然」與人爲是相對的概念，因爲聲樂完全用人體先天的器官「肉」（即喉）來發聲，是自然，無所依傍的。管樂用氣來吹奏樂器，氣息一半來自人體，一半靠空氣作用，氣流作用於吹管，有所依傍，離自然較遠；絃樂用手撥絃，不同絃長的樂音在空氣中的振動不同，依附最多，所以離自然最遠。他以自然人聲爲最美的觀點繼承了成公綏的觀點。陶淵明肯定了音聲（包括聲樂、管樂和絃樂）的自然屬性。這個自然的含義已經與阮籍、嵇康所說自然之天道的含義不大相同了。

「自然」是劉勰《文心雕龍》的核心範疇，也是他文藝思想的精髓。他將一切藝術的起源都歸於自然之道。《文心雕龍・原道》：「仰觀吐曜，俯察含章，高卑定位，故兩儀既生矣；惟人參之，性靈所鍾，是爲三才。爲五行之秀，實天地之心。心生而言立，言立而文明，自然之道也。」在劉勰看來，人所創造的一切文明包括藝術都是自然之道的體現。音樂也不例外。劉勰在《文心雕龍・聲律》中認爲：「夫音律所始，本於人聲者也。聲含宮商，肇自血氣，先王因之，以制樂歌。故知器寫人聲，聲非效器者也。」劉勰認爲音樂產生於人聲，聲樂先於器樂，因爲聲樂來自人的血氣，而器樂模仿了人聲。劉勰的這個觀點顯然也是以「自然」爲尺規來判定人聲和器樂產生先後順序的。

魏晉南北朝時期，玄學盛行，自然成爲音樂美學的核心範疇。理論家們認爲音樂來自自然之和，體現了宇宙萬物和諧的自然屬性，是人們師法自然的產物。音樂的這種自然屬性並不會因爲人爲加工和人們主觀情感的滲入而改變。阮籍以自然本體論轉換了雅俗紛爭背後的教化根基；嵇康以音樂的自然屬性爲標槍，直接刺中上古傳統特別是儒家聲有哀樂論的靶心，澄清千年以來附會在音樂上的倫理觀念。成公綏、陶淵明和劉勰等人更是以「自然」爲標準判定音樂的高低等級，形成以自然爲美的審美觀念。

第三節　音聲之和

對於音樂是如何創作出來的，有關音樂創作的規律，古人似乎不是很關心。古代樂論很少專門討論音樂創作的具體技術問題，也很少論及作曲家、表演者的才能、個性等方面的問題。這大概是由於古時候編曲的樂工、奏曲的倡優地位低下的緣故。相反，樂在中國古人心目中地位崇高，因爲最初樂是用來娛神的，在宗教儀式中完成對神的膜拜和祈禱。那麼如此神聖的樂是如何創作出來的呢？歷來有「王者功成而制樂」的說法，但這種假託先王制樂的作品只限於很少的一部分雅樂。至於大量的俗樂是誰創制的，如何創作的，很少有詳細的論述。受講究雕飾的奢靡文風以及注重形式美的文藝思潮的影響，魏晉南北朝時期開始探討音樂的創作問題，探討音樂創作規律的範疇大致有「文」、「比」「和比」等概念。同時理論家們也開始注重探討音樂的形式美規律問題，如嵇康在《聲無哀樂論》中就探討了音樂的形式美法則，可與西方的自律論相媲美。

一、「和比」

《說文解字》：「比，密也。二人爲從，反從爲比。」〔註 20〕可見「比」的本義是親密之義。《樂記》說：「聲相應，故生變，變成方，謂之音。比音而樂之，及干戚羽旄，謂之樂。」它辨別了聲、音和樂的區別，指出樂的特點在於「比」。嵇康《聲無哀樂論》談到了聲、音、樂。敏澤認爲：「《聲無哀樂論》完全是以《樂記》對音、聲、樂的嚴格區分（『感於物而動，故形於聲。聲相應，故生變。變成方，謂之音。比音而樂之，及干戚羽旄，謂之樂』）爲依據來論述音樂的。」〔註 21〕事實上，《聲無哀樂論》並沒有對三者的含義進行區分，我們只有對聲、音、樂的使用情況進行統計歸納才能瞭解其含義。《聲論》中嵇康使用了 76 個「樂」，但含義多爲哀樂的「樂」。綜合藝術之「樂」只有 18 個，多爲論述「先王制樂」時才提到的廣義的「樂」。《聲無哀樂論》全文一共使用了 127 個聲、37 個單獨的音、29 個聲音、8 個音聲、9 個和聲來指代音樂，含義等同於現在所說的純音樂。從聲、音、樂在《聲論》中的

〔註 20〕《說文解字》，（漢）許愼撰，（宋）徐鉉校定，北京：中華書局 1963 年版，第 169 頁。

〔註 21〕敏澤《中國美學思想史》（上卷），長沙：湖南教育出版社 2004 年版，第 617 頁。

使用情況看，嵇康大致遵循了《樂記》的劃分標準，但論述的重心已經從《樂記》服務於倫理教化的綜合藝術之樂，轉向具有純粹藝術之美的音樂藝術，嵇康稱之爲「音聲」或者「和聲」，簡稱「聲」，指的是包括歌曲、器樂在內的純音樂。由於嵇康所說音樂的自然之和是以自然音來立論的，容易讓人認爲嵇康將音樂等同於自然音，反對人創造的音樂。蔡仲德認爲《聲無哀樂論》：「把音樂說成是直接產生於天地自然，迴避了音樂是人的精神創造這一事實，這就將音樂與自然之聲混同，將藝術美與自然美混淆了。這是《聲無哀樂論》在理論上的致命弱點。」〔註22〕這其實是一種誤解。楊蔭瀏先生說：「他（指嵇康）所講的音樂，包含著兩方面：一方面他看音樂爲一種最初自在的存在，另一方面他也看音樂爲一種客觀具體的存在。爲了便於分析，我們暫把前者稱爲概念世界的音樂精神，把後者稱爲實在的音樂。」〔註23〕其實，嵇康說的音樂並不是兩種。概念世界的音樂精神實際就是上文分析的音樂起源於自然之和，即宇宙萬物和諧的屬性；實在的音樂其實指的是音樂的具體創作。

嵇康認爲音樂雖然起源於宇宙間的和諧運動，但同樣需要人爲的創作。他說「言比成詩，聲比成音」，又說「宮商集比，聲音克諧」，強調了「比」，認識到了音樂與自然音的區別。在嵇康看來，雖然音樂源自「自然之和」，但人爲的創作必不可少。值得注意的是，嵇康並沒有將音樂與自然之聲混同，相反他認爲人們利用了「比」的規律去創作音樂，才能達到和諧的境界。「比」是前後相聯，把宮商角徵羽五音在時間上有序聯結，形成和諧的樂音振動，就成爲音樂。「比」這種手段的基本屬性是「和」，因此，嵇康稱之爲「和比」，指的是人們依據自然音的和諧規律創造出來的形式和諧的組合規律。嵇康說：「然聲音和比，感人之最深者也，勞者歌其事，樂者舞其功」，只有人創造的音樂才能感召人心，形成情感的共鳴。這種源自「自然之和」又經過「比」的創造的音樂，達到了主客統一的審美境界。

因爲音樂創作運用了「和比」的規律和方法，所以和諧是音樂的本質屬性，是音樂美的根本體現。嵇康說：「五味萬殊，而大同於美，曲變雖衆，亦大同於和」；「美有甘，和有樂，然隨曲之情，盡乎和域，應美之口，絕於甘境」。這裡，「美」與「和」並列對舉，可見，嵇康認爲音樂的美就是和諧，

〔註22〕蔡仲德《中國音樂美學史》，北京：人民音樂出版社2003年版，第522頁。
〔註23〕楊蔭瀏《中國古代音樂論稿》，北京：人民音樂出版社2004年版，第175頁。

音樂之美來自和諧的境界，即「和域」，雖然「音聲無常」，音樂曲調多種多樣，但都有一個共同的本質屬性，即和諧。

「和比」的形式美法則來自樂音形式包括節奏的快慢、音調的高低、樂音的清濁、變化繁複與簡易、單音與復音諸要素等的協調統一。嵇康說：「五音會，故歡放而欲愜。然皆以單、複、高、埤、善、惡為體，而人情以躁靜專散為應。」在嵇康看來，音樂的美在於音高、音強、音色等形式美法則的綜合運用，並且不同樂音的形式產生不同的情緒反應。雖然音樂與情感有著千絲萬縷的聯繫，但產生這種聯繫的原因還是在於音樂自身的變化規律與人心自然感應的對應關係，而並非在於音樂有哀樂等情感內容。情感先存在於人的內心，遇到音樂激發出不同的情感來，所以嵇康說「至夫哀樂，自以事會先遘於心，但因和聲以自顯發」。綜合運用音樂的多種表現形式會產生至妙的音樂，欣賞這樣的音樂會得到藝術上的陶冶和心靈上的淨化，「譬猶遊觀於都肆，則目濫而情放；留察於曲度，則思靜而容端」。

在音樂活動中，無論是創作，還是表演和欣賞都是一個音聲與人相互作用、主客統一的過程，其中有對自然和諧的體驗，也有主體的情感宣洩，嵇康認為在這個過程中，把握、領悟和獲得和諧是關鍵。他說：

> 和心足於內，和氣見於外，故歌以敘志，舞以宣情，然後文之以採
> 章，照之以風雅，播之以八音，感之以太和，導其神氣，養而就之，
> 迎其情性，致而明之，使心與理相順，氣與聲相應，合乎會通，以
> 濟其美。故凱樂之情見於金石，含弘光大顯於音聲也。

嵇康認為在自然和諧的感召下，又有來自於內心對萬物和諧的體認，人們最終將內心的情感完美地顯現出來。在創作者將自身的心與自然之「理」、「氣」融入到「音聲」之中，達到心、理、氣、聲四者的有機統一，並融會貫通，美妙的音樂就創作出來了。音樂產生於和諧。在音樂的創作中，情感起到催化劑的作用。雖然嵇康認為聲無哀樂，但是他並不割裂音樂與情感的聯繫，反而認為「歌以敘志，舞以宣情」，音樂並不能脫離人的情感而獨立存在。和諧的音樂是情感宣洩的必要保證，而情感宣洩的生理和心理需求是和諧音樂存在的前提條件。樂與人心的關係可謂千絲萬縷。音聲之和，實際就是樂與人和，無論是創作者、表演者還是欣賞者都是如此。

嵇康把聲和情的關係建立在「和」的基礎上，集中探討了音聲之和與情感之間的聯繫。嵇康說：「五音會，故歡放而欲愜」；也說：「至八音會諧，人

之所悅，亦總謂之樂」。他認為和諧樂音的振動，會帶來人情感的釋放，身心隨之振蕩，激蕩之後的人心會獲得一種美的享受，這種享受是一種精神的愉悅和滿足，而這種滿足程度會隨著音聲和諧程度而改變。越是和諧的樂音，情感宣泄就越順利，身心的振動越舒適，也就越容易獲得審美快感。

在嵇康看來，音聲之和諧在於音樂和人之間的相互愉悅，人們在自然之「和」的基礎上，運用「和比」的音樂手法創造了樂音和諧的組合規律，完成了情感的宣泄，滿足了人們的生理和心理需求。嵇康雖然認為音聲無哀樂，但是卻看到音聲的和諧與情感之間的聯繫。音樂能夠促成情感的宣泄就在於音聲的和諧，越是和諧的音樂，人們從中獲得的審美愉悅就越大。而樂之和諧與人之愉悅仍然是兩回事，音聲本身還是無哀樂的。

二、「聲文兩得」

《說文》：「文，錯畫也，象交文。」〔註24〕可見，「文」的本義是交錯的具有裝飾意味的兩條畫線，引申為「紋飾」。《易・乾・文言》正義引莊氏曰：「文謂文飾，以乾坤德大，故特文飾以為《文言》。」《易・繫辭下》：「物相雜，故曰文。」《樂記・樂化篇》：「禮減而進，以進為文；樂盈而反，以反為文。」鄭玄注：「『文』，猶美也，善也」。可見，「文」本身就講究修飾、美觀。音樂中的「文」與此對應也講究聲美和形式之美。《禮記・樂記》對「文」的作用十分重視，同時又有所限制。它說：

> 樂也者，動於內者也；禮也者，動於外者也。故禮主其減，樂主其盈。禮減而進，以進為文；樂盈而反，以反為文。禮減而不進，則銷；樂盈而不反，則放。故禮有報而樂有反。禮得其報則樂，樂得其反則安。禮之報，樂之反，其義一也。

樂寓多樣於統一，易於使人眼花繚亂，所以其根本在於「反」即反躬人道，在樂中要寄寓一定的道理，使人心歸於正道，否則易流於淫放，使人心動蕩不安。「以反為文」的觀點意味著樂的形式要以德的培養為旨歸，將「文」與禮相關聯進行解釋。《禮記・樂記》中對樂的解釋是：「故樂者，審一以定和，比物以飾節，節奏合以成文，所以合和父子君臣，附親萬民也。是先王立樂之方也」；《樂記・樂化篇》：「禮減而進，以進為文；樂盈而反，以反為文。」將樂之文

〔註24〕《說文解字》，（漢）許慎撰，（宋）徐鉉校定，北京：中華書局 1963 年版，第 185 頁。

與「節」掛鉤，以「反」爲文的特點，提倡對樂的文飾不能過度，強調以樂來節制人心與和合民心。可見，儒家在解釋樂之文時，並不看重音聲本身之「和」，而強調樂對人心「和」的作用，所以對音樂的手段和形式手法並不作更高的要求，不求樂的多變、多樣化，反而提倡「大樂必簡」，強調樂的中和作用。

阮籍《樂論》將「比」和「文」相併列：「導之以善，綏之以和，守之以衷，持之以久；散其群，比其文，扶其夭，助其壽，使去風俗之偏習，歸聖王之大化。」這裡，「比其文」當指依據時間的順序，「和」的原則把曲調前後相聯，注重音節的修飾，然後製成樂曲。曹丕在《典論・論文》中提出「詩賦欲麗」，陸機在《文賦》中認爲「詩緣情而綺靡」。受到這股注重形式美的文藝思潮的影響，音樂上也重視文的作用。《文心雕龍・情採》：「故立文之道，其理有三：一曰形文，五色是也；二曰聲文，五音是也；三曰情文，五性是也。五色雜而成黼黻，五音比而成《韶》《夏》，五性發而爲辭章，神理之數也。」劉勰認爲音樂是聲音的縱橫交錯，沒有「文」就沒有音樂，此「聲文」也是「道之文」，因而像大自然的萬物一般自然擁有比一切畫工的顏色更爲鮮豔的絢爛色彩：「傍及萬品，動植皆文，龍鳳以藻繪呈瑞，虎豹以炳蔚凝姿；雲霞雕色，有踰畫工之妙；草木賁華，無待錦匠之奇。夫豈外飾，蓋自然耳。」音樂之聲自然動聽，這裡劉勰並沒有強調樂的和合民心的作用，反而以道之文來凸顯聲文的豐富多變。

與劉勰的「聲文」是道之文的說法不同，南朝梁代慧皎將「聲」與「文」分離，成爲對音樂形式的兩種要求。他在所著的《高僧傳・經師》中針對佛教音樂說：「轉讀之爲懿，貴在聲文兩得。若唯聲而不文，則道心無以得生；若唯文而不聲，則俗情無以得入。故經言以微妙音歌歎佛德，斯之謂也。而頃世學者，裁得首尾餘聲，便言擅命當世。經文起盡，曾不措懷。或破句以全聲，或分文以足韻。豈唯聲之不足，亦乃文不成詮。聽者唯增恍惚。聞之但益睡眠。」〔註25〕佛教歌曲是翻譯過來的，因而對辭和曲提出相應的要求，辭要符合所傳之經的內容，聲要動聽，否則會令聽者瞌睡，起不到傳教的目的。他對「聲」要求是：「壯而不猛，凝而不滯，弱而不野，剛而不銳，清而不擾，濁而不蔽。諒足以超暢微言，怡養神性，故聽聲可以娛耳，聆語可以開襟。若然，可謂梵者深妙，令人樂聞者也」。〔註26〕慧皎認爲「聲」應該把

〔註25〕　《高僧傳》，（梁）慧皎撰，西安：陝西人民出版社 2010 年，第 789 頁。
〔註26〕　《高僧傳》，（梁）慧皎撰，西安：陝西人民出版社 2010 年，第 789 頁。

握強弱、高低、清濁的尺度，既能娛耳，又要起到普度眾生的作用，做到雅俗共賞。

三、「中和」

儒家崇尚中庸之道，提倡溫柔敦厚的詩教觀，倡導中和之美。關於「中和」，《中庸》的解釋是：「喜怒哀樂之未發，謂之『中』；發而皆中節，謂之『和』。中也者，天下之大本也；和也者，天下之達道也。」「中和」是儒家行爲處事的原則，也是衡量藝術作品的標準，音樂要符合中和的原則，否則就是邪音，不能稱之爲樂。「中和」一詞用於音樂美學主要歸功於荀子〔註27〕，他的《樂論》和《勸學》都提到「中和」：「故樂者，天下之大齊也，中和之紀也，人情之所必不免也」，「《禮》之敬文也，《樂》之中和也，《詩》《書》之博也，《春秋》之微也，在天地之間者畢矣」。荀子認爲「中和」是君子性情合乎禮法的尺規，也是先王創作音樂的方法和準則。

劉勰繼承了儒家「中和」觀，在音樂中提倡「中和」之樂。《文心雕龍·樂府第七》：「至於魏之三祖，氣爽才麗，宰割辭調，音靡節平。觀其「北上」眾引，「秋風」列篇，或述酣宴，或傷羈戍，志不出於雜蕩，辭不離於哀思。雖三調之正聲，實《韶》、《夏》之鄭曲也。逮於晉世，則傅玄曉音，創定雅歌，以詠祖宗；張華新篇，亦充庭《萬》。然杜夔調律，音奏舒雅，荀勖改懸，聲節哀急，故阮咸譏其離聲，後人驗其銅尺。和樂之精妙，固表裏而相資矣。」劉勰對曹魏三祖所製樂府不符合雅樂標準進行批評，認爲其辭過於哀怨，其情志過於放蕩，曲調浮靡，節奏平板。劉勰認爲他們的音樂實踐都不符合「中和」的尺度。

「中和」是劉勰評論前代音樂實踐的標準。他在《文心雕龍·樂府》中對秦漢以來，雅樂的逐步衰微，俗樂的盛行進行了梳理和總結：「自雅聲浸微，溺音騰沸，秦燔《樂經》，漢初紹復，制氏紀其鏗鏘，叔孫定其容典，於是《武

〔註27〕《禮記·樂記》中也提出「中和」一詞：「故樂者，天地之命，中和之紀，人情之所不能免也。」《樂記》傳爲先秦公孫尼子所著。班固《漢書·藝文志》以爲漢武帝時河間獻王與毛生等共採《周官》及諸子言樂事以作《樂記》，唐代魏徵等人撰寫的《隋書·音樂志》和唐代張守節《史記正義》認爲「《樂記》取《公孫尼子》」。雖然從時代上看荀子要晚於公孫尼子，但《禮記·樂記》有很多漢儒增加的內容，所增加文字已不可考證，兩篇論文中多處相似的文段，其著作權歸屬問題很難判斷，姑且存疑不論。

德》興乎高祖，《四時》廣於孝文，雖摹《韶》、《夏》，而頗襲秦舊，中和之響，闃其不還。」劉勰慨歎「中和之響，闃其不還」，以「中和」爲尺規對雅樂衰落和俗樂流行的音樂現狀深以爲憾。在劉勰看來，「中和」是判定音樂作品得失的標準。這一標準來自劉勰以詩爲歌曲核心的觀點：「故知詩爲樂心，聲爲樂體；樂體在聲，瞽師務調其器；樂心在詩，君子宜正其文。」（《文心雕龍・樂府》）樂府爲詩樂相和的歌曲。劉勰認爲詩比樂更加重要，原因在於：「『好樂無荒』，晉風所以稱遠；『伊其相謔』，鄭國所以云亡。故知季札觀樂，不直聽聲而已。」（《文心雕龍・樂府》）劉勰繼承了孔子溫柔敦厚的詩教觀，認爲詩歌的功用應以教化人心爲主。在歌曲中，詩是歌曲的核心和靈魂，而樂曲是載體，要選擇合適的曲律來和詩相配，使音聲中和，不失於悲傷，不流於淫靡。劉勰反對「詩聲俱鄭」的現象，即淫詞配俗樂，在他看來，這種音樂實踐對人心的影響是極爲不利的。

劉勰的音樂「中和」論是其詩歌風骨論在音樂中的延續，與他倡導內容剛健清新的詩歌主張是一脈相承的。劉勰的「中和」論繼承了儒家的觀點，但又有所超越。儒家的「中和」範疇沒有超越禮的束縛，對音樂的中和要求始終都限定在節制人情、和合民心的功用上。劉勰的「中和」論要求配詩之樂應該舒雅、平緩，是針對高雅健康風格的詩歌作品而言的。其音樂「中和」論著力從歌曲內容健康入手去要求曲調的中和舒雅，已然掙脫禮的束縛，雖然都是「中和」，但其立足音樂本身而言比禮的外部要求更具合理性。

魏晉南北朝時期的關於音聲之「和」的探討涉及音樂創作的本質規律。阮籍所說的「比其文」、劉勰提倡的「聲文」、慧皎的「聲文兩得」都重視樂之文，不同程度地改變了儒家音樂觀中重「和」輕「文」的思想傾向。嵇康的「和比」、劉勰的「中和」都立足於音樂本身來探討音樂的美，這一時期關於音樂形式美法則的探討改變了先秦兩漢只重視人和，忽視音樂之和的傳統路徑，開啓了後代重視音樂形式美的先河。

第四節　主體之和

以儒家爲代表的傳統樂論注重人和，春秋戰國時期樂官伶州鳩提出「平和」的概念，在《國語・周語下》中記載了他的相關言論：「夫政象樂，樂從和，和從平。聲以和樂，律以平聲。……聲應相保曰和，細大不踰曰平。」

所謂「平」指的是「大不逾宮，細不過羽」，把樂音限定在五音的範圍之內。
究其原因在於五音使人心境平和。《左傳‧昭公元年》：「中聲以降，五降之後
不容彈矣。於是有煩手淫聲，慆堙心耳，乃忘平和，君子弗聽也。」可見，
在傳統樂論看來，五聲之外的音調激蕩人心、塞責於耳，會使人心失去平和。
這種觀點主要立足於德性從主體心志的平和出發對音樂提出要求。魏晉南北
朝時期以人為本的玄學興起，這一時期音樂論著所論述的主體之和不再以共
性的德性培養為尺度，而是以個體的心性平和為依據。

一、「樂者，使人精神平和」

　　魏晉南北朝時期戰亂頻仍、生命易逝，由於時代的因素，與儒家和道家
思想不同，玄學立足於人的現實人生，為人生苦悶尋找出路。阮籍《樂論》
有著與這個時代一樣的思考，他在《樂論》裏始終關注個體的生命價值，而
非音樂的政教功能，這已經與儒家樂論有著顯著的差異。儒家音樂美學中集
中探討的雅樂鄭聲誰是誰非問題在阮籍《樂論》中已經變成了主體「和」與
「不和」的討論。儒家音樂美學的代表之作《樂記》站在統治階級立場上維
護禮樂之制，而阮籍則立足於個體探討的心性和諧問題，更看重個體在動蕩
的時局中如何通過音樂全身養性、頤養天年。阮籍汲取玄學的養分，其《樂
論》充分展現了玄學「以人為本」的精神實質。

　　《樂記》說「樂者，樂也」，阮籍《樂論》也說：「人安其生，情意無哀，
謂之樂」，雖然都在說音樂是使人快樂的藝術，但出發點和歸結點發生了轉
換。《樂記》把音樂分為君子之樂與小人之樂：「君子樂得其道，小人樂得其
欲。以道制欲，則樂而不亂；以欲忘道，則惑而不樂。是故君子反情以和其
志，廣樂以成其教，樂行而民鄉方，可以觀德矣。」《樂記》提倡用音樂來「反
情」，保持天然情性，達到「和其志」的目的，這個「志」側重於「德」，節
情去欲就是德性。它要求欣賞主體拋棄感官享受，使內心情志平和，用道德
來約束欲望，指出德性是主體獲得快樂的根本途徑。阮籍《樂論》則站在個
體「人」的角度，從生命價值出發來探討個體如何修身養生。他說：「樂者，
使人精神平和，衰氣不入，天地交泰，遠物來集，故謂之樂也。」這一論斷
立足的是個體的人，而不是群體的民。他把人放在自然之中，認為人是自然
的一分子，受到陰陽二氣的作用，人要想保有萬物同壽，必須杜絕衰氣進入。
這個衰氣在阮籍看來主要就是哀傷之氣，它能夠打亂陰陽之和，惑亂人心，

不是長壽之道，也不是音樂之道。雖然同《樂記》一樣提倡使人心境平和的和樂，但是《樂記》強調德性是主體之和的根本，而阮籍強調的是人身心的和諧一致，從修身養氣的角度去批判「以悲爲樂」的審美標準。

阮籍反對「以悲爲樂」的現象，他在《樂論》中說：「誠以悲爲樂，則天下何樂之有？天下無樂，而有陰陽調和，災害不生，亦已難矣。」反對的理由就是悲樂使萬物（包括人在內）陰陽失調，易於滋生災害。與阮籍同時代的夏侯玄寫過《辯樂論》，他說：「阮生云，律呂協則陰陽和，音聲適則萬物類。天下無樂，而欲陰陽和調，災害不生，亦以難矣。」〔註28〕夏侯玄指責阮籍《樂論》有天人感應的神秘色彩。但從轉述方式看，夏氏犯了斷章取義的錯誤。阮氏說「天下無樂，而有陰陽調和，災害不生，亦已難矣」，前提是「以悲爲樂」，而非所有的音樂，所以夏氏把阮氏的觀點概括爲「此言律呂音聲，非徒化治人物，可以調和陰陽，蕩除災害也」〔註29〕是不準確的。夏氏只看到了阮氏《樂論》與儒家正統樂論的一致性，卻忽略了阮氏《樂論》所蘊含的人本精神和進步意義。阮籍《樂論》說：「今則流涕感動，噓唏傷氣，寒暑不適，庶物不遂，雖出絲竹，宜謂之哀，奈何俛仰歎息以此稱樂乎！」所以阮籍提倡個體欣賞音樂時內心應該表現爲「樂」，「樂」即「和」，是一種和諧而平靜的心理狀態，而不是「哀」，因爲「哀」使人處於面容悲傷，內心起伏跌宕的失衡狀態。此「哀」與「悲」同義，並非像敏澤所認爲的那樣：「『悲』所指的意思，並不是指『流泣感動』或如泣如訴那樣的音樂，才算悲樂，而是泛指一切聲音和好的音樂，或者說，悲樂就是聲音和好的音樂。」〔註30〕正如蔡仲德所指出的：「阮籍所說的是『以悲爲樂（音樂）』，也是『以悲爲樂（即以悲爲美）』，而不是『以悲樂爲好』」〔註31〕。以悲爲樂就是以悲爲美的意思。關於阮籍反對「以悲爲樂」的理論，蔡仲德認爲是「爲維護等級統治而反對民衆唱出其不幸與不平，此種思想更無傑出之可言。」〔註32〕這種觀點有待商榷。

《禮記·樂記》站在統治階級立場維護封建禮樂之制，推行德政而倡舉

〔註28〕《全三國文》（上），（清）嚴可均輯，北京：商務印書館 1999 年版，第 209頁。

〔註29〕《全三國文》（上），（清）嚴可均輯，北京：商務印書館 1999 年版，第 209頁。

〔註30〕敏澤《中國美學思想史》（上卷），長沙：湖南教育出版社 2004 年版，第 610頁。

〔註31〕蔡仲德《中國音樂美學史》，北京：人民音樂出版社 2003 年版，第 493 頁。

〔註32〕蔡仲德《中國音樂美學史》，北京：人民音樂出版社 2003 年版，第 493 頁。

音樂的教化功能：「先王之爲樂也，以法治也，善則行象德矣」；「是故先王之製禮樂也，非以極口腹耳目之欲也，將以教民平好惡，而反人道之正也」。在儒家樂典中，這是對先王制樂本意的解釋。而阮籍認爲樂的價值和意義就在於：「先王之爲樂也，將以定萬物之情，一天下之意也，故使其聲平，其容和。」（《樂論》）雖然都說的是「先王之樂」，但是與儒家樂論相比，阮籍《樂論》的立場變了，論證的中心轉換了，賦予個體以鮮活的生命力，探討個體如何更好地保有生命。阮籍認爲樂的本質是「和」，不僅外在的容貌行止要和，內在的神氣更要和。這是一種滿足於現狀，氣定神閒，心態平順的和諧的精神狀態。先王造樂的本意就是要維持個體心性的平和狀態，從而達到宇宙萬物同化的境界。在這個前提下，阮籍也提倡雅樂。他認爲「雅樂周通則萬物和，質靜則聽不淫，易簡則節制全，靜重則服人心：此先王造樂之意也。」雅樂由於音質尙靜，變化單一，營造出玄妙幽遠的藝術境界，人在此中能夠心志純正，暢神愉悅，使情性歸於統一，阮籍認爲這才是先王造樂的本意。阮籍假託先王造樂之意，實現了對經典文本的顛覆和背離。

　　阮籍反對「以悲爲樂」，提倡平和之聲，但他的音樂實踐恰恰背離了這一點。阮籍並非是一位溫文爾雅的君子，而是鬱忿難平、內心狂狷而外在謹愼的矛盾體。他所作《酒狂》抒發了心中的鬱結，描摹了醉酒後的形態，並非是「平和之音」。無獨有偶，嵇康也提倡音樂的平和功能，但他所彈的《廣陵散》也是慷慨激昂的。在名教對自然情性壓制的魏晉時代，情性如何統一，心性如何維持平衡對阮籍和嵇康都是一個難題。余敦康指出，阮籍和嵇康以名教與自然相結合作爲自己的精神支柱，當二者不可調和之時，他們二人的精神支柱便崩潰了。阮籍的精神無所依附，失去平衡，漂浮於現實和理想對立的兩極之間。〔註33〕余敦康指出了阮籍內心困苦的緣由。如余敦康所言，如果阮籍、嵇康把玄學構建作爲他們的人生理想、精神支柱的話，那麼當這一理想破滅、支柱坍塌之後，如何走出人生困境、精神危機是嵇阮二人應當直面的難題。如此便可解釋他們二人都提倡音樂的平和功能是何原因。可見，阮籍用大量的篇幅探討「平和」這個問題，並非延用儒家的雅樂觀，而是從個體出發賦予「平和」以劃時代的重大意義。在物欲橫流、壓力過大的時下，音樂在心理治療中的有效性，無疑使音樂平定心緒的審美價值得以凸顯，阮籍提倡音樂調節、平和功能的論述在今天仍然具有合理性和借鑒意義。

〔註33〕余敦康《魏晉玄學史》，北京：北京大學出版社2004年版，第302頁。

　　表面上看，阮籍的《樂論》與《禮記·樂記》的觀點大體一致。「阮氏所懷之理想及其持論，恰即自周至漢儒家禮、樂、刑、政之理想、理論。阮氏之《樂論》，初未越出《禮記·樂記》之範圍，雖間有所發揮，而其體統則歸於一致。」〔註34〕蔡仲德也持有相同觀點。〔註35〕但仔細考量就會發現，阮籍的《樂論》與《禮記·樂記》的觀點有較大的差異。阮籍作為正始玄學的代表，其樂論與此一脈相承，只不過迫於形勢才寫得如此隱晦而不明。其《樂論》的立論基石已經發生了置換。它表面維護儒家正統音樂觀，實際上判離了禮樂之制，將樂從禮的束縛中剝離出來，用道家的自然觀和玄學的人性探索將音樂的價值問題引向深入。與嵇康《聲無哀樂論》那樣旗幟鮮明地與儒家聲有哀樂論針鋒相對不同，阮籍《樂論》中的觀點是隱晦而難懂的。造成這種情況的原因一方面在於時代。在言論極其不自由的魏晉時代，統治者打著「名教」旗幟實施精神獨裁，與統治者觀點相左的人都會遭到扼殺。嵇康就是一個例子。另一方面是阮籍的個性使然。阮籍「言皆玄遠，未嘗臧否人物」(《世說新語·德行》)，為人謹言慎行，這種內斂的個性與嵇康的「剛腸疾惡，輕肆直言，遇事便發」〔註36〕截然不同，這也是他在亂世得以全身保命的原因所在。所謂「文如其人」，阮籍《樂論》一如其為人之道，其真義何如，至關重要。

　　阮籍《樂論》超越了儒家音樂美學的藩籬，具有重要的理論價值，其音樂美學思想上承道家思想，中取玄學人本精神，下為嵇康《聲無哀樂論》掙脫倫理道德束縛和音樂從禮教中獨立出來鋪平了道路。我們對阮籍《樂論》理論價值的評價不能拔高，更不能貶低，應當給予客觀而公正地看待。它打著注解《禮記·樂記》之名，行顛覆經典之實；徒有正統樂論之表，沒有實質內容。黃節先生說：「余謂凡嗣宗一切言行，要皆有不得已三字者在。」〔註37〕阮籍寫《樂論》陽奉而陰違，實有不能明言的痛苦和尷尬。這種心境與《詠懷》詩中所透露的是一樣的：「夜中不能寐，起坐彈鳴琴，徘徊將何見，憂思獨傷心。」阮籍的言不由衷雖然給我們解讀《樂論》帶來了一定的難度，但

〔註34〕陳伯君《阮籍集校注》，北京：中華書局1987年版，第104頁。
〔註35〕蔡仲德《中國音樂美學史》，北京：人民音樂出版社2003年版，第492頁。
〔註36〕嵇康《與山巨源絕交書》，見戴明揚《嵇康集校注》，北京：人民文學出版社1962年版，第123頁。
〔註37〕此語出自蕭滌非整理北大老教授黃節授課講義寫成的《讀詩三札記·讀阮嗣宗詩札記》，見蕭滌非《蕭滌非文選》，濟南：山東大學出版社2006年版，第400頁。

不能光看《樂論》表面含義而忽略其叛離儒家樂論的思想實質。

二、「聲音以平和爲體」

秸康認爲和諧是音樂的屬性，體現了音樂的美；而「平和」則是音樂的根本，表現了音樂的善。在秸康看來，和諧的音樂是美妙的音樂，但並非所有和諧美妙的音樂都是好的音樂，好的音樂能夠使主體心境平和，只有心平氣和，人們才能頤養天年。秸康認爲和諧的主體其心中應該無哀也無樂，是一種「無主於哀樂」「哀樂正等」的平和心境。

秸康認爲，音樂的「善之體」蘊含在其內部，是音樂的根本屬性。他說：「夫五色有好醜，五聲有善惡，此物之自然也。」這裡，秸康將「五聲」與「五色」並列，「善」與「好」對舉，可見，這裡所說的善是好的意思。五色中有好看的顏色，也有難看的顏色，但都屬於顏色；音樂也一樣，有好的音樂，也有不好的音樂，但都屬於和諧的聲音。並不是所有美的音樂，都能夠起到好的作用。比如鄭聲，秸康肯定它的「音聲之至妙」，是美的音樂，但因其「妙音感人，猶美色惑志，耽槃荒酒，易以喪業」，使人心境失和而易於誤入歧途，因此秸康把它排除在善的音樂之外。在這一點上，秸康與儒家的觀點是一致的。音樂的善之體不會因爲時代的變遷而發生改變：「其善與不善，雖遭濁亂，其體自若而無變也。」更不會因爲人們心中的哀樂之情而改變：「聲音自當以善惡爲主，則無關於哀樂。」

在秸康看來，音樂的「善之體」就是平和。他說：「聲音以平和爲體，而感物無常；心志以所俟爲主，應感而發。」這裡的平，秸康繼承了春秋時期醫和、單穆公的觀點，指的是「『細大不逾』，即『大不逾宮，細不過羽』，成爲『中音』」〔註38〕，可見，平是音樂在音高方面的特點，以古琴爲代表的雅樂具有這樣的特點，平和是這種音樂在主觀方面所起到的作用，能夠使人們心平氣和。所謂「平和」，就是哀樂正等，心情平和，無哀無樂，「若言平和，哀樂正等，則無所先發，故終得躁靜；若有所發，則是有主於內，不爲平和也」。蔡仲德先生認爲「平和而無哀樂本來既是『道』的特性，又是『道』賦予人的自然情性，就也應該是音樂的本質特性。」〔註39〕這裡，秸康把平和視爲天、人、樂的共同本性，是三者相互交流的橋梁。

〔註38〕蔡仲德《中國音樂美學史》，北京：人民音樂出版社2003年版，第53頁。
〔註39〕蔡仲德《中國音樂美學史》，北京：人民音樂出版社2003年版，第512頁。

　　嵇康把平和提高到音樂之「體」的高度，這個「體」指的是「本」，即根本。在嵇康看來，音樂的根本不在於樂音的和諧振動之美，而在於使人心境平和的功能，音樂的善比音樂的美更爲重要。無論是治世還是亂世，在教化萬民方面，音樂爲藝術之首，所起的作用不可低估。嵇康認爲美善和一的境界就是「至和」與「太和」的境界，是音樂的最高境界。他說：「而但云至和之聲，無所不感，託大同於聲音，歸衆變於人情，得無知彼不明此哉？」此句出於秦客用反詰句的形式轉述主人的觀點，可見嵇康認爲「至和之聲」來自兩個方面，一方面是「託大同於聲音」的和諧樂音之美，另一方面是「歸衆變於人情」的調和人情之善，和諧之音樂的最高境界是美善合一。嵇康還說：「然後文之以採章，照之以風雅，播之以八音，感之以太和。」他所說的「太和」與「至和」含義大體一致，指的是美善合一的境界，「太和」與「至和」之樂能夠起到教化萬民的作用。

　　嵇康認爲音樂能夠導養神氣，使主體的精神趨於和諧的境界，從而達到養生的目的。他說：「和心足於內，和氣見於外，故歌以敘志，舞以宣情。然後文之以採章，照之以風雅，播之以八音，感之以太和，導其神氣，養而就之，迎其情性，致而明之，使心與理相順，氣與聲相應，合乎會通，以濟其美。」在太和之音的感召下，心靈回歸自然的本眞狀態，心與神在音樂的會通中與「理」相合。這個境界就是精神的高度自由狀態，它超越了功名利祿追求下產生的哀樂之情，是對世俗生命的淨化與昇華，使主體在音樂中感悟生命之後，心靈重歸自然本眞的生命本性，從而達到精神的和諧狀態。

　　除了精神的平和之外，音樂也能帶來身心的平和。這個平和，嵇康認爲就是協調身心情性的和諧。養生是嵇康哲學美學思想的出發點和歸結點。而音樂，和服食一樣，是養生的一個重要手段，能起到協調身心的作用。音樂的這種功能首先是因爲人們需要音樂，因爲「音聲和比，人情所不能已者也」。樂音和諧的運動，帶來人身心的共振，是人情欲之本能需求的一種天然滿足。嵇康說：「及宮商集比，聲音克諧，此人心至願，情欲之所鍾。」無論是儒家的修身養性，還是道家的道之境界，都強調感情不能過於放縱，情欲不能毫無節制，而音樂對人的情欲又具有一種天然的調節疏導功能，可見人們需要音樂就猶如魚兒離不開水一樣，是一種本能的需要。其次，音樂還具有疏導情緒的功能。嵇康能夠區分情緒與情感的不同，認爲音樂雖然沒有情感內容，但有調節情緒的作用，能夠滿足人們情緒宣泄的生理需求。嵇康指出：「躁靜

者聲之功也，哀樂者情之主也。」聲音能夠使人產生急躁或平靜的情緒反應，這是音樂的功能；哀樂是情感的主體，存在於人的內心，遇到音樂就會表現出不同的情感反應，因此「不可見聲有躁靜之應，因謂哀樂皆由聲音也」。

　　嵇康提出「樂之為體，以心為主」的論斷貌似與聲無哀樂觀點相矛盾，實際上是肯定了主體生命在音樂中保有的自然本真、自由不羈和自在自為的和諧狀態。「樂之為體」的「體」，指的是平和之樂，這種音樂的實質是能夠使人心境平和，回歸「道」之自然本性。所以他認為音樂的根本是「以心為主」，這個心是超越了情感哀樂的平和心境，因此「藝術的最高本體不是情感的哀樂，而是超越情感哀樂的個體精神的一種無限自由的狀態」〔註40〕。嵇康認為，音樂的根本在於具有平和人心之功能，即協調人心，平衡情志，移風易俗〔註41〕。主體之和，從個體看是人精神的愉悅、身心的協調和情與性的統一；從群體看，是社會的和諧。主體的平和心境是順應道的自然無為，符合人的自然本性。在音樂的感召下，通過太和之樂、可導之樂及流俗淺近之樂的共同作用，使人躍動的情歸於恬淡本性，使衰弊的社會重返大道隆盛。

　　作為玄學名家，音樂和諧論是阮籍、嵇康玄學思想的一部分，他們在構建音樂和諧理論之際始終立足於個體心性的和諧，將養生全生思想蘊含其中，以「平和」為音樂的根本，倡導使人精神平和、身心的和諧、無哀無樂、淡泊寧靜的音樂，肯定超越情感的主體生命之和諧狀態，這些思想在很大程度上改變了傳統樂論蘊含教化思想的平和觀，音樂所發揮的主體之和的功用，由群體意義之上的道德品性之和轉向個體心性的和諧健康。

　　綜上所述，「和聲」是中國音樂美學中的核心思想，且在魏晉南北朝時期和聲觀已自成體系，自然之和、音聲之和與主體之和是音樂和諧論中必不可少的三部分，它們是密不可分的有機整體。「和」是天、人、樂的共同本性，所以三者之間才能相感相通。樂之和在先秦兩漢的文獻中都有論述，但往往只是片言隻語，其中論述的樂往往指的是包括詩歌、音樂和舞蹈在內的綜合藝術，以嵇康為代表的魏晉南北朝時代的樂論所論述的和聲卻是具有純粹藝術之美的音樂藝術，且有著潛在理論體系。阮籍、嵇康以「自然之和」為音樂的本源，剝離了附會在其中的倫理教化觀念；他們以「比其文」、「和比」、

〔註40〕 李澤厚、劉綱紀主編《中國美學史》（第二卷上），北京：中國社會科學出版社 1984 年版，第 217 頁。

〔註41〕 關於嵇康的音樂移風易俗的觀點，本文放在最後一章「樂教篇」集中論述。

「中和」爲音樂的創作規律和美的屬性，開啓後代重視音樂形式美法則的先河；以「平和」爲音樂之本，立足個體心性和諧從以人爲本的角度還音樂藝術一個清明世界，使人耳目爲之一新。

第三章 樂象篇

　　樂象是中國音樂美學特有的範疇和命題，也是核心範疇之一。中國音樂美學探討的樂象範疇涉及音樂的審美問題，它包括音樂審美活動中想像、情感等心理要素的作用、心象與萬物之象的聯繫、音樂審美的境界以及樂與人的共鳴等具體問題。樂象作為音樂理論的術語，早在《禮記‧樂記》中有專門的「樂象」篇來探討用樂的形式來展示主體心象的問題。《樂記》說：「樂者，音之所由生也，其本在人心之感於物也。」中國古人心目中的「樂」是一種人心對樂的感應，是主客體的融合。所以中國古人看重君子之德行，以正心正氣去感應樂，樂的教化作用方能實現。《樂記》在探討樂與禮、德的關係之餘專闢一節來探討主體心象問題。《樂象》開篇有言：「凡奸聲感人而逆氣應之，逆氣成象而淫樂興焉；正聲感人而順氣應之，順氣成象而和樂興焉。」它把樂分為「淫樂」與「和樂」，前者是奸聲與逆氣在主體心中互相作用的結果，後者是正聲和順氣在心中所成之象。所謂「樂者，心之動也；聲者，樂之象也」，在古人看來「樂」是心動的產物，區別於「聲」，它並非純粹客觀之物，而是與主體心境緊密相關。中國古代雖然沒有「審美」一詞，但從對「樂」的界定和「樂象」的內涵來看，他們早就認識到了欣賞者在音樂活動中起著至關重要的作用，甚至決定著音樂的屬性，影響著音樂活動的結果。因此，本章使用了「樂象」這個中國傳統的音樂理論術語，既與西方「音樂審美」的範疇大體一致，又有著本民族獨有的內涵，可謂魅力獨具。

第一節　樂象問題的由來及其內涵

　　樂象是一種藝術之象，我國樂象理論與傳統文化中「象」的觀念分不開，

而樂象的形成與自古就有的象思維有關。中國人具象思維的方式是認識世界的一種角度。六經之首的《周易》在中國思想文化中的重要地位已爲世所公認，它奠定了中國人象的思維方式和觀念。這種象的思維方式和觀念來自中國人與西方迥異的觀照萬物的方式，並形成獨有的象思維模式。象思維的模式主要不是靠概念，也不需要邏輯推理，而是通過「觀物取象」的方式洞悉宇宙萬物的眞相。《周易·繫辭下》：「古者包犧氏之王天下也，仰則觀象於天，俯則觀法於地，觀鳥獸之文，與地之宜，近取諸身，遠取諸物，於是始作八卦，以通神明之德，以類萬物之情。」在宇宙眞理與萬物之間，象充當了橋梁，古人先是由卦象來預測萬物的變化軌迹和人事變遷，從中洞悉宇宙眞理；繼而象又由卦象衍生爲藝術之象，古人用藝術的形式來展示客觀物象，從而影響了藝術觀念。

一、象、道與聲

聲、象、道之間的關係密切。在中國古人看來，道是宇宙眞理，而聖人用立象的方式來探尋宇宙之道。音聲就是其中的一種立象方式。《史記·樂書》說：「凡音由於人心，天之與人有以相通，如景之象形，響之應聲。」中國古人講究天人感應，音樂充當了溝通天人之間的媒介。因爲在他們看來，音樂出於人心，而音樂又是一種天象，這樣天通過音樂就能與人相通，天人之間的交流就如同形影、聲響的關係一樣貼近而沒有障礙。司馬遷的這個觀點雖然有些迷信，殘留了天人相通的原始信仰痕迹，但天人相通的思想卻是古代音樂美學思想觀念的基礎，爲我們理解聲、象、道三者之間的關係有很大幫助。

關於象的特點，中國古人很早就認爲它是變化的，且無痕迹。《周易·繫辭上》說：「在天成象，在地成形，變化見矣。」王弼《周易注》：「象況日月星辰，形況山川草木也。懸象運轉以成昏明，山澤通氣而雲行雨施，故變化見矣。」〔註1〕可見，區別於「形」的可視有形，靜態不動的特點，「象」指的是肉眼看不見的無形的迹象，是不斷變化著的。所以《周易》對「象」所下的定義是：「《易》者，象也；象也者，像也」（《繫辭下》），「是故夫象，聖人有以見天下之賾，而擬諸其形容，象其物宜，是故謂之象」（《繫辭上》）。聖人就用象來表現天地陰陽、萬物及人事微妙的變化。牛龍菲說：「中國古代

〔註1〕《王弼集校釋》（上），（魏）王弼撰，樓宇烈校釋，北京：中華書局 1980 年版，第 535 頁。

的易象，從一開始就不是物象而是事象，從一開始就不是形象而是『行象』。」
〔註2〕他認爲中國古代「易象」是行動變化的，指出了象的變化特點。但除了
變化之外，象關鍵的特點在於變化而沒有痕迹。萬事萬物發生發展的規律也
是變化而不留痕迹的，正是由於相同的特點，象才能夠預測人事的變遷，洞
悉宇宙的規律。

　　象同時也是「道」的載體。象的含義有象徵、類比的動態稱法，也有現
象、表象等名詞稱謂。象思維主要的特點是以具體的卦象來演繹抽象的哲理。
而這種思維運用到藝術領域主要指的是以具象、形象來傳達主體的情意。這
樣就涉及自然之物象，審美過程中的主體之意象，和「象是中國古代藝術理
論的核心範疇之一，藝術理論中一系列理論命題都與象有關。在「象」複雜
的意義中，有四個理論層次：自然之象、意中之象、藝術之象、象外之象。」
〔註3〕而樂象屬於其中的藝術之象，對自然之象進行了類比。

　　聲是一種象，通過對物象抽象地類比，來展現宇宙之道。《樂記‧樂言》
說：「律小大之稱，比終始之序，以象事行。」此段話認爲旋律終始有序，以
此來表現人倫事理。可見，在古人看來，音聲是對人事物象的類比，從中體
現人倫秩序，展現宇宙之道。《樂記‧樂化》說：「故樂者，審一以定和，比
物以飾節。」樂所比之物，就是「觀物取象」，然後「以類相動」〔註4〕，從
個別、具象的紛繁現象中窺知抽象、一般的大道，這就是聲的類比功能。音
聲之象來源於宇宙萬象，是對宇宙萬象之「動」的類比，以樂音運動的形態
展現了天道的眞諦。

　　一直以來，對「樂象」都沒有一個較爲明確而可信的解釋。自西方藝術
形象理論深入人心以來，樂象這一有中國特色的傳統術語，被棄之不用，反
而使用音樂形象等西方術語。繼「意境」理論逐步興盛起來，學界也有使用
「音樂意象」這一術語的。事實上，樂象的術語與音樂形象、音樂意象概念
有聯繫，也有區別。以下是學者們對音樂之象的稱法和關於樂象的解釋。

〔註2〕　牛龍菲《立象盡意：〈樂道——中國古典音樂哲學論稿〉之三》，星海音樂學
　　　　院學報 2002 年第 3 期。
〔註3〕　朱良志《中國藝術的生命精神》，合肥：安徽教育出版社 2006 年版，第 122
　　　　頁。
〔註4〕　《樂記‧樂象》說：「凡奸聲感人而逆氣應之，逆氣成象而淫樂興焉；正聲感
　　　　人而順氣應之，順氣成象而和樂興焉。倡和有應，回邪曲直各歸其分，而萬
　　　　物之理各以類相動也。」

二、樂象的指稱問題

音樂藝術是一門付諸於聽覺的時間藝術，與多數視覺藝術靠可視的形象展現藝術之美不同，音樂之象有其獨特的屬性和特點。一般將藝術之象稱爲「藝術形象」，但並不適用於音樂這門聽覺藝術，因此關於對音樂之象如何稱謂的問題，很多學者發表了自己獨到的看法，主要有三種比較有代表性的說法。

1、動象

關於「動象」一詞主要來自蔡仲德先生，他說：「音樂表現的是心之動，而在表現心之動的同時，也就表現了物之動，所謂『樂象』是心動、物動之象，即不是形象，而是『動象』。」〔註5〕他認爲應該以「音樂動象」來取代「音樂形象」。〔註6〕受20世紀蘇聯藝術形象理論的影響，50至80年代國內學者沿用了「音樂形象」〔註7〕一詞，蔡仲德反對學術界大量使用音樂形象這個術語，這個觀點有一定的針對性，表明他注意到了音樂之象作爲時間藝術的獨特屬性。形象是客觀萬物視覺反映出來的外形，不適用於音樂這樣時間型聽覺藝術，應該排除。區別於視覺藝術形象的空間造型的特點，「動象」顯示了音樂之象的時間性屬性。事實上，據前一小節「象、道與聲」關係的剖析，樂象這一術語本身就含有以時間之變化來展現萬物之動態的含義，因此沒有必要對傳統的術語棄之不用而另創新的術語。

2、音響動態模型

從形的層面上講，樂像是通過聲音的變化對宇宙生生不息規律進行的一種類比形態。牛龍菲把樂象稱之爲「音響動態模型」。他認爲：「由於人之認知模式、感知模式的不同，模型類別也有多種，既有異質同構的結構模型、系統模型，又有異質異構同態同行之動態的短期、中期、長期不同的階段模型、歷史

〔註5〕 蔡仲德《中國音樂美學史》，北京：人民音樂出版社2003年版，第343頁。
〔註6〕 蔡仲德《形象・意象・動象——關於「音樂形象」問題的思考》，見蔡仲德《音樂之道的探求——論中國音樂美學史及其他》論文集，上海：上海音樂出版社2003年版，第468頁。
〔註7〕 可參見趙宋光《論音樂的形象性》，見中國社會科學院哲學研究所美學研究室、上海文藝出版社文藝理論編輯室合編《美學》第一期，上海文藝出版社1979年版，第135～151頁。蔣一民《論音樂形象的特殊性》，音樂研究1982年第2、3期。

模型。體道之樂象，正是獨具音響行運動態特點之階段模型、歷史模型。」〔註8〕應該說，「音響動態模型」的稱法表明牛龍菲認識到「樂象」的延綿性和類比性，作爲一門時間藝術之象，樂象通過音聲在時間上的流動，與萬物之象構成某種特殊的類比關係，能夠引發人們相應的心理聯想。牛龍菲認爲樂象與其他萬物之象是一種「異質異構同態同形」的關係，而格式塔心理學認爲是一種「異質同構」的關係。樂象與萬物之象之間是何種聯繫，這有待心理美學的進一步研究。單就「音響動態模型」的稱法而言有畫蛇添足之嫌，因爲「象」本身就已經涵蓋了類比和象徵之義。

　　王夫之在研究《周易》的時候，集中探討了象與道、器、形之間的關係，他說：「象日生而爲載道之器，數成務而因行道之時。器有大小，時有往來，載者有量，行者有程，亦恒齟齬而不相値。」〔註9〕又說：「形而上者謂之道，形而下者謂之器。統之乎一形，非以相致，而何容相舍乎？」〔註10〕「形而上者謂之道，形而下者謂之器」一句出自《周易‧繫辭上》，王夫子認爲兩者統一於「形」。按照王夫子的說法，我們把音樂分爲道、形、器的話，那麼音樂所傳達的精神就是音樂之道；音樂具體的技法、手法、音律等問題是音樂之器，兩者統一於形，這個音樂之形就是樂象，它可以視爲一種對萬物之象進行類比的音響動態模型。萬物之象是一種「易象」「行象」，而樂象也是樂音在時間上持續運動著的一種「動象」，後者對前者進行了類比，因而異質而同構，所以能夠在一定程度上抽象地展示世間眞象。

3、音樂意象

　　音樂意象指的是欣賞者在進行音樂欣賞之際頭腦中呈現出來的內容，它展示了欣賞主體的能動特點。從內涵上看，樂象的範疇要大於音樂意象。樂象是一種藝術之象，在類比萬物之象的過程中達到展示宇宙的眞相；它同時也是一種心象，通過樂音的和諧振動在欣賞者心中重新成象，形成音心對映關係。心象與萬物之象之間的關係，心象與音聲之間的對映關係是樂象所討論的內容。從形成時間上看，樂象也要早於意象術語。意象這一術語來自文學理論，也是中國古典意境理論中的核心術語。意象一詞後出，時間上要晚

〔註8〕　牛龍菲《立象盡意：〈樂道──中國古典音樂哲學論稿〉之三》，《星海音樂學院學報》2002 年第 3 期。

〔註9〕　《周易外傳》，（清）王夫之撰，北京：中華書局 1977 年版，第 167 頁。

〔註10〕《周易外傳》，（清）王夫之撰，北京：中華書局 1977 年版，第 204 頁。

於樂象。劉勰《文心雕龍・神思》第一次提到「意象」一詞:「窺意象而運斤」,此時的意象指的是藝術家在藝術構思時頭腦中呈現出來的物象,與我們今天所講的「意象」的含義不盡相同。意境理論經過司空圖「象外之象」、皎然的《詩式》再到王昌齡的詩歌三境說,正式形成要到唐代了。樂象思想不僅在先秦就有,而且經過荀子《樂論》、《樂記》在漢代已經形成較爲完備的理論體系。因此,用樂象來指代音樂之象既有理論淵源和文化傳承,又符合中國人的審美體驗。

筆者以爲,用樂象來闡述音樂中的審美、審美心理以及音心對映等美學思想比其他術語更符合實際,同時闡明中國音樂美學思想時最好使用有本民族自身特色的範疇和術語,當然也可以將中國的範疇、術語與西方的相互參照、比較,這是一種以中爲本,西學參證的方法和視角。需要指出的是,樂象所指代的內容,應該歷史地對待。樂象有兩個含義。從廣義上說,中國傳統藝術理論中「樂象」的術語是一種綜合藝術之象,包括音樂之象、舞蹈形象和詩歌意象;從狹義上說,樂象與音樂之象等同〔註11〕,也就是音樂意象。樂象之所以具有兩種含義,是與樂的含義不斷演變發展有關。最初的樂是一種綜合藝術,因爲中國原始藝術的形式是詩、樂、舞三位一體地存在著的,這時樂象是三者中的象的總稱;後來隨著這種三位一體結構模式的逐步解體,詩歌獨立出來,形成藝術的一大門類,人們逐步用詩歌意象來指代詩歌這門側重想像的藝術中的象,而用舞蹈形象(可視部分)和舞蹈意象(想像部分)來稱呼這們視覺藝術中的象;剩下的樂象就專門指代音樂藝術中的象了。

三、樂象的含義

「象」早在《周易》中就有,而「樂象」一詞晚出。最早認識到樂象問題的是荀子〔註12〕。他說:「凡奸聲感人而逆氣應之,逆氣成象而亂生焉;正聲感人而順氣應之,順氣成象而治生焉。」荀子把樂象分爲兩種:正象和逆

〔註11〕 蔡仲德說:「樂象,即音樂之象」,見《中國音樂美學史》,北京:人民音樂出版社 2003 年版,第 341 頁。

〔註12〕 《荀子・樂論》中首先提出「樂象」:「聲樂之象:鼓大麗,鍾統實,……故鼓似天,鍾似地」。蔡仲德認爲這個「象」並非藝術加工的產物,而指鍾鼓等樂器所發音響的狀態、象貌,所以還不是藝術之「象」。見《中國音樂美學史》,北京:人民音樂出版社 2003 年版,第 627 頁。

象，有兩層含義：其一是物使之然，不同屬性的音聲作用於人，是樂象產生的根本原因；其二是象由心生，主體感知音聲的心態很重要；兩者共同作用，決定所成之象的類別和性質。

《禮記・樂記》一書明確提出「樂象」這一術語，同時設有專門的樂象篇，它對樂象的解釋是：「樂者，心之動也；聲者，樂之象也，文採節奏，聲之飾也。君子動其本，樂其象，然後治其飾。」聯繫全句，樂之象指的是心中所呈現的聲音的象貌，是在心感知萬象之時產生，且此聲音有文採節奏進行修飾。

從以上分析可以看出，樂象有兩個基本構成要素：心與聲。聲的要素後隱含一個「物」的因素，聲來自於物，是通過聲波振動來類比物之象，而此物之象並非靜止的物體，而是一種來自於萬物運動變化規律的「行象」，聲對物的類比，牛龍菲用「音響動態模型」來表示；心包容萬象，主要指的是心中的情、志、神思等要素對聲的能動作用。簡單地說，所謂樂象就是心對聲的能動作用。

文藝理論批評中側重探討心物關係，這一關係就是文藝創作和審美問題。《樂記・樂本》談到了音樂創作問題，它說：「凡音之起，由人心生也。人心之動，物使之然也。感於物而動，故形於聲。」在心、物、關係中，物是關鍵，是第一性的，是音樂藝術產生的根源。心中的情志原本是靜態的，只有在物的激蕩下才轉化為動態，所以，在這裡，物在心物關係中佔有主導地位。音樂起源於心物的交互作用。

漢末儒教衰落，玄學興起，佛教流行，心物關係發生了轉變。王弼《周易略例・明象》中說：「言者，象之蹄也；象者，意之筌也。是故存言者，非得象者也；存象者，非得意者也。」以玄學的體用關係來看，意為體，言為用；心為體，物為用。在這股重視精神輕視物質形式的思潮影響下，在樂象的兩個要素中，理論家門強調心的感知、體悟作用，認為心在心聲關係中佔有主導作用。這一時期文藝理論中傾向於強調心的重要作用，如陸機《文賦》所說：「精騖八極，心遊萬仞」；宗炳《畫山水序》中提出的「澄懷味象」〔註13〕「應目會心」〔註14〕；劉勰《文心雕龍・物色》總結的「流連萬象之際」「與心而徘徊」。音樂美學也受到這種美學思潮的影響，強調音樂欣賞中「心」的重要作用，形成魏晉六朝有時代特色的樂象理論。

〔註13〕《歷代論畫名著彙編》，沈子丞編，北京：文物出版社1982年版，第14頁。
〔註14〕《歷代論畫名著彙編》，沈子丞編，北京：文物出版社1982年版，第15頁。

四、樂象問題的研究價值

目前，中國音樂美學的研究充斥著一些西方的術語和概念，比如自律、他律以及由此再造的術語「和律」；中國古典音樂美學有自身的邏輯和範疇，一味盜用西方術語，只會削弱和淡化中國本民族的文化傳承。中國古代美學最具本民族特色的理論是意境，以區別於西方的模仿說、再現論，意境是對中國藝術美的高度總結和提煉。意境講究以有限來展現無限，領略言外之意、絃外之音和畫外之旨。文學意境要在意象中尋覓、繪畫意境在想像中完成，音樂的意境靠樂象來展示。

20 世紀 80、90 年代中國音樂美學研究興起一股「音心對映」的討論熱潮。李曙明提出一種新觀點，他認為區別於西方自律論和他律論，中國古典音樂美學是一種「音心對映」的和律觀。他說《禮記‧樂記》中「比音而樂」即「音心對映」，「是《樂記》和律論音樂美學的魂魄，也是本文的中心旨趣。『比音而樂』的命題，具有西方自、他二律論所無可比擬的理論伸發潛力，它是中華民族獨具特色的音樂美學體系的重要基石。」〔註 15〕他的觀點有極其強烈的震撼力，猶如一塊巨石，在音樂美學界掀起了巨大的波動，引發了長達 20 餘年的關於音樂主體與客體、內容與形式、自律與他律等重大問題的爭鳴。事實上，音心對映的問題就是樂象所探討的內容，和律問題屬於和聲的範疇，從歷代（尤以魏晉南北朝時代為主）對樂象、和聲問題的探討出發進行論證，不難得出中國音樂美學是一種音心對映的和律論的結論。

總而言之，樂象思想由來已久，先秦時期就已形成，樂象這一術語歷史悠久，早在漢代就提出，並以「樂象」為名獨立成篇，魏晉開始集中探討音樂的本質規律。樂象不僅是中國音樂美學固有的概念術語，同時也是中國音樂美學的核心範疇，統領聲、心、情、象等內容，探討音樂的審美以及審美心理等問題。從時間上說，樂象比音樂意象早；從特色上看，樂象比套用西方術語的音樂形象更符合中國實際。從樂象出發，有利於對中國最具民族特色的意境理論從音樂的角度進行再闡釋。文學意境論就形成時間上看要遠遠晚於樂象理論，但就研究成果而言又比樂象的研究要完善許多。同時從樂象出發，紮根於中國傳統影響深遠的象思維和觀念，汲取中國文化的精髓，以

〔註 15〕李曙明《音心對映論——〈樂記〉「和律論」音樂美學初探》，《人民音樂》1984年第 10 期。

此來構建有中國特色的音樂審美理論有助於中國文化的傳承。因而有必要將中國古代樂象的研究深入開展下去。

第二節　特徵論

魏晉南北朝時期的樂象論在中國音樂美學史上佔有重要地位，這一時期的樂象理論產生了較大的轉折，與先秦兩漢的樂象理論相比有了很大的不同。這主要歸功於嵇康，他的樂象論批判了傳統以儒家為代表的功利主義樂象觀，真正完成了音樂欣賞由功利到審美的蛻變。嵇康是時代的代言人，他在音樂美學上的成就我們可以套用牛頓的話「我是站在巨人的肩膀上的」來進行解釋。這個巨人就是魏晉南北朝這個時代的審美思潮和美學思想，魏晉六朝的樂象觀對前代的樂象思想有繼承，又有革新。整體看具有以下幾個特點：

一、主客交融、以心馭聲

傳統以儒家為代表的樂象論強調以正心、德心去駕馭音樂，從中考察前代聖賢的功德，得知社會風俗的盛衰、探究政權更叠之真妙，從而進行道德情感的陶冶，帶有一定的社會功利目的，沒有進入藝術的境界。魏晉六朝理論家們在道家「心齋」的基礎上強調心的自由馳騁，對音聲進行審美的觀照。

中國古代主客交融、心聲二分的思想由來已久。《周易》「觀物取象」的思想蘊含有通過客觀物象來表現主體精神的美學傾向。「易象」意為變化著的象，其實也是「意象」，其中有主體意向之折射，它既是客觀事物的象徵，又是主體某種「意念」的傳達。所以《周易·繫辭上》會說：「聖人立象以盡意，設卦以盡情偽，繫辭焉以盡其言。」其中的象來自於客觀物象，又經過了聖人的選擇、加工，體現了主觀意圖，是主客的統一，物與心的結合。《周易》中「象」和「意」結合的思想對文學批評中意境理論的形成有啟迪作用，而音樂美學中樂象思想的形成也與此相關。

荀子《樂論》說：「凡奸聲感人而逆氣應之，逆氣成象而亂生焉；正聲感人而順氣應之，順氣成象而治生焉。」他先把音聲分為「奸聲」和「正聲」，又把「氣」分為順氣和逆氣，相同品性的音聲與「氣」對應結合便產生了不同的政治局面。音聲可視為客觀存在物，而「氣」乃人之氣，是人的主觀精

神品格的折射，雖然荀子此段話立論的根基在於揭示社會「治」與「亂」產生的原因，但他認識到了樂像是主客交融的結果。《禮記‧樂記》說：「樂者，心之動也；聲者，樂之象也，文採節奏，聲之飾也。君子動其本，樂其象，然後治其飾。」樂爲德音，來自於兩部分：一部分爲聲之象，即純粹的音聲，此爲樂的表現形式，以文採節奏爲裝飾要素；另一部分爲心之動，要求以正心去聆聽，此爲樂的內容，亦爲樂的根本，節情去欲，修身靜心，方能得到品性的薰陶。可見，《樂記》認爲聲是樂之象，樂中的音聲部分是展現樂德的手段，以君子之正心爲本，去駕馭統領音聲之象，方能達到教化的目的。這其中就蘊含有以心馭聲、聲心二分的思想。嵇康《聲無哀樂論》中將心、聲二分就來源於此。

在音樂欣賞中，注重心的自由馳騁，強調審美主體的主觀能動性，是這一時代人們的共識。這一思想繼承了莊子的思想。《莊子‧人間世》說：「回曰：『敢問心齋。』仲尼曰：『一若志！無聽之以耳，而聽之以心；無聽之以心，而聽之以氣！耳止於聽；心止於符；氣也者，虛而待物也。唯道集虛。虛者，心齋也。』」若從欣賞音樂的角度去理解，莊子的「心齋」實際表述了音樂欣賞的三種境界：第一種停留在感官層面，是悅耳階段；第二種馳騁心的想像作用，激發聽者內心的萬般情感，是悅情階段；第三種與宇宙之生氣共存、共鳴，精神最爲自由和愉悅，是爲神化之境。莊子關於「心齋」的論述雖然是探討得道的途徑，但無疑對後代樂象理論具有極大的啓發作用，在提倡精神自由的魏晉南北朝時代更加看重心在音樂欣賞中的作用。以莊子爲師的嵇康深受天籟、心齋思想的影響。

嵇康的樂象觀一方面繼承了以莊子爲首的道家思想，另一方面又在批判儒家功利主義樂象觀的基礎上提出「和聲無象」的觀點，主張心聲二分。嵇康在《聲無哀樂論》中指出：「心之與聲明爲二物，二物誠然，則求情者不留觀於形貌，揆心者不借聽於聲音也。察者欲因聲以知心，不亦外乎？」嵇康強烈要求將音聲與人心區別開來，就是看到了傳統樂象觀的實質是將主體的德心凌駕於音聲之上，從道德教化的角度去欣賞樂舞，所以他提出「和聲無象」的觀點，剝離傳統儒家樂象觀賦予音聲的讖緯迷信、道德教化和主體情感內容，使音聲的形式美得到彰顯。傳統樂象觀是一種綜合的藝術欣賞觀，而嵇康的和聲無象觀是一種純粹的音樂意象理論。儒家樂象可以用比德的方法去解樂是由於綜合藝術中的詩歌意象與舞蹈形象可以表現一定的道德內

容，而對於純音樂而言，就正如嵇康所說「和聲無象」了，音樂意象不具有這樣的功能。嵇康雖然提出聲與心是兩回事，但沒有否認人心對音聲的駕馭功能，他只是反對從道德教化角度去駕馭音聲，指出應當從音聲與心的自然和諧共振去領略音聲之美。與傳統樂象論認為欣賞主體不能隨意更改音聲特定的道德教化內容不同，嵇康更強調欣賞主體「心」的能動性，認為樂音的和諧振動激發出欣賞者心中潛藏的情感體驗，心馳騁萬象，達到音聲與人的合而為一。

樂是主客統一，是主體之心意與音聲之客體的交融，傳統樂象觀強調主體以道德之心去領會樂中的道德內涵，得到品性情操的陶冶。魏晉時代，人們摒棄了傳統樂象觀中的道德說教內容，以音聲自然觀立論，提倡以平和之心來感受音樂中的形式之美，建立了純音樂的欣賞理論。陸機在《豪士賦》中也談到心與聲二分的問題。他說：「落葉俟微風以隕，而風之力蓋寡；孟嘗遭雍門以泣，而琴之感以末。何者？欲隕之葉無所假烈風，將墜之泣不足煩哀響也。」在陸機看來，孟嘗君聽到音樂哭泣，並非完全是音樂本身讓人悲傷，起主要作用的在於孟嘗君心中有過悲傷的情感體驗，就像落葉的墜落主要是由於自身的衰敗，而非風力一樣，音樂只是一個刺激物，勾起了人們心中潛藏的哀思之情。顯然，這個觀點受到嵇康的影響，陸機雖然沒有明確提出聲無哀樂，但和嵇康的觀點大同小異。所以錢鍾書認為陸機的觀點與嵇康的觀點是一致的〔註16〕，而蔡仲德進行了反駁，認為陸機在上文提到「哀響」就是承認樂有哀樂。事實上，「哀響」只是說明了音樂的類型是引人悲傷的音樂，與承認音樂有情感內容是兩回事。本文認為陸機和嵇康聲無哀樂論是一脈相承的，他們都認識到在音樂欣賞中心對聲的駕馭，強調欣賞主體心境的重要作用。

遺留下來的「魏、晉以來好事之徒」〔註17〕所作的《列子・湯問》談到樂器演奏時的心、手、聲的關係問題，它說：

　　瓠巴鼓琴而鳥舞魚躍。鄭師文聞之，棄家從師襄游。柱指鈎絃，三
　　年不成章。師襄曰：「子可以歸矣。」師文舍其琴，歎曰：「文非絃

〔註16〕錢鍾書《管錐編》（第三冊），北京：三聯書店2007年版，第1092頁。
〔註17〕《漢書・藝文志》所錄相傳戰國時列禦寇所著《列子》八篇已經散佚，今本
　　　　《列子》八篇一說是注者東晉張湛所偽造；一說據近人馬敍倫《列子偽書考》
　　　　以為是魏晉時人假託列子所著。本文認為《列子》成書於魏晉時代，其中體
　　　　現了魏晉時代人們的音樂美學思想。

> 之不能鈞，非章之不能成。文所存者不在絃，所志者不在聲。內不
> 得於心，外不應於器，故不敢發手而動絃。且小假之，以觀其後。」
〔註18〕

在魏晉時人看來，彈琴過程中真正重要的不是「手」所掌握的熟練技巧，而是「心」對音聲的駕馭能力。在演奏過程中，表演者用心領悟出所要表現音聲的內在意蘊，心中應浮現相應的物象，然後用手錶現出來。「得心」才能「應手」，這樣魏晉音樂美學就將心置於手之上，強調心靈與音聲的契合一致。強調音樂的領悟能力，將心對萬物的感悟能力置於技巧之上是魏晉六朝音樂美學思想的一大特點。

中國傳統樂象論主張主客交融，強調音樂欣賞中以君子之正心去駕馭統領音聲之象，領會樂中的道德內涵，得到品性情操的陶冶；魏晉南北朝樂象論在此基礎上摒棄了傳統樂象觀中的道德說教內容，以音聲自然觀立論，指出應當從音聲與心的自然和諧共振去領略音聲之美，從而奠定了音樂審美理論的先聲。

二、心慷慨忘歸，情舒放遠覽

傳統儒家樂象論提倡一種合乎禮法規範的中和之情，荀子《樂論》：「夫樂者，樂也，人情之所必不可免也」。樂象之內寓有「人情」，人情有正邪善惡，傳統樂象論認為要對情感進行節制，對樂聲要進行比德式的聯想和想像，沿著以道德情感的滿足為目標的路徑進行下去，情不能過分激蕩，始終保持中和的狀態：「中和之紀也，人情之所不免也」，「中和」這一術語在荀子的倡導下成為音樂美學的重要範疇。魏晉南北朝時期，在重情思潮的影響下，一些以賦體論樂的著述注重以作家的審美體驗來談情感在欣賞中的狀態，都突破了儒家所強調的情的中和之態，反而傾向於在情感的跌宕起伏和慷慨不平中獲得主體的審美愉悅。

在以儒家為代表的傳統樂象論看來，欣賞者的聯想、想像之門應該朝著有利於道德培養的方向前進，將與德行無關的想像、情感排除在心門之外。《史記‧孔子世家》記載了一則孔子練琴的故事：

> 孔子學鼓琴師襄子，十日不進。師襄子曰：「可以益矣。」孔子曰：
> 「丘已習其曲矣，未得其數也。」有閒，曰：「已習其數，可以益矣。」

〔註18〕《列子譯注》，嚴北溟、嚴捷譯注，上海：上海古籍出版社2006年版，第130頁。

孔子曰：「丘未得其志也。」有閒，曰：「已習其志，可以益矣。」
孔子曰：「丘未得其為人也。」有閒，有所穆然深思焉，有所怡然高
望而遠志焉。曰：「丘得其為人，黯然而黑，幾然而長，眼如望羊，
如王四國，非文王其誰能為此也！」師襄子辟席再拜，曰：「師蓋云
《文王操》也。」

孔子在練琴的過程中始終把領悟樂曲的精神實質作為首要任務，由曲調聯想
到樂曲所要表現的思想志趣，再由思想情志具體化為一個人的精神面貌，在
這個由曲到志再到人的過程中，心的聯想、想像功能最為重要。但這個心的
聯想趨向是特定的，朝著道德風貌努力。在這個過程中當然也有情的作用，
這個情主要是道德情感，而且整體起伏不大，保持一個平和的狀態。它與想
像緊密結合，保證聯想的方向。

魏晉南北朝時期的樂象論則與傳統樂象論有很大的不同。成公綏在《嘯
賦》中談到情感在音樂欣賞中的作用。他說：

唱引萬變，曲用無方，和樂怡懌，悲傷摧藏。時幽散而將絕，中矯
歷而慷慨，徐婉約而優遊，紛繁騖而激揚。情既思而能反，心雖哀
而不傷。總八音之至和，固極樂而無荒。〔註19〕

他認為在嘯聲中「情既思而能反」，情感處於異常活躍的狀態，在理性之思的
作用下，反覆跌宕，起伏很大。這個觀點已經超越了傳統樂象論對情的中和
要求，同時成公綏還指出，雖然情感激盪，在不同風格的嘯聲中心境歸於和
諧，嘯聲雖以悲傷為主，但在情感的調節下達到「哀而不傷」的境界。嵇康
在《琴賦》中談到：

悟時俗之多累，仰箕山之餘輝。羨斯嶽之弘敞，心慷慨以忘歸，情
舒放而遠覽，接軒轅之遺音，慕老童於騩隅，欽泰容之高吟，顧茲
梧而興慮，思假物以託心。乃斲孫枝，準量所任，至人攄思，制為
雅琴。

在音樂欣賞中，心包容萬象，情舒展自如，得到了審美享受。「心慷慨」表明
心中之情慷慨不平，在琴聲之中，達到忘俗逍遙的精神自由之境。《酒會詩》
說：「操縵清商，遊心大象，傾昧修身，惠音遺響。」心自由馳騁，已然擺脫
了道德想像的束縛，在天地之間漫遊無際，超脫了形骸之拘束，達到與道合
一的境界。

〔註19〕《全晉文》（中），（清）嚴可均輯，北京：商務印書館 1999 年版，第 614 頁。

我們從成公綏和嵇康的觀點可以看出，他們認識到音樂欣賞中情感並非都是中和的，反而常常處於不平狀態，在心的慷慨不平中獲得審美愉悅。因此，從先秦兩漢到魏晉南北朝，樂象論發生了轉折，欣賞主體的心理狀態由想像和情感的道德陶冶變為了情舒展自如、心包容萬象的審美心理，從而音樂欣賞觀念由道德教化的藩籬中掙脫出來，開啓了音樂審美之門。

三、游心大象，妙在象外

傳統的樂象觀認為音樂中有固定的道德內涵，因此，並不要求欣賞者發揮更多的想像力，沿著道德的思路進行一定的聯想，從而得到道德情操的陶冶。所以這時候欣賞主體的想像力受到了束縛，是不自由的。魏晉六朝的樂象觀由於受到了玄學中「言意之辨」的影響，更加注重在音聲中尋求一種超然象外的意境，從而呈現出與傳統音樂觀不同的面貌。

《列子・湯問》中記載一則流傳千古的知音的故事，對鍾子期高超的對音聲的感知、想像能力進行了詳細的描述：

> 伯牙善鼓琴，鍾子期善聽。伯牙鼓琴，志在登高山，鍾子期曰：「善哉！峩峩兮若泰山！」志在流水。鍾子期曰：「善哉！洋洋兮若江河！」伯牙所念，鍾子期必得之。伯牙游於泰山之陰，卒逢暴雨，止於巖下；心悲，乃援琴而鼓之。初為霖雨之操，更造崩山之音。曲每奏，鍾子期輒窮其趣。伯牙乃舍琴而嘆曰：「善哉，善哉，子之聽夫！志想象猶吾心也。吾於何逃聲哉？」〔註20〕

這則知音的故事據《呂氏春秋・本味》記載：「伯牙鼓琴，鍾子期聽之。方鼓琴而志在太山，鍾子期曰：『善哉乎鼓琴！巍巍乎若太山。』少選之間，而志在流水，鍾子期又曰：『善哉乎鼓琴！湯湯乎若流水。』鍾子期死，伯牙破琴絕絃，終身不復鼓琴，以為世無足復為鼓琴者。」相同的故事，不同的時代版本。《呂氏春秋》代表先秦時人的敘述角度，《列子》蘊含魏晉時人的觀點看法。我們把上述兩個版本進行比較便可發現，先秦版側重知音的難得；魏晉版側重音樂欣賞中「心」的想像力。關於想像力的問題，在一些以文學作品的形式寫成的音樂著述中，有些藝術家已經開始重視這個問題，如東漢文學家傅毅在《舞賦》中有「遊心無垠，遠思長想」，「獨馳思乎杳冥。在山峨

〔註20〕《列子譯注》，嚴北溟、嚴捷譯注，上海：上海古籍出版社 2006 年版，第 132 頁。

峨，在水湯湯，與志遷化，容不虛生」〔註21〕的句子，已經有了重視音樂想像力的傾向。《列子》明確使用「想像」這一術語，並在《舞賦》的基礎上進一步強調了想像在音樂欣賞中的重要作用。「志想像猶吾心也」，指出想像能力在音樂欣賞活動中起到主導作用，能和表演者的心境絲絲相扣，欣賞者通過想像與音樂合一，又透過音樂和表演者形成共鳴，共同譜寫了一首千古知音之曲。

　　嵇康在《四言贈兄秀才入軍詩》〔註22〕中談到自己在演奏過程中心理的狀態：「目送歸鴻，手揮五絃。俯仰自得，遊心太玄。」嵇康展露了自己在音樂中所寄託的人生抱負。他在音樂中放任心在天地之間自由馳騁，揮灑無迹，去尋求宇宙化生的真理，探尋生命的真諦。這裡，嵇康肯定了心在音樂表演中的想像功能。

> 豈若翔區外，餐瓊漱朝霞。遺物棄鄙累，逍遙遊太和。結友集靈岳，彈琴登清歌。（《答二郭詩三首》之二）

> （流詠）蘭池，和聲激朗。操縵清商，遊心大象。（《酒會詩七首》之四）

> 絃超子野，歎過綿駒。流詠太素，俯讚玄虛。（《雜詩》）

「遊心大象」意即在音樂中馳騁想像，領悟宇宙變幻的真迹，以有形之物象探尋無形之道的真諦，以有聲之樂象品味無聲之境界，從而超越有限達到無限的精神境界。此大象意即老子所說「大象無形」中的大象，等同於宇宙之真迹，是道的境界。這種境界嵇康描述為：

> 淩扶搖兮憩瀛洲，要列子兮爲好仇。餐沆瀣兮帶朝霞，眇翩翩兮薄天遊。齊萬物兮超自得，委性命兮任去留。激清響以赴會，何絃歌之綢繆。

這是超然於外物，尋求精神自由的人生理想，同時也是一種審美的境界。清代王士禎在《晉人佳句》中首推嵇康詩作中的這幾句「目送歸鴻，手揮五絃。

〔註21〕《全後漢文》（上），（清）嚴可均輯，北京：商務印書館 1999 年版，第 430 頁。

〔註22〕戴明揚《嵇康集校注》本將此詩題名爲《兄秀才公穆入軍贈詩十九首》，此處據逯欽立本。逯欽立認爲此詩是一首四言十八章而不是十八首，戴明揚合《五言贈秀才詩》共十九首。從詩歌內容上看，本文以爲逯欽立所言極是，故此詩題目據逯欽立輯校《先秦漢魏晉南北朝詩》修改，見《先秦漢魏晉南北朝詩》，北京：中華書局 1983 年版，第 482 頁。

俯仰自得，遊心太玄」，認爲：「手揮五絃，目送歸鴻」，「妙在象外」〔註23〕。王士禎對嵇康琴道的理解可謂一針見血。在嵇康看來，音樂欣賞中，琴聲只是一種物質手段，帶領人們進入道的世界，心馳騁萬象，妙在象外，所以眞正重要的是透過音聲，超越具體的心象，精神達到與道合一的境界。

老子說：「大象無形。」從音樂的形式特徵來看，音聲延綿不斷，無迹可求，因而音樂之象可視爲一種蘊涵宇宙萬物規律的大象，與其他藝術之象相比它與宇宙眞象更加契合一致。魏晉時代玄學興起，崇尙道家學說，音樂成爲士人超越凡俗、精神自由的得道工具。他們遊心於音樂之象中，借音樂之象邀遊於宇宙之際，達到天人合一的境界，又摒棄了先秦兩漢以音樂預測人事的天人相通的神秘思想。他們在音樂之中尋求一種超然物外的意境，這種對音樂象外之境的追求是一種審美追求，已經達到了審美的境界。

總而言之，魏晉南北朝時期的樂象理論是一種審美理論。它立足於音樂自身，反對以德心去駕馭音樂，主張心靈與音聲的契合一致，強調音樂的感染力，指出應當從音聲與心的自然和諧共振去領略音聲之美，眞正進入音樂的世界，是一種審美觀照；從主體的心理看，這一時期的樂象論重視心的自由聯想、想像功能，強調情感的跌宕起伏，是一種無功利的審美心理；從音樂欣賞的目的看，這一時期的樂象論主張在音樂之象中放飛遐思，尋求與天道的合一，並在音聲中尋求一種超然象外的意境，是一種審美追求。魏晉南北朝時期的樂象論剝離了以儒家爲代表的傳統樂象論中的道德教化內容，完成了音樂欣賞理論由功利到審美的轉換，開啓了後世音樂審美理論的先聲，在中國音樂美學史上的地位可謂舉足輕重。尤其是魏晉南北朝樂象論中的音樂意境論從時間上看要遠遠早於文學意境論的形成，也使魏晉南北朝的樂象論在中國美學史寫下濃墨重彩的一筆。

第三節　意境論

中國最具民族特色的藝術理論——意境論，首先是由魏晉南北朝時期的樂象論所奠定的。這時期的音樂意境論在玄佛影響下，追求有聲之外的空靈之境，注重超越有聲、與天合一的精神自由狀態，肯定想像、情感的作用，

〔註23〕《古夫於亭雜錄》，（清）王士禎撰、趙伯陶點校，北京：中華書局 1988 年版，第 30 頁。

在欣賞者心中完成絃外之音、象外之象的再創造，這些觀點實乃意境論的先聲，從中展現的以「虛」、「空」爲美的思想觀念。

一、「大成之樂」與「天樂」

魏晉南北朝時期，道家音樂美學思想在盛行玄學思辨的時代背景下得以繼承和革新。在老子的「大音希聲」和莊子的「天籟」的基礎上，王弼在給老子《道德經》作注釋時，對「大音希聲」的解釋是：「聽之不聞曰希，不可得聞之音也。有聲則有分，有分則不宮而商矣，分則不能統衆，故有聲音非大音也。」王弼稱「大音」爲「大成之樂」，他在《論語釋疑》中解釋「子溫而厲，威而不猛，恭而安」時說：「溫者不厲，厲者不溫；威者心猛，猛者不威；恭則不安，安者不恭，此對反之常名也。若夫溫而能厲，威而不猛，恭而能安，斯不可名之理全矣。故至和之調，五味不形；大成之樂，五聲不分，中和備質，五材無名也。」王弼由孔子所說的溫與厲、威與猛、恭與安這三對互補的人物品性，看到事物相反相成的規律，指出大音與大成之間的聯繫，認爲眞正完滿的音樂是五聲不分的大音。他在《老子指略》中具體談到這個問題，他說：

> 夫物之所以生，功之所以成，必生乎無形，由乎無名，無形無名者，萬物之宗也。不溫不涼，不宮不商。聽之不可得而聞，視之不可得而彰，體之不可得而知，味之不可得而嘗。故其爲物也則混成，爲象也則無形，爲音也則希聲，爲味也則無呈。故能爲品物之宗主，苞通天地，靡使不經也。若溫也則不能涼矣，宮也則不能商矣。形必有所分，聲必有所屬。故象而形者，非大象也；音而聲者，非大音也。然則，四象不形，則大象無以暢；五音不聲，則大音無以至。四象形而物無所主焉，則大象暢矣；五音聲而心無所適焉，則大音至矣。故執大象則天下往，用大音則風俗移也。〔註24〕

萬物是由「無」所生成，不能爲人的感官所知覺，這種無形之象、無聲之音方爲大象、大音，是至高無上的道的體現和展現方式。老子說「大音希聲」，以無聲爲最高境界。王弼並非像老子那樣將大象與大音歸於虛無，而是稱「大音」爲「大成之樂」，將虛無之大音轉換到現實中來，並指出「四象不形，則

〔註24〕《王弼集校釋》（上），（魏）王弼撰，樓宇烈校釋，北京：中華書局1980年版，第195頁。

大象無以暢；五音不聲，則大音無以至。四象形而物無所主焉，則大象暢矣；五音聲而心無所適焉，則大音至矣」，大象必須憑藉四象即物象才能展現出來，大音也應通過有聲方能顯現。而大音的另外一個條件在於人心所適，這樣的大音現實生活中有，在王弼看來就是雅樂。王弼的功績在於將「大象」、「大音」由老子的道家術語轉換爲美學的精神，爲音樂美學中提倡絃外之音奠定了理論基礎。

儒家也說「無聲之樂」，但此「無聲之樂」是與「無體之禮」、「無服之喪」結合在一起的，始終立足於「禮」，強調禮樂結合。《禮記‧孔子閒居》講到三無時，孔子提到「無聲之樂」，他說：「無聲之樂，無體之禮，無服之喪，此之謂三無。」孔子進一步解釋這三無時，說：「無聲之樂，氣志不違；無體之禮，威儀遲遲；無服之喪，內恕孔悲。無聲之樂，氣志既得；無體之禮，威儀翼翼；無服之喪，施及四國。無聲之樂，氣志既從；無體之禮，上下和同；無服之喪，一畜萬邦。無聲之樂，日聞四方；無體之禮，日就月將；無服之喪，純德孔明。無聲之樂，氣志既起；無體之禮，施及四海；無服之喪，施於孫子。」孔子推崇「君子」推恩於民的「氣志」，這種「氣志」體現了寬和的政治，能夠使民安居，故無樂而勝過有樂。因此把這種「志氣」體現的政治稱之爲「無聲之樂」。與「至禮不讓而天下治，至賞不費而天下之士說，至樂無聲而天下之民和」（《大戴禮記‧主言》）的思想是一致的。他重視的不是禮的形式而是禮的實質，對樂也是一樣的，重視無聲之樂雖然指的是政治，但其中蘊含的哲理給後人以極大的啓發，對嵇康的思想有一定的影響。

《莊子‧天道》中論述的天樂，也就是老子所說的大音：「夫明白於天地之德者，此之謂大本大宗，與天和者也；所以均調天下，與人和者也。與人和者，謂之人樂；與天和者，謂之天樂。」天樂只能「無聲」，只有無聲，方能完美。「言以虛靜推於天地，通於萬物，此之謂天樂。天樂者，聖人之心，以畜天下也。」嵇康提出「樂之爲體，以心爲主。故無、聲之樂，民之父母也」，顯然與「大音希聲」和「無聲之樂」的思想是一脈相承的。他把音樂和人心區分開來，音樂只有樂音運動形式的差異，人心有各種情感的內容，音樂和人心的交流相通是通過相同的運動形式，這就是人內在心靈的存在狀態，也就是絕對的音樂，它是宇宙萬物共同擁有的生命運動形式。

佛教所提倡的諸神所享有的「天樂」在最初傳教之時借用了儒家、道家和玄學的術語和觀念。《全晉文》收錄支遁《上書告辭哀帝》云：「蓋沙門之

義法出佛之聖，雕淳反樸，絕欲歸宗，遊虛玄之肆，守內聖之則，佩五戒之貞，毗外王之化，諧無聲之樂，以自得爲和」〔註25〕；收錄僧肇《涅槃無名論》云：「然則玄道在於絕域，故不得以得之；妙智存乎物外，故不知以知之；大象隱於無形，故不見以見之；大音匿於希聲，故不聞以聞之。」〔註26〕「無聲之樂」、「大音希聲」都是中國本土所產理論術語，佛教傳入中國，其音樂理論也進行了本土化。但又與莊子所說的「天樂」含義不盡相同。這種天樂是與「神」的特性緊密相關的。東晉名僧慧遠在《沙門不敬王者論》中說：「夫神者何邪？精極而爲靈者也。精極則非卦象之所圖，故聖人以妙物而爲言。」〔註27〕慧遠在論證佛教「形盡神不滅」思想時把「神」的解釋爲一種難以言說、不能用卦象顯示的微妙神秘的東西，它的特點在於「無形」，不能像有形的萬物那樣用形象來表示。而天樂就是這樣一種音樂，能帶領人們從塵世苦海中解脫出來，獲得涅槃的境界。涅槃是超越生死之界俗世煩惱不生不滅、超越時空的境界，也是芸芸衆生祈望的最理想的歸宿。天樂是超越生死獲得涅槃之境的有效工具。曹魏時代唐僧鎧翻譯的佛教十三經之一的《無量壽經》中對天樂的描述是：「又其道場有菩提樹……一切莊嚴，隨應而現。微風徐動，吹諸枝葉，演出無量妙法音聲。其聲流佈，遍諸佛國，清暢哀亮，微妙和雅，十方世界音聲之中，最爲第一。」〔註28〕天樂的特點是「和雅」，它是不被紅塵所污垢的無暇完美的神聖之樂，追求一種澄明空境，具有超越之美。

東晉名僧僧肇所著《不眞空論》中有言：「如此，則萬象雖殊，而不能自異。不能自異，故知象非眞象，象非眞象，故則雖象而非象」〔註29〕僧肇認爲虛無是般若智慧照鑒的世間萬象的本質，因而表面所呈現的物象並非事物的眞相，象在非象之處。僧肇的這個觀點啓迪了人們的思維，音樂美學中對音樂之象的認識顯然受到佛學性空觀的影響。由神而來的天樂追求一種虛幻空靈的美，由此對音樂美學中追求象外之象、絃外之音的理論奠定了思想基礎。中國古代的核心藝術理論意境論的形成深受佛學思想的影響，這已是學

〔註25〕《全晉文》（下），（清）嚴可均輯，北京：商務印書館 1999 年版，第 1716 頁。
〔註26〕《全晉文》（下），（清）嚴可均輯，北京：商務印書館 1999 年版，第 1822 頁。
〔註27〕《全晉文》（下），（清）嚴可均輯，北京：商務印書館 1999 年版，第 1771 頁。
〔註28〕《無量壽經》，（曹魏）唐僧鎧譯，賴永海主編，陳林譯注，北京：中華書局 2010 年版，第 103～104 頁。
〔註29〕《全晉文》（下），（清）嚴可均輯，北京：商務印書館 1999 年版，第 1809 頁。

界公認的事實。而佛教所宣揚的天樂就是建立在老子的「大音希聲」、莊子的
「天籟」、儒家的「無聲之樂」的基礎上，同時更加強調樂的虛幻和空靈之美。

二、「微妙無形，寂寞無聽」

阮籍在《樂論》中主張：「至樂使人無欲，心平氣定」，認為好的音樂應
該使人心境平和，沒有欲望。在《清思賦》中阮籍主張心境保持清虛寂寥方
能領略音樂之美。觀點相同，都主張無欲，只不過論述的角度由音樂轉向了
欣賞主體。他在《清思賦》中說：

> 余以為形之可見，非色之美；音之可聞，非聲之善。昔黃帝登仙於
> 荊山之上，振咸池於南嶽之崗，鬼神其幽，而夔牙不聞其章。女娃
> 耀榮於東海之濱，而翩翻於洪西之旁，林石之隙從，而瑤臺不照其
> 光。是以微妙無形，寂寞無聽，然後乃可以睹窈窕而淑清。

在阮籍看來，大凡人眼中所見的色相併非是最美的，人耳所聽見的聲音也不見
得就是最好的。那麼最美的形貌、聲音在哪裏呢？阮籍沒有明說，但我們可以
根據阮籍後面的論述進行回答：在人心中。阮籍說「微妙無形，寂寞無聽」，精
微奧妙的世相是無形的，只能靠心去洞悉、徹悟；心的空廖寂靜的無聲境界才
帶來音樂真正意義上的優美與純淨。阮籍的這個觀點從《周易》的「象」觀念
和老子的「大象無形、大音希聲」的思想中可見端倪。《周易・繫辭上》：「在天
成象，在地成形」。《繫辭上》對象與形的解釋為：「見乃謂之象，形乃謂之器」，
顯露的徵兆是象，形指具體的器物。整部《易》都是用象來預測、表示宇宙萬
象變化的趨勢，開創了重「象」輕「形」的審美觀念。老子所說「大象無形」
指出包蘊宇宙萬物規律的大象是沒有形迹可尋的；所說「大音希聲」肯定了抽
象的音樂是至大至全的，完美的音樂是沒有聲音的。兩者都凸顯了「大」，這種
「大」將世間一切消亡的、現存的、未來的音樂都統括在內，消解了這些音樂
的存在價值。大音屬於抽象的「道」的範疇，它是萬物之宗。

阮籍的音樂觀點與《周易》重「象」輕「形」的觀念一脈相承，並把它
用於音樂美學上。同時也汲取了道家音樂美學思想，又與道家音樂美學思想
不盡相同。莊子在老子「大音希聲」的基礎上進一步指出：「是非之彰也，道
之所以虧也。道之所以虧，愛之所以成。果且有成與虧乎哉？果且無成與虧
乎哉？有成與虧，故昭氏之鼓琴也；無成與虧，故昭氏之不鼓琴也。」莊子
主張的無聲是以「無」來取消「有」所取得的成就，取締主體的主觀能動性，

是消極和被動的音樂觀。而阮籍所講的「微妙無形，寂寞無聽」則肯定欣賞主體的主觀能動性。他舉黃帝登仙昇天，所奏響樂曲《咸池》的例子來說明「音之可聞，非聲之善」的觀點：「昔黃帝登仙於荊山之上，振咸池於南嶽之崗，鬼神其幽，而夔牙不聞其章。」對於黃帝在南嶽的頂峰演奏的氣勢磅礴的《咸池》之曲，阮籍認為像夔、伯牙這樣的善聽者也不能再聽到了，即便聽見恐怕也無法準確把握樂曲的神韻，其隱幽微妙之處唯有鬼神才能領悟。從而證明了美妙的音樂在於樂曲之外，要靠心去領悟音樂的微妙之處。

　　《清思賦》是阮籍以賦體寫成的作品，其主旨在於謳歌人澄明無欲、寂寥清虛的心靈世界。其中有言：「夫清虛寥廓，則神物來集；飄颻恍忽，則洞幽貫冥；冰心玉質，則皦潔思存；恬淡無欲，則泰志適情。」阮籍主張人作為欣賞主體在欣賞音樂之際，不能過分貪圖欲望的滿足，如果心靜不下來，用娛樂的心態去對待音樂是不能夠領略音樂之美的。心只有保持「清虛寥廓」、「恬淡無欲」的空靈之狀態，方能感知、領悟音聲的隱幽微妙之神韻。阮籍認為音樂之美在有聲的樂音之外，這一觀點成為音樂意境論的先聲，對後世音樂美學影響很大。

三、「絃外之意，虛響之音」

　　陶淵明作為隱逸詩人之首，過著一種自娛自樂的閒適生活。讀書「不求甚解」，只為領悟其中的人生真諦；彈琴不追求技巧的嫺熟和多樣，追求絃外之意，超越具體的音聲去尋求音樂之美。據《晉書・隱逸傳》記載：

> 未嘗有喜慍之色，唯遇酒則飲，時或無酒，亦雅詠不輟。嘗言夏月虛閒，高臥北窗之下，清風颯至，自謂羲皇上人。性不解音，而畜素琴一張，絃徽不具，每朋酒之會，則撫而和之，曰：「但識琴中趣，何勞絃上聲」。

其實說陶淵明「性不解音」並非說他不懂音律，事實上，陶淵明不僅從小習琴、喜歡彈琴，而且是會彈琴的。〔註30〕陶淵明彈奏無絃之琴，只是為了顯示自己悠然自得的內在情趣。可見，絃上聲只是獲取琴中之趣的手段，就像言只是意的工具一樣，得意而忘言，琴中之趣才是真正重要的。在陶淵明看來，音樂的精髓不在音響形式，而在於演奏時候的心境。這種做法與心得，與西方音樂作

〔註30〕郭平《古琴叢談》，濟南：山東畫報出版社 2006 年版，第 66 頁。

品《4＇33”》有異曲同工之妙，先鋒派音樂觀認為無聲的表演比有限的音響更為重要，並以無聲的形式向聽眾展示了音聲之外的世界以期引起關注。

　　因編撰《後漢書》而聞名天下的范曄是南朝劉宋時候人，後由於謀反罪被殺，獄中給外甥姪兒寫有書信一封，其中談到自己對音樂的理解和看法，其中他提出「絃外之意，虛響之音」有獨到的見解，對音樂美學中意境論的形成具有一定的功績。范曄認為：「吾於音樂，聽功不及自揮，但所精非雅聲，為可恨。然至於一絕處，亦復何異邪？」（《宋書・范曄傳》）他認為音樂不管是雅樂還是俗樂，只要進入了音樂絕妙的境界就是好的，關鍵在於欣賞者是否能夠進入音樂的世界，而不在於音樂的雅俗之別。在這種音樂的境界中，他說：「其中體趣，言之不盡，絃外之意，虛響之音，不知所從而來。」認為音樂之「趣」在「絃外之意，虛響之音」，欣賞者要去「體味」音樂的真趣，馳騁心象，以「神」去契合音樂，達到精神的和諧統一。他也認識到音樂的美妙：「雖少許處，而旨態無極」，雖然體味不多，仍然讓人回味無窮。並且每個人體味到的妙處不能夠傳遞給別人：「亦嘗以授人，士庶中未有一毫似者。此永不傳矣。」范曄的「絃外之意，虛響之音」的看法繼承了王弼「得意忘象」的觀點。

　　總而言之，追求言外之意、超越俗世的神明之境，在玄佛思想的影響下，由神而來的天樂追求一種虛幻空靈的美，由此對音樂美學中追求象外之象、絃外之音的理論奠定了思想基礎。在阮籍的「微妙無形，寂寞無聽」、陶淵明「但識琴中趣，何老絃上聲」、范曄「絃外之意，虛響之音」的音樂理論下，形成了音樂意境論。魏晉南北朝時期的樂象論與先秦兩漢樂象論相比，真正完成了音樂欣賞理論由功利到審美的蛻變，這主要歸功於嵇康，他是時代的代言人，站在時代的高度對傳統以儒家為代表的功利主義樂象觀進行了全面的批判，並以破代立全面系統地闡明了音樂欣賞中的想像、情感等審美心理問題，尤其是對音樂美學學科的難點問題——音樂與情感的關係問題，即音心對映的問題進行了正反兩方面的論辯，在中國音樂美學史上書寫了劃時代的一頁。鑒於嵇康樂象論在魏晉南北朝樂象論的重要地位，以下分三節對嵇康的樂象思想進行論述。

第四節　「和聲無象」論

　　嵇康的《聲無哀樂論》是反對儒家樂論的典範代表，他提出「和聲無象」

的觀點主要是爲了批判儒家功利主義的樂象觀。綜觀《聲無哀樂論》全文，
嵇康假託秦客提出了「盛衰吉凶，莫不存乎聲音」、「文王之功德與風俗之盛
衰，皆可象之於聲音」和「聲音莫不像其體，而傳其心」等當時流行的三種
觀點，代表了儒家的樂象觀，而「和聲無象」的觀點就是批駁儒家這種樂象
觀。「和聲無象」觀剝離了人爲附會在音樂上的讖緯迷信、道德教化和主體情
感內容，反對把音樂作爲統治工具而神秘化，反對比德〔註 31〕式的音樂解釋
方式，反對打著情感之名進行教化之實的功利主義樂象觀。

一、對音聲中盛衰吉凶之象的批判

在《聲無哀樂論》中嵇康開章明義地提出「和聲無象」的觀點，作爲自己
對待樂象問題的論綱，對儒家聲有哀樂進行了宣戰：「夫內有悲痛之心，則激切
哀言。言比成詩，聲比成音。雜而詠之，聚而聽之，心動於和聲，情感於苦言。
嗟歎未絕，而泣涕流漣矣。夫哀心藏於苦心內，遇和聲而後發；和聲無象，而
哀心有主。夫以有主之哀心，因乎無象之和聲，其所覺悟，唯哀而已。」「和聲
無象」指的是和諧音聲中沒有象，此「象」特指儒家所說的「象」。「和聲無象」
與「心有哀樂」相對舉，是說人們聽音樂時心中產生的哀樂之情並非因爲音聲
本身包含歡樂和哀思之情，而是因爲哀樂之情原先就存在於人們心中，音聲只
是起個激發作用罷了。這正如酒與情感的關係一般。酒是刺激人產生激烈情感
的誘因，音樂作爲一種刺激物，同樣誘發了人體內潛藏的情感。

張玉安發表《嵇康「和聲無象」說解析——兼談漢魏時期所流行的樂象
觀》一文認爲：「嵇康主張『和聲無象』，從音樂中掃除了漢魏所流行的象數
觀念，從而也否定了籠罩在音樂之上的神秘主義，從理論上推動音樂藝術走
向自覺之路。」〔註 32〕他從哲學的角度探討了和聲無象的內涵，認爲「和聲
無象」批判的是漢魏所流行的象數觀念。事實上，這種理解過於狹隘了。因
爲「音聲中有盛衰吉凶之象」只是「和聲無象」批判的一種觀點。而漢魏流

〔註 31〕比德就是將自然萬物外在形貌與人的內在品德一一對應起來，將自然人格
化。孔子說：「知者樂水，仁者樂山」（《論語·雍也》），認爲智者的品性像流
水一樣機變靈動；而仁者需要具有大山般厚重靜穆的品質，這樣，對自然山
水的欣賞就轉化爲對人內在道德品性合理要求。比德成爲儒家正統美學所崇
尚的審美心理，它對中國傳統音樂美學產生了深遠影響。

〔註 32〕張玉安《嵇康「和聲無象」說解析——兼談漢魏時期所流行的樂象觀》，《學
習與探索》2005 年第 4 期。

行的象數觀念是漢代讖緯學說的一種，是牽強附會解釋六經的代表，屬於儒家的支流末節。嵇康提出「和聲無象」的觀點主要是爲了批判儒家功利主義的樂象觀，並非漢魏流行的象數觀念。

「和聲無象」否定了音聲中有預測天時、地道和人事的徵兆之象，音聲與天人之際的關係也是秦客與嵇康反覆探討的難點問題之一。在後文中秦客例舉三例進行詰難：「若葛盧聞牛鳴，知其三子爲犧；師曠吹律，知南風不競，楚師必敗；羊舌母聽聞兒啼，而審其喪家。凡此數事，皆效於上世，是以咸見錄載。推此而言，則盛衰吉凶，莫不存乎聲音矣。」這三個典故分別見於《左傳・僖公二十九年》、《左傳・昭公二十八年》、《國語・晉語》，秦客以此來論證「盛衰吉凶，莫不存乎聲音矣」的觀點。

音聲中有盛衰吉凶之象，人們通過聆聽音聲，能夠瞭解社會風俗之盛衰，時代之變遷，預知人事之吉凶，可謂當時人人相信的公論了。面對秦客的再三詰難，喜怒不形於色的嵇康已經沒有耐心了，他說：「吾謂能反三隅者，得意而忘言，是以前論略而未詳。今復煩循環之難，敢不自一竭耶？」因爲他在前面已經論述了自己的看法，就是嵇康在開篇提出的「和聲無象」的觀點。儘管如此，發過脾氣之後，對這三個難題，嵇康一一作了解答。其一，針對葛盧聽牛鳴叫的聲音得知其三子做了犧牲的典故，嵇康從三方面對這個典故的眞實性進行質疑：首先，獸類如何會有情感？典故說母牛知道自己生的三頭小牛將要作爲犧牲，心中哀痛隨向葛盧傾訴，那麼此時的母牛已經不是獸類了，因爲它具有了人的情感。其次，能夠進行傾述說明母牛有語言，那麼獸類的語言，與人類的語言如何溝通？事實上，人與獸類不通語言，葛盧無從通曉牛之意；再次，即便葛盧通曉獸語，但是言不盡意，葛盧如何知曉母牛的心意呢？嵇康延續玄學著名論題「言不盡意」，用此觀點來進行辯難。因爲嵇康看來「心不繫於所言，言或不足以證心也」，那麼既然言不能盡意，所以通過聲音來瞭解事物不是更荒謬麼？其二，《左傳》記載師曠通過楚地的民歌來辨別楚國軍隊的作戰情況的典故，嵇康認爲是俗儒牽強附會的，爲了達到鞏固民心的作用，才假託於音樂的。嵇康在這裡談到了音樂的自然觀。在嵇康看來，音樂來自自然之和，體現了宇宙萬物和諧的自然屬性，是人們師法自然的產物。音律是人類外師造化的產物，人們根據自然界的發聲原理，創造出了音樂，體現了和諧的生命精神。自然風的利用，氣的運行，是音樂（管樂）的自然規律，這與政治、軍事都沒有太多聯繫。其三，針對羊舌母

聽到孫兒的啼聲預知以後敗家的典故，嵇康首先指出羊舍母運用的方法不合理，不是推理得出，而是用假定啼聲大爲惡聲的先入爲主的方法進行參校得出結論的；其次，指出以音識人方法的不可靠性。察言觀色、以貌識人是古人知人論世的主要方法，嵇康指出言、色、貌、聲都是人的外形特點，並不能和內在實際的心意一一對應。「形同而情乖，貌殊而心均」、「心同而形異」的情況屢見不鮮，因此心意不能通過外形得知，人事盛衰也不能通過聲音來預測，這就是嵇康心形二分的觀點。

通過對三個典故的辯難，嵇康駁斥了音聲中有盛衰吉凶之象的觀點，對這三個問題的探討佔據了全文五分之一的篇幅，以此可知嵇康對於這個問題的重視程度。在他看來，將音聲神秘化、讖緯化是爲了適應統治需要的一種發展趨勢，這是一種功利主義的看法，他斥責了儒家功利主義給音樂帶來的虛妄後果：「此皆俗儒妄記，欲神其事而追爲耳。欲令天下惑聲音之道，不言理自。盡此而推，使神妙難知，恨不遇奇聽於當時，慕古人而自歎，斯所以大悶後生也。」在嵇康看來，將音樂的功能神秘化是俗儒有意爲之，目的是混淆視聽，爲統治階級製造輿論聲勢。這樣，音樂的審美感知能力被俗儒無限擴大了，音樂成爲教化的工具，從而喪失了審美愉悅的獲得。據此，嵇康從正面提出避免儒家功利解樂，造成偏聽偏信現象的根本原則：「夫推類辨物，當先求之自然之理。理已定，然後借古義以明之耳。今未得之於心，而多恃前言以爲談證，自此以往，恐巧歷不能紀。」先探求自然之道，認識自然萬物的固有規律，然後方能推類辨物，不被俗儒的記載所迷惑。自然之理是事物的固有屬性，從此出發，人爲附加的功利目的可以據此加以排除殆盡，這是嵇康理論的方法論基礎，也是他進行論辯時的常用思路，顯現了嵇康的邏輯思辨能力，對待事物科學的態度以及理性主義的光輝力量。

音樂作爲溝通天人之際的工具，其預測、警示作用歷來爲儒家所看重，所以一再強調音樂中有盛衰吉凶之象，從中可以窺知時代盛衰和人事吉凶之兆，以便更好地爲統治服務。嵇康提出「和聲無象」的觀點，反對將音樂神秘化和迷信化，撥開了籠罩在音樂上神秘的面紗，避免被後世儒家爲統治者製造的輿論聲勢所迷惑，使音樂從神秘走向理性，從牽強附會歸於合理可信。

二、對音聲中功德之象的批判

在《聲無哀樂論》中，秦客是儒家聲有哀樂論的傳聲筒，對嵇康進行了新

一輪的詰難:「又仲尼聞韶,識虞舜之德;季札聽絃,識眾國之風。斯已然之事,先賢所不疑也。今子獨以爲聲無哀樂,其理何居?」這種觀點代表儒家的樂象觀,後文嵇康概括爲:「文王之功德,與風俗之盛衰,皆可象之於聲音;聲之輕重,可移於後世,襄涓之巧,能得之於將來。」由於特殊的審美作用,音樂成爲了統治者手中最有用的教化萬民的工具。《韶》是虞舜時期的紀功樂舞,這類樂舞周代發展成爲「六大舞」「六小舞」龐大體制,體現了「王者功成作樂」的行爲意識,其中滲透著強烈王權意識。所以,與統治階級意志相一致的正統音樂觀強調樂中有功德之象,欣賞時應該深入體會其中的道德意義,以使萬民受到感化。在儒家看來,音樂可以表現歷代賢王的功德和社會道德風俗,後世人們通過欣賞音樂之象,能夠受到教化,並以此來指導將來。

儒家把樂等同於德音,把樂象視爲道德的影像〔註33〕,「『禮樂』傳統中對『樂』的解釋論證便充滿了『比德』的內容」。〔註34〕樂教的實施需要借助樂象來加以實現,君子道德的培養需要在樂象的想像中展開。儒家典籍《樂記》說:「樂者所以象德也」,「樂者,德之華也」。可見其中的「象」指的是「道德之象」,它把樂象歸附於道德之下,對樂的解釋也多用道德來進行參證。這是一種比德式的解樂方式。儒家常常以道德的眼光去審視自然和藝術,在音樂中也常常對樂象作道德的解析,附會君子的人格、品性、道德風尚等。

《樂記》說:「故其治民勞者,其舞行綴遠;其治民逸者,其舞行綴短。故觀其舞,知其德;聞其謚,知其行也。大章,章之也。咸池,備矣。韶,繼也。夏,大也。殷周之樂,盡矣。」在對樂舞的欣賞中,要求欣賞主體在頭腦中展開君主德行的聯想。以德行比附音樂意象,是儒家經典的解釋音樂意象的方法,這對後世傳統音樂創作、藝術理論及審美心理都產生了深遠的影響。「在中國傳統音樂,特別是文人音樂中古琴音樂的創作題材中,不少以自然爲母題的樂曲,其審美價值都並非在山水或花鳥,而意在『比德』、『言志』」,「所以,中國人更注重、更敏感的正是首先要從這些審美對象中『審』出道德美的一面」。〔註35〕儒家經典樂論《樂記》成爲音樂理論的聖經,其中的觀點成爲了不刊之論。

〔註33〕孫振玉《儒家樂象觀:樂象是道德的影像》,《齊魯學刊》2006年第1期。
〔註34〕李澤厚《華夏美學》,桂林:廣西師範大學出版社2001年版,第184頁。
〔註35〕施詠《中國人音樂審美心理概論》,上海:上海音樂出版社2008年版,第40頁。

　　對秦客提出音樂中有功德之象的問題，嵇康仍然用邏輯推理的方法，從兩方面進行了論辯：一方面先假定秦客的觀點是正確的，那麼經過合理的推理會得出錯誤的結論，從而反證自己的觀點。他說：「若然者，三皇五帝，可不絕於今日，何獨數事哉？若此果然也，則文王之操有常度，韶武之音有定數，不可雜以他變，操以餘聲也。則向所謂聲音之無常、鍾子之觸類，於是乎躓矣。若音聲無，鍾子觸類，其果然邪？則仲尼之識微、季札之善聽，固亦誣矣。」因爲假如音聲中有功德之象，那麼，三皇五帝的功德事迹就不會在今天斷絕；假如音聲中有功德之象，依據《文王操》、《韶》、《武》中音聲有定數不能隨意進行更改的原則，那麼秦客前邊論述的鍾子期對音樂的超凡領悟能力就不成立了。以此得知音聲中沒有功德之象。

　　另一方面，嵇康從自然之理出發進行推演，從而得出正確結論。他站在時代的高度，從「樂」的實際情況出發，揭示了春秋時代的「樂」和魏晉時代的音聲的差異所在。他說：「且季子在魯，採詩觀禮，以別風雅，豈徒任聲以決臧否哉？又仲尼聞韶，歎其一致，是以咨嗟，何必因聲以知虞舜之德，然後歎美耶？」樂在孔子的時代是指音樂、詩歌、舞蹈等融爲一體的綜合藝術，所以季子採詩觀禮、孔子聞韶樂得知虞舜的道德品貌，並非完全靠音聲來獲知，他也借助了舞蹈視覺形象和歌詞表意的內容。同時還靠平時的理性認識來把握。所以嵇康說「豈徒任聲以決臧否哉」、「何必因聲以知虞舜之德」，其中必然有思考等理性思維的參與，正如後文秦客總結主人的觀點一樣「夫數子者，豈復假智於常音，借驗於曲度哉？」反詰嵇康認爲音樂欣賞中對道德風尚的把握並非完全由音樂本身獲得，還需要智慧、經驗等理性認識來獲得。可見，嵇康看到了音樂與樂的差異，把音樂從樂中剝離出來，認識到音樂獨特的審美屬性，反對把音樂作爲道德的附庸，樂教實施的輔助手段。

　　對儒家樂象觀的態度，嵇康開篇明確說「斯義久滯，莫肯拯救。故念歷世，濫於名實。今蒙啓導，將言其一隅焉。」可見，他反對儒家音樂觀點，目的是爲了對它進行批判式的「拯救」，剔除其中的錯誤觀點，對後人的歪曲理解加以澄清。以道德教化來參證詩歌、音樂的內容是儒家解詩、論樂的方法論視角。從禮的角度去理解詩樂的，這是一種外部研究的方法，並非從詩樂自身的規律出發，難免會產生解讀藝術作品牽強附會的現象。嵇康對儒家樂論本著「拯救」的目的，剔除其中牽強附會的成分，從藝術自身出發解讀音樂作品。

「和聲無象」反對儒家比德式的解樂方式，這種解釋方式把樂象等同於道德的影像，是違背音樂藝術的審美規律的。「和聲無象」否認音聲中有功德之象，反對儒家從道德的角度來解釋、欣賞音樂。嵇康認識到了樂與音聲之間的差別，儒家樂象可以用比德的方法去解樂，由於綜合藝術中的詩歌意象與舞蹈形象可以表現一定的道德內容，而對於純音樂而言，就正如嵇康所說「和聲無象」了，音樂意象不具有這樣的功能。

三、對音聲中主體心象的批判

秦客認為：「夫聲音，氣之激者也，心應感而動，聲從變而發，心有盛衰，聲亦降殺。同見役於一身，何獨於聲便當疑耶？」秦客認為音聲是主體心境的代表，主體心境高昂與抑鬱，音聲隨之高亢和低沉，展示主體不同心態下的情境狀態，所以樂隨心動，音聲中有主體的心象之折射。

嵇康反對這種觀點，他說：「必若所言，則濁質之飽、首陽之饑、卞和之冤、伯奇之悲、相如之含怒、不占之怖祗，千變百態。使各發一詠之歌，同啓數彈之微，則鍾子之徒，各審其情矣。」嵇康認為，人在各種心境下產生的情感是不能夠完全訴諸於音樂之中，假如讓「飽食之濁質，饑餓之首陽，冤曲之卞和，悲傷之伯奇，含怒之相如，怖祗之不占」來演唱相同的歌曲，彈奏一致的曲調，那麼即便是聰明善聽的鍾子期恐怕也未必能夠體察其中微妙的情感吧，更何況那些企圖在音樂中力求發現社會風俗的演變歷史、道德的風貌，無異於雞蛋裏挑骨頭，更加吃力不討好了。這不僅闡明了音聲不承擔抒情的功能，同時也再次重申了「和聲無象」的觀點，指出音聲中沒有主體之心象。

然後，嵇康把秦客的觀點概括為：「聲音莫不像其體，而傳其心」並進行了深入地批判，認為音聲不能傳達主體的心情，也不能體現主體的本性。嵇康以先王之至樂為例先用反證法進行辯難。他說如果「聲音莫不像其體而傳其心」的論點成立，可以推出先王至樂表達了先王的情感，那麼《咸池》、《六莖》、《大章》、《韶》、《夏》這些樂曲一定要先王本人來演奏，否則雅樂不能得以保全，也達不到「動天地、感鬼神者」的教化作用。現在事實上不是聖人本人，而是樂師甚至瞽史也能彈奏聖王之樂，原因在於音樂有自身的規律，嵇康稱之為「自然之和」：「音聲有自然之和，而無繫於人情，克諧之音，成於金石；至和之聲，得於管絃也」。依據這一規律，表演者不必一定是創作者，樂曲完全可以由創作者之外的任何人來承擔。

　　嵇康能夠認識到儒家樂象論的實質是強調主體心中有滲透情感意識的象，所以嵇康反對儒家樂中有情感的論述。儒家強調情感在教化中所起到的作用，認為樂是情感的體現：「夫樂者，樂也，人情之所不能免也」(《樂記》)。樂中有情感，因此要求欣賞主體情感的滲入，這樣比德就必然包含著移情。所以《樂記》說：「是故情見而義立，樂終而德尊。」儒家強調主體在對樂象的比德過程中滲透了主體的思想情感，對樂象比德的過程也就是主體移情的過程。

　　儒家要求在對樂的欣賞中始終滲透主體的情感，這個移情過程是以比德為標準和目的的。「孔子及儒家學派在觀照自然美、把握對象世界的結構時，是把以『仁』為核心的倫理道德情感作為內在尺度的，只有對象的形象特徵符合仁德君子的道德內蘊和結構特徵時，主客體之間方能建立起『同構』關係，從而使主體獲得審美愉悅。」〔註36〕在對樂的欣賞中，需要主體情感的參與，通感的聯想，只有這樣才能使樂中之象與道德的品性形成同構關係。於是，情成為溝通樂象與政治、道德的橋梁。

　　對傳統樂論的缺陷和不足，嵇康具有一種天生敏銳的直覺力和深刻的藝術洞察力。他能深刻洞悉到儒家樂象觀的弊端以及音樂成為政治附庸的內在原因，一針見血地指出：「然則聲之與心，殊途異軌，不相經緯，焉得染太和於歡戚，綴虛名於哀樂哉？」音樂承擔情感的虛名是人為強加的，目的是為了教化服務，只有把音樂從情感的虛名中解放出來，音樂自身的審美價值才得以釋放。所以，嵇康著手把心與聲，也即情與聲分離開來：「則外內殊用，彼我異名。聲音自當以善惡為主，則無關於哀樂。哀樂自當以情感，則無繫於聲音。名實俱去，則盡然可見矣。」心與聲共其一名，但實為二物，所以情感與音樂是判然有別的。嵇康認為「和聲無象」，否認音樂有滲透主體情感之象，這就割斷了由樂象到比德的移情過程，認為音樂中沒有情感內容，沒有了主體情感的聯繫紐帶，同樣使得音樂欣賞中君子的道德與樂音之間的比德式的聯覺感應被打斷。

　　嵇康認識到在樂教的實施過程中，心這個器官起到了主要的作用，心的感知力也直接影響著欣賞的結果，所以嵇康說：「樂之為體，以心為主。」這一點上與儒家是一致的。《樂記》認為：「樂者，心之動也。聲者，樂之象也。」這是說樂是心靈感應萬物的反映，萬物在心動中得以展現。聲音只是表現樂的一個手段，而「心」是抒發、感應情感的主要器官。蔡仲德先生認為此段

〔註36〕耿餘《儒家「比德」觀的格式塔特質》，《學術論壇》2007年第2期。

論述「抓住了『聲』與心、物在運動中同態同構的關係，抓住了音樂以聲動表現心動、物動的特徵，蘊含著音樂是表情的藝術，但不是直接表現情感的具體內容，而是直接表現其動態，音樂也能在表現感情的同時表現外物，但不是表現外物的形狀，而是表現其運動這樣的美學思想。」〔註37〕蔡仲德的以上分析，指出了《樂記》這段論述的價值，值得首肯。但應引起注意的是，對於聲與心（情）、物的關係，《樂記》更強調的是其中的道德因素，樂動與心動、情動是因為道德因素而合一的。道德因素是其中的內在動因。這裡心動即為情動，而情動按照儒家要求實際乃是道德情感的湧動。

　　嵇康認為樂動、心動（情動）、物動合一，不是因為道德而具有同構關係，而是三者都源於生命的律動，因而具有了同構關係。在《聲無哀樂論》的開篇，嵇康就用大量的篇幅論述了音聲的「自然之和」，指出音聲源於自然，其和諧的振動與天道同一。他還說：「聲音以平和為體，而感物無常；心志以所俟為主，應感而發」，他把平和視為天、人、樂的共同本性，是三者相互交流的橋梁。這樣，人心與音聲振動，萬物之動形成異形同構的關係，人們在欣賞音聲之際，心馳騁萬象，與音聲共鳴，和萬物同遊。「在嵇康看來，這種運動形式不僅是聲音和心靈所共有，更重要的是，它是宇宙萬物共有的生命運動形式。」〔註38〕在儒家要求下，情動朝著既定的道德方向展開，獲得的是一種道德美感；心對樂的感知也不能天馬行空，縱橫開闊，而是要進行比德式的同構聯覺，這樣就極大地束縛了欣賞者的審美想像力，限制了審美愉悅的層次。嵇康說「和聲無象」，否認音聲中有象，其實針對的是儒家在音聲中人為設置的象，反對以儒家樂象觀為代表傳統音樂觀念。嵇康認為音聲本身沒有儒家樂象論所論及的滲透社會生活內容的道德內涵，也不能傳達人們的情感，沒有了儒家預設的道德欣賞思路，人們自身的審美感受得到張揚，審美想像得以開放，天馬行空，使音樂欣賞不受限制。區別於儒家在對樂象欣賞過程中獲得的道德美感，嵇康要求欣賞者獲得的是一種樂音運動帶來和諧身心共振時獲得的審美愉悅。嵇康主張「音聲有自然之和」，使音樂回歸藝術自身，無形中解放了情的想像力，釋放了心的感知力，提倡一種音聲與心的和諧共振的審美愉悅。

〔註37〕蔡仲德《中國音樂美學史》，北京：人民音樂出版社2003年版，第343～344頁。

〔註38〕彭鋒《詩可以興——古代宗教、倫理、哲學與藝術的美學闡釋》，合肥：安徽教育出版社2003年版，第281頁。

關於「和聲無象」的研究，學界未能引起足夠的重視。有的學者把它簡單地等同於「聲無哀樂」〔註39〕，雖然從字面上進行解釋是無可厚非的：「『象』在此是『表現』之意，『無象』與『有主』相對而言，意謂平和而不表現什麼感情，故下文說人已有哀心在內，聽了不表現什麼感情的『和聲』也會流露出悲哀的感情」〔註40〕。但「和聲無象」中蘊含的理論內涵和美學價值更應該引起我們的關注。嵇康的「和聲無象」剝離了音樂上人為附加的讖緯迷信，道德倫理和主觀情感內涵，就只剩下音聲或者和聲了，這種音聲師法自然之和，加以人為「和比」的創造，成為一種樂音和諧的運動形式，這就是「和聲無象」的真實內涵，這也是嵇康樂象觀的立論基石。只有剝離音樂中人為附加的特定的象，才為音樂欣賞走向審美想像奠定了基礎，為人們馳騁想像，感知音聲之美，獲得審美愉悅開啟了心靈自由之門。

第五節　心象論

批判是為了更好地繼承，剝離也是為了重置，嵇康對待傳統樂象論的態度值得思考和借鑒。傳統樂象論是一種心象論，繼承這一點，嵇康也強調心的功能和作用，他提出「和聲無象，哀心有主」的觀點，剝離了音樂中的道德教化內容，無疑把心從道德認知中釋放出來，心馳騁萬象，獲得了自由。他以莊子為師，繼承了「心齋」說，並提出「樂之為體以心為主」，強調心的自由馳騁，心象是模糊、變化無常的。樂音的和諧振動激發出欣賞者心中潛藏的情感體驗，達到音聲與人的合而為一，進入了審美的境界。嵇康在《聲無哀樂論》中提出「和聲無象」的觀點，認為音樂無象，但在《琴賦》中又以自身的審美經驗肯定了音樂之象的豐富和美妙。對此錢鍾書先生說嵇康的觀點相互矛盾：「《琴賦》初非析理之篇，故尚巧構形似（visual images），未脫窠臼，如『狀若崇山，又像流波』等。《聲無哀樂論》則掃除淨盡矣。」〔註41〕事實上，嵇康關於音樂中是否有象的觀點並不矛盾。「和聲無象」否定的象乃是特定的象，特指儒家人為附會在音樂上的盛衰吉凶之象、功德之象和主體心象。嵇康並未否認音聲中有象，他提出「樂之為體以心為主」的觀點，指出音樂之象是一種

〔註39〕修海林、羅小平《音樂美學通論》，上海：上海音樂出版社1999年版，第120頁。

〔註40〕蔡仲德《中國音樂美學史》，北京：人民音樂出版社2003年版，第529頁。

〔註41〕錢鍾書《管錐編》（第三冊），北京：三聯書店2007年版，第1723頁。

心象，認爲音聲要表現的內容是不確定的，因而心象是模糊、變化無常的，審美主體應該馳騁心象，達到人與音聲合一的審美境界。「心」在中國古代音樂美學中是一個核心範疇，在《聲無哀樂論》中「心」就高達 59 個，除了論證音聲不具有情感內容之外，嵇康還集中探討了心對聲的感應作用，解釋了音樂感染作用的過程，可見，嵇康對音樂審美的思考和認識之深。

一、心象的不確定性

《樂記》說：「樂者，音之所由生也，其本在人心之感於物也。」中國古人心目中的「樂」是一種人心對樂的感應，是主客體的融合。所以中國古人看重君子之德行，以正心正氣去感應樂，樂的教化作用方能實現。《樂記》在探討樂與禮、德的關係之餘專闢一節來探討主體心象問題。《樂象》開篇有言：「凡奸聲感人而逆氣應之，逆氣成象而淫樂興焉；正聲感人而順氣應之，順氣成象而和樂興焉。」它把樂分爲「淫樂」與「和樂」，前者是奸聲與逆氣在主體心中互相作用的結果，後者是正聲和順氣在心中所成之象。所謂「樂者，心之動也；聲者，樂之象也」，在古人看來「樂」是心動的產物，區別於「聲」，它並非純粹客觀之物，而是與主體心境緊密相關。

同傳統樂象觀一致，嵇康提出「樂之爲體以心爲主」的觀點，指出樂象是一種心象，雖然都強調心對聲的感知和想像功能，但傳統以儒家爲代表的樂象論強調以正心、德心去駕馭音樂，因爲在他們的觀念中音樂的內涵是確定的，正如嵇康在《聲無哀樂論》中借秦客的口所指出的音樂中有盛衰吉凶之象、社會功德之象、主體心象等確定的內容。所以，儒家要求人們在欣賞音樂時頭腦中要呈現相應的內容，因而在儒家看來，音樂的內容是確定的，那麼心象也應該是確定的。嵇康提出「和聲無象」的觀點，認爲音聲中沒有明確的社會道德和倫理內容，音樂表現的內容是不確定的。正如杜洪泉指出的：「在音樂方面，我國傳統的音樂美學思想，一直體現著絕對的確定性，可知性。音樂的不確定性的說法，就應該追溯到嵇康『聲無哀樂』的論述。嵇康的這一理論比漢斯立克早 1600 年。」〔註42〕可惜他沒有具體論證這個問題。

音樂的不確定性，嵇康稱之爲「音聲無常」，「音聲無常」造成心象的模糊和不確定。音樂的不確定性是嵇康「聲無哀樂」立論的主要依據。在他看

〔註42〕杜洪泉《中國古代音樂美學概論》，北京：大眾文藝出版社 2005 年版，第 233 頁。

來，音樂不能表現情感是因爲音樂本身具有不確定的特性，這種特性造成了欣賞者頭腦呈現的意象無常變化，這樣就造成了心象的不確定性。嵇康用反證的方法得出音聲無常而沒有特定情感內涵的結論。他說：「則向所謂聲音之無常，鍾子之觸類，於是乎躓矣。若音聲無，鍾子觸類，其果然耶？則仲尼之識微，季札之善聽，固已誣矣。」音聲無常，所以人們欣賞音樂時不可能做到像俞伯牙彈琴「志在流水」和鍾子期聽出「洋洋兮若流水」那樣彈和聽之間的毫無離間、契合一致，也不可能像季札通過聽音樂就能體察到當地的風土人情。因爲，音樂本身形態和聽到的音聲是有很大差距的。音樂的這種不確定性，嵇康稱之爲「音聲無常」。

從根本上看，嵇康說「音聲無常」是由於音聲與情感之間沒有必然的對應關係，音聲本身沒有情感內容。嵇康說：「夫殊方異俗，歌哭不同；使錯而用之，或聞哭而歡，或聽歌而感。然而哀樂之情均也。今用均之情，而發萬殊之聲，斯非音聲之無常哉？」各地風俗的差異使人們情感表現方式不一樣。不管各地的風俗差距有多大，人類的情感是大體相當的，有「喜、怒、哀、樂、愛、憎、慚、懼」八種，而音樂是千變萬化的，現在用這八種情感發出的音聲卻「無常」，這說明了音聲沒有哀樂等情感內容，音樂與要表現的客觀事物之間沒有明確的聯繫。

關於這個問題涉及一直以來爭論不休的名實問題，借助這個問題，嵇康引申出音樂和它要表現的情感內容之間的關係問題。嵇康認爲「因事與名，物有其號」，名是因事而來的，即因物而立的。物、事是第一性的，名是第二性的。現象與實質不同，聲音與情感有別；名是根據物而設立，故相同的物可以有不同的名，相同的意思可以有多種不同的表達方式，而相同的情感可以有不同的音樂來表現。這是說，即使是相同的情感，不同的地區、不同的民族也可以用不同的音樂來表現。所以，名未必能盡物，言未必能盡意，音樂未必能盡情。

嵇康指出人的情感是非常微妙的，音樂是不能夠一一表現出來的，人們在各種情境下產生的情感是不能夠完全訴諸於音樂之中，假如「濁質之飽、首陽之饑、卞和之冤、伯奇之悲、相如之含怒、不占之怖祗，千變百態。使各發一詠之歌，同啓數彈之微，」那麼即便是聰明善聽的鍾子期恐怕也未必能夠體察其中微妙的情感吧，更何況那些企圖在音樂中力求發現社會風俗的演變歷史、道德的風貌，無異於雞蛋裏挑骨頭，更加吃力不討好了。

　　嵇康認爲「音聲無常」，所以他否認音聲中有滲透主體情感之象，反對通過音聲來揣摩表演者的內心情感的欣賞方式。他說：「器不假妙響而良，簫不因慧心而調。然則心之與聲，明爲二物。二物之誠然，則求情者不留觀於形貌，揆心者不借聽於聲音也。」俗話說「言爲心聲」，察言觀色、以貌識人是古人知人論世的方法，嵇康指出言、色、貌、聲都是人的外形特點，並不能和內在實際的心意一一對應。「形同而情乖，貌殊而心均」，「心同而形異」的情況是屢見不鮮的，因此「求情者不留觀於形貌，揆心者不借聽於聲音」，這就是嵇康心形二分的觀點。樂音的本質在和諧，樂器的本質在清濁之分野，表演的實質在於表演技巧工拙之差別，因此，表演者的技巧並不能改變樂音的本性，也不能改變樂器之特點。樂器和樂曲是無情無性無哀樂的。音聲有「自然之和」，不能表現表演者的情感，所以欣賞音樂時，不必受限於儒家所設置的特定道德軌道，沒有了這重束縛，欣賞者自身的審美感受得到重視。

　　嵇康提出「音聲無常」的觀點，表明他認識到心象的模糊性與不確定性。區別於視覺形象的確定性和穩定性，樂象是通過聽覺去感知的，感知到的意象很難確切描述出來，也很難與外界事物及心中的情感對應起來。在嵇康看來，音聲不能明確地表現爲一種具體的、單一的情感，不能表現人們的情感變化，人們頭腦中呈現的音樂意象隨著音聲而變化無常，音樂欣賞具有廣闊無限的審美想像空間。嵇康說：「若資偏固之音，含一致之聲，其所發明，各當其分，則焉能兼御群理，總發眾情耶？」他用反證的方法說明音聲只有「無主於喜怒，亦應無主於哀樂，」人們心中的情感才能「歡戚俱見」，這是說音聲本身無哀樂，所以才會「兼御群理，總發眾情」。所以，嵇康總結說：「聲音以平和爲體，而感物無常；心志以所俟爲主，應感而發。」音聲以平定人心爲根本，能夠「感物無常」，而人心在感知音聲之際，馳騁心象，人們心中的各種具體情感被激發出來。

　　在儒家提倡的比德式的音樂欣賞方式之下，審美想像沿著指定的方向前進，人們頭腦呈現的音樂意象具有大致相同的內容。嵇康提出「音聲無常」的觀點，認爲音樂並沒有人爲預設的道德內涵，音聲變化無常，引起音樂欣賞中人們頭腦中呈現的音樂意象也不盡相同，心象是模糊和不確定的，人們心理的運動與音聲的和諧振動一起發生變化。

二、心象的自由性

儒家的樂象觀認為音聲中有盛衰吉凶之象、先王功德之象和主體之心象，欣賞者頭腦要呈現相應的內容，這樣實際抹殺了欣賞者的主觀能動性。而嵇康認為「和聲無象」，音聲本身沒有儒家樂象論所論及的滲透社會生活內容的道德內涵，也不能傳達人們的情感，所以人們在欣賞音樂時，不必去尋找音聲中特定的社會內容，沒有了儒家預設的道德欣賞思路，人們自身的審美感受得到發揚，審美想像得以開放，天馬行空，使心象不受限制。

袁濟喜認為「從先秦到兩漢的儒家傳統樂論，輕視審美主體的能動作用」，「在他們看來，審美主體只是如鏡子反射外物那樣被動地接受音樂感染，沒有主觀選擇的權力，這反映了儒家學說扼殺人的主體價值的傳統偏見。嵇康倡舉審美主體的能動作用，有力地駁斥了儒家樂論的這種偏見。」〔註43〕這個觀點很有道理，揭示了嵇康和儒家關於欣賞主體問題的不同看法。在嵇康看來，欣賞音樂時產生的情感並非存在於音聲中，而是直接來自人心中。他說：「和聲無象，而哀心有主」他認為心象來自於欣賞主體的心境，音聲本身無哀樂。而人心在感知音聲之際，馳騁心象，人們心中的各種具體情感被激發出來。「聲音以平和為體，而感物無常；心志以所俟為主，應感而發」，他指出儘管是相同的樂曲，但也會產生不同的情感反應，甚至是歡樂和悲傷兩種相反的反應。假使音樂偏向於其中的一種情感，那麼人們的情緒反應應該是大體一致的，而不會相差太遠。

嵇康認識到欣賞者不同的心理狀態甚至可以導致相反的審美效果。他說：「夫會賓盈堂，酒酣奏琴，或忻然而歡，或慘爾而泣。非進哀於彼，導樂於此也。其音無變於昔，而歡戚並用，斯非吹萬不同耶？」聆聽相同樂曲，欣賞者也可能出現有哀有樂的審美反應，造成這種現象的原因在於審美者自身不同的情感體驗差異：「故懷歡者值哀音而發，內戚者遇樂聲而感也」。嵇康認為：「理絃高堂而歡戚並用者，真主和之發滯導情，故令外物所感，得自盡耳。」音樂入耳和心起哀樂是兩件事情，心起哀樂也許是由於音樂入耳，同時也可以是其他的刺激物，比如睹物思人，「或見機杖而泣，或睹輿服而悲。徒以感人亡而物存」，哀樂的情感也可以來自和聲的感召，音樂是哀樂產生的

〔註43〕袁濟喜《六朝美學》，北京：北京大學出版社 1989 年版，第 108～109 頁。

刺激物，對主體的情感起到宣泄發散作用，使主體的情感盡情發泄出來，從而獲得審美愉悅。哀樂的主體都在於心之運動，音樂欣賞的差異很大也是由於主體情感體驗的差異和審美心理的不同造成的。

欣賞者不同的生活體驗和審美差異不僅造成了欣賞結果的不同，同時也決定了審美愉悅獲得的層次和等級。嵇康說雖然欣賞相同的樂曲時音聲一致但由於聽者不同而會各發所感：「然人情不同，各師所解，則發其所懷。若言平和哀樂正等，則無所先發，故終得躁靜。若有所發，則是有主於內，不爲平和也。以此言之，躁靜者，聲之功也；哀樂者，情之主也；不可見聲有躁靜之應，因謂哀樂皆由聲音也。」審美主體由於不同的生活閱歷形成不同的情感體驗，對樂曲有不同的理解，會引發心中的情感積澱，如果心中是一種無哀無樂的和諧狀態，那麼樂音只會給人心中帶來躁動或嫻靜的情緒反應；而對於心中是一種或哀或樂的不和諧的狀態，那麼樂音會激發心中原有的哀樂情感，使得心境不復平和。因此，音聲不只會給欣賞者帶來情緒的刺激，還會激起欣賞者內心深處的情感體驗，這與欣賞主體的自身生活體驗有關，欣賞者在社會生活中不同的情感體驗決定了審美想像開展的方向和內容。由於滲入欣賞者自身的情感體驗，審美想像開展得更加廣闊和便利，在這個階段，音樂審美有了質的飛躍。

嵇康還以自身深厚的審美經驗肯定了心象的感知、想像、情感等心理要素在音樂欣賞中的重要作用。他在《琴賦》中極盡描繪之能事，對琴音展開了各個方面的審美想像，對於如何欣賞音樂中的意象，無疑樹立了一種範例，同時又印證了他關於樂象的論述。他說當樂聲繁複厚實，異常優美之時，感到「狀若崇山，又像流波，浩兮湯湯，鬱兮峨峨」；樂音時而清和舒暢，「若離鵾鳴清池」，時而起伏疾馳，「若浮鴻翔曾崖」。當連綿不絕的聲音漸漸遠去時，遠處聆聽「若鸞鳳和鳴戲雲中」，近處細聽「若眾葩敷榮曜春風」。可見嵇康對音樂的欣賞，有聽覺的聯想，也有視覺的同構聯覺，調動了自身多種感官去品味。他以自己的音樂實踐和自身的審美欣賞給自己的理論以有力的說明，是其理論的有機組成部分，有極強的說服力。

三、心象的三種境界

《莊子·人間世》說：

> 回曰：「敢問心齋。」仲尼曰：「若一志，無聽之以耳而聽之以心，

　　無聽之以心而聽之以氣！耳止於聽，心止於符。氣也者，虛而待物

　　者也。唯道集虛。虛者，心齋也。」

若從心象的角度去理解，莊子的「心齋」實際表述了心象的三種境界：「聽之以耳」時爲具體的聲音表象所局限，停留在感官層面，是悅耳階段；「聽之以心」馳騁心的想像作用，激發聽者內心的萬般情感，局限在個體內心小宇宙，是悅情階段；「聽之以氣」內心與宇宙之生氣共存、共鳴，精神最爲自由和愉悅，達到天人合一的境界，是爲道之境。莊子關於「心齋」的論述雖然是探討得道的途徑，但無疑對後代樂象理論具有極大的啓發作用，在提倡精神自由的魏晉南北朝時代更加看重心在音樂欣賞中的作用，以莊子爲師的嵇康深受天籟、心齋思想的影響。

　　嵇康雖然沒有明確提出心象有不同的階段，但從他的相關論述中可以分析得出這樣的結論。在嵇康心中，音樂可以有不同的境界。淺層的心象只是情緒的生理反應；深層的心象是引發了欣賞者自身潛藏的情感體驗，在想像和情感的作用下的心理反應，心象與音聲達到高度契合一致。最高境界是進入天道的境界，融入了欣賞者的生命體驗，進入神化之境。

　　在嵇康看來，欣賞音樂時，樂音的形式要素最先作用於欣賞者，在感知音樂的同時，不同的形式美要素會對應不同的情緒類型，引發欣賞者心中的情緒體驗。嵇康認爲音樂的本體就是樂音的形式要素：「然皆以單、複、高、埤、善、惡爲體」。在他看來，樂音形式包括節奏的快慢、音調的高低、樂音的清濁、變化繁複與簡易、單音與復音。在這些樂音形式中，節奏是音樂最基本的形式要素。嵇康說「聲音之體盡於舒疾」，節奏會給人們帶來不同的審美反應。節奏快叩擊人們心絃的速度就快，人們心理運動過快，會激發起躁動的情緒反應；反之，心理速度慢，心靈較爲閒適，情緒較爲嫻靜。同樣，音量的大小也會引起人們或猛烈或嫻靜的心緒，給人以不同的審美感受，「蓋以聲音有大小，故動人有猛靜也」。音量大的樂器如銅鼓、鈴鐸，會扣人心絃，激蕩人情，激發起洶湧不斷的情感浪潮，有警示人心的功用；音量小如琴瑟奏出的樂曲，像和風細雨般輕輕撫慰人們的心靈。

　　嵇康把樂器、樂曲不同的形式因素引發的情緒分爲躁動和嫻靜、專心和閒散兩種：「然皆以單、複、高、埤、善、惡爲體，而人情以躁靜專散爲應」。這兩種不同的情緒類型引起人們不同的審美反應。嵇康說：「琵琶箏笛，間促而聲高，變衆而節數，以高聲御數節，故更形躁而志越。猶鈴鐸警耳，鐘鼓

駭心」,「琴瑟之體間遼而音埤,變希而聲清,以埤音御希變,不虛心靜聽則不盡清和之極,是以體靜而心閒也」。像琵琶、筝、笛、鼓之類的樂器節奏快、音量高、形式變化大會使人心躁動,精神振奮而愉悅;而像琴瑟一類的樂器節奏慢、音量小、變化簡單,容易讓人心境平和,修養身心。

除了分析器樂的形式要素之外,嵇康還認識到聲樂不同的形式要素也會給人心帶來相似的審美反應:「夫曲度不同,亦猶殊器之音耳。齊楚之曲多重,故情一;變少,故思專」。齊楚一帶的歌曲由於重複多,變化少會帶給人們專心的情緒反應。這樣,樂音的和諧振動會帶來身心和諧的共振,從而給人以美的享受。可見,純形式的音聲是欣賞主體引發情感的審美中介。樂音的形式是美感形成的基礎。

心象的第二境界,由於有主體情感的滲入,激發了心中潛藏的情感體驗,這種情感體驗是建立在對社會生活體驗的基礎之上的,在心的聯想、想像和情感等多種要素的共同作用下,欣賞主體獲得了審美愉悅。區別於對樂象欣賞過程中儒家要求獲得的道德美感,嵇康提倡的是一種樂音運動帶來和諧身心共振時的審美愉悅。樂音和諧振動,激起人們心中原有的情感體驗,想像的廣闊空間,樂音的無常變化,使感知樂聲的人心也變化多樣,心中呈現的意象也就會異彩紛呈,不盡相同。他認為樂曲本身的音調足以吸引人們進行審美想像,獲得美感,感到心滿意足,歡欣愉悅。嵇康說:「姣弄之音,挹眾聲之美,會五音之和,其體贍而用博,故心侈於眾理。五音會,故歡放而欲愜。」在嵇康看來,樂音是一種純粹的運動形式,人們在欣賞音樂時,心馳騁萬象,心只有進行充分的想像,感知到審美意象,才能獲得審美愉悅。

欣賞音樂的最高境界,嵇康認為是心馳騁萬象之後又拋離了心中的哀樂之情,真正進入音樂的世界,實現樂與人合。這種境界人怡然自得、心曠神怡,獲得了極大的精神愉悅,達到人與天道、音聲合一的狀態,這是進入音樂世界的必經之路和音樂審美的最高境界。

嵇康明確把人的心象分為「哀」和「樂」兩種不同的心理狀態。他說:「此為樂之應聲以自得為主,哀之應感以垂涕為故,垂涕則形動而可覺,自得則神合而無變。」「樂境」表明欣賞者進入了「自得」的境界,雖然形貌上沒有太大變化,但實際上已經進入人與樂合的「神合」境界,這是心象的最高境界;「哀境」表明欣賞者在感知、想像、聯想等心理要素的作用下,只是激發了內心潛藏的強烈的情感體驗,並沒有進入音樂的世界。

　　從《琴賦》中我們也可以看出嵇康提倡的是一種樂與人合的審美境界。在所有樂器裏，嵇康最喜歡琴，因爲「衆器之中，琴德最優」，彈琴能夠使他「導養神氣，宣和情志」。此「和」乃是超越世俗五音，與道相契合，進入生命本眞的一種狀態，在琴聲中宣泄自我，與琴聲合而爲一的一種境界。「所謂的『琴道』，已由兩漢時期以儒家道德教化爲主的影響，融入了道家生命的體會。亦使古琴美學在魏晉時期突破傳統由儒家樂教爲主導的雅樂審美觀，融彙入魏晉名士的玄理風格與生命情調。」〔註44〕嵇康在詩作中談到自己在彈琴時心象的狀態：「目送歸鴻，手揮五絃。俯仰自得，遊心太玄」在琴音中放任心在天地之間自由馳騁，揮灑無迹，去尋求宇宙化生的眞理，探尋生命的眞諦。清代王士禛在《晉人佳句》中首推嵇康的這首詩，認爲：「手揮五絃，目送歸鴻」，「妙在象外」。〔註45〕王士禛對嵇康琴道的理解可謂一針見血。在嵇康看來，音樂欣賞中，琴聲只是一種物質手段，帶領人們進入道的世界，心馳騁萬象，妙在象外，所以眞正重要的是透過音聲，超越具體的聲音之象，精神達到與道合一的境界。琴之於竹林七賢諸人不亞於生命，而嵇康更是把它置於生命之上。融入了嵇康生命體驗的《廣陵散》方爲亂世之佳音，生命之絕響，才具有撼動人心的力量！

　　中國傳統哲學是一種心性哲學，傳統樂象論也是一種心象論。傳統以儒家爲代表的樂象論強調以正心、德心去駕馭音樂，要求人心中呈現的也是固定的教化內容，心是不自由的，所呈現的心象也是特定的，帶有一定的社會功利目的，沒有進入藝術的境界。嵇康的樂象觀在肯定心的功能和作用之際，認識到心象的不確定和自由性，提倡一種超越具體心象的精神與道合一的境界，也就是審美的境界。嵇康提出「和聲無象，哀樂有主」，對傳統樂象論進行了批判式的繼承和革新，無疑對音樂美學產生深遠影響，具有劃時代的進步意義。嵇康的樂象論也是玉有微瑕，他認爲音聲「無常」，樂音沒有情感內容，這樣欣賞者需要盡情展開自己的審美想像才能領略音聲的美。這些論述實際更加適用於無標題的純器樂作品，因爲這樣的作品沒有更多的社會內容，人們審美想像不會朝著樂曲標題或者聲樂的文學內容等指定的方向進

〔註44〕李美燕的《琴道與美學》，北京：社會科學文獻出版社2002年版，第275～276頁。

〔註45〕（清）王士禛撰、趙伯陶點校《古夫於亭雜錄》，北京：中華書局1988年版，第30頁。

行。儘管如此，他的樂象觀仍然有著合理的內涵，對於今天音樂美學的建設仍然具有一定的啓發和指導意義。

第六節　音心對映論

　　「情」是中國音樂美學的核心範疇。它在《聲無哀樂論》中具有核心地位，「情」這個詞語共出現 49 次，比「和」的 40 次還要多，而且這個統計還不包括哀樂、悲痛這類表達情感具體內容的詞語。嵇康探討其他音樂美學論題都是圍繞著情這個核心範疇展開的。音心對映的問題是學界的熱點和難點問題之一，發生在上個世紀 80、90 年代並延續至今的那場「音心對映論」的討論熱潮，雖然有《音心對映論爭鳴與研究》論文集出版，但似乎難以給這場討論畫上圓滿的句號。關於音心對映的問題並沒有眞正得到解決。嵇康的《聲無哀樂論》通篇就在探討音心對映的問題，他設置了正反兩方辯手從聲有哀樂和聲無哀樂兩種觀點出發探討了音和心如何形成一一對應的關係。秦客代表儒家的聲有哀樂論，嵇康代表玄學影響下的聲無哀樂論，兩個人就音樂是否有情感內涵展開了八次辯論。以今天的眼光來看，關於音樂和情感之間的關係問題，無論是秦客還是嵇康的觀點都不是很完美的認識，但無疑對我們是很有啓發的。

一、聲有哀樂論中的音心對映

　　秦客是反方，代表儒家的聲有哀樂論，對嵇康的聲無哀樂論進行劫難。他首先從時代的審美風向入手闡明音樂與人心的對映關係。《聲論》一開篇秦客就提出「安樂之象形於管絃」的觀點，代表儒家的經典言論「治世之音安以樂，亡國之音哀以思」。在秦客看來，政治的開明與腐敗在百姓心中形成或哀或樂的情感體驗，付諸於音樂之中就形成或哀或樂的音樂風格。這是一個由政治到民心再到音樂的過程，反過來也成立，可以逆反雙向運動。因而可以推論出音樂是有哀樂的。儒家的這個觀點雖然有政治決定論的傾心，也有一定的道理。魏晉南北朝形成以悲爲樂的審美風向究其根源就在於政治。腐敗的政治造就人們哀傷的情感體驗，這種情感體驗使人們單向接受了哀傷的音樂，形成這一時代悲樂流行的音樂現象。

　　其次，秦客從從表演者、欣賞者的情感與音樂之間的聯繫來論證音心的對

映關係。秦客說：「『八方異俗，歌哭萬殊』，然其哀樂之情不得不見也。夫心動於中而聲出於心，雖託之於他音，寄之於餘聲，善聽察者要自覺之，不使得過也。昔伯牙理琴而鍾子知其所志，隸人擊磬而子產識其心哀，魯人晨哭而顏淵察其生離。夫數子者，豈復假智於常音，借驗於曲度哉？心戚者則形爲之動，情悲者則聲爲之哀，此自然相應，不可得逃，唯神明者能精之耳。夫能者不以聲衆爲難，不能者不以聲寡爲易。今不可以未遇善聽而謂之聲無可察之理，見方俗之多變而謂聲音無哀樂也。」他的論據有三：其一，表演者的「心戚者則形爲之動，情悲者則聲爲之哀」內心悲傷就會在外表上表現出來，表演者內心悲傷也會使得音樂表現出哀傷。即便風俗不同，表情的方式各異，但善於聽音的人仍然能夠從音聲中體會到情感內容。演奏者的情感滲入音樂的表演過程中，會傳達給欣賞者。欣賞者通過樂音能夠捕捉到演奏者的情感，善聽者，即音樂修養造詣高超之人，如鍾子期、子產之類，他們不需要借助經驗認識，能夠通過審美瞭解音樂的情感內容。因此，音樂是有情感內容的。其二，「聲使我哀，音使我樂也」欣賞者聽音而樂的情況實屬常見，欣賞者的哀樂是由音聲激蕩產生，音樂與情感是有名有實，爲何要名實二分呢？最後再次重申音樂因爲有哀樂的情感內容，因此承擔著道德教化的作用，妙察者即有洞察力的善聽者能夠從音樂中看到前代賢王的德行，探求到時代之更叠。

　　第三，秦客從聲音的傳情功能角度看待音心對映問題，他說：「夫觀氣採色，天下之通用也。心變於內，而色應於外，較然可見，故吾子不疑。夫聲音，氣之激者也，心應感而動，聲從變而發，心有盛衰，聲亦隆殺。同見役於一身，何獨於聲便當疑邪？夫喜怒章於色診，哀樂亦宜形於聲音。聲音自當有哀樂，但闇者不能識之，至鍾子之徒，雖遭無常之聲，則穎然獨見矣。」秦客指出人的聲音傳達了內心的情感，察言觀色是人們認識一個人品性的可靠方法，正所謂「喜怒章於色診，哀樂亦宜形於聲音」就是依據了人內在喜怒哀樂的情感與外在的氣色、聲音的一一對應關係。中國古人君子修行講究言行一致，言爲心聲；以神統形，形神兼備，因此爲人處世要察言觀色，其中蘊含了一個人內在的思想情感要借助於外在的形表現出來的觀點。聲音就是傳達人內心情感的一種媒介。在秦客看來，情感運動和樂音運動（人的聲音也是一種樂音運動）有一種必然的聯繫，這個必然聯繫，秦客認爲是情感。人的心情有起伏，聲音（包括樂音）也有高亢和低沉。這樣樂音運動和情感運動因情感建立起一一對映的關係。聲音中的情感雖然難以辨識，但是像鍾

子期之類的高人可以體察其中的微妙之處。但秦客所說聲音有哀樂的結論是由聲音與氣色「同見役於一身」推理得出。這就遭到嵇康辛辣的諷刺。嵇康例舉了另外的例子「淚」，眼淚也產生於身體，那麼眼淚有情感麼？悲傷哭泣時流的眼淚與食用辛辣之東西、煙熏眼睛時流的眼淚能一樣麼？嵇康用與秦客相同的方法推理得出了一個荒謬的結論：眼淚有情感。就像酒不會因為過濾壓榨工具的不同而改變其味道一樣，聲音與眼淚都沒有情感。秦客的觀點即便正確，但卻給辯方留有口實，不知是秦客本身如此，還是嵇康有意為之。

最後，秦客從音樂本身來論證音心對映的問題。他說：「蓋聞齊楚之曲者，惟睹其哀涕之容而未曾見笑噱之貌，此必齊楚之曲以哀為體，故其所感皆應其度。」秦客以齊楚之曲為例子，指出聆聽齊楚之曲的欣賞者大都表現為悲傷情感反應，說明齊楚之曲以悲傷為其本體。我們常常也把音樂分為哀樂、喜樂、悲樂等類型，相同類型的音樂帶給欣賞者的情感反映大體是一致的。秦客認為齊楚之地的樂曲中只有悲傷的情感，自然引發欣賞者垂泣，說明齊楚之曲的音樂本體是悲傷。現在的問題是，喜怒哀樂等情感是音樂的本體，還是音樂的風格？就我們現在的音樂美學觀點而言，悲樂、喜樂、哀樂等音樂類型的劃分是依據音樂的風格而不是音樂的構成本體。

整體看，秦客代表聲有哀樂，其音心對映論主要觀點是音樂與人心（可視作表演者、欣賞者）通過情感建立了對映關係。其合理之處在於看到了音樂中的社會情感內涵，指出音樂與政治、人心之間的對應關係，認為表演者、欣賞者要有與樂曲一致的情感體驗去傳達樂曲的精神實質，尤其適用於聲樂、標題器樂這樣有一定社會內涵的音樂作品。它的不足之處在於過於強調音樂中的社會政治內涵，要求人心與音樂建立的是一種過於單調和直接的對映關係，從而對音心對映關係看得過於簡單。

二、聲無哀樂論中的音心對映

相比秦客立足於社會政治來探討音心對映關係，嵇康通過樂音的本質屬性來論述音心對映關係。就音樂特點而言，嵇康提出一個主要觀點「音聲無常」，指的是樂音的形式要素只有「和」的屬性，而沒有「情」的內涵。他提出音樂「皆以單、複、高、埤、善、惡為體，而人情以躁靜專散為應」的觀點，認為形式要素的和諧共振帶來情緒的天然反映。音樂的本質屬性是和，

是由形式諸要素協調構成：節奏的快慢、音調的高低、樂音的清濁，變化繁複與簡易、單音與復音。就樂器而言，琵琶箏笛之類的樂器，樂音節奏快，音調高昂，變化急促，易於產生急躁高亢的情緒體驗，就像戰鼓敲響一樣警示人心。琴瑟之類的樂器，恰恰相反，因此產生相反的情緒體驗。就曲調而言，不同的曲調也會產生不同的情緒反應。與樂器相同，其原因在於樂曲自身的規律，不同樂音的形式產生不同的情緒反應，雖然音樂與情感有著千絲萬縷的聯繫，產生這種聯繫的原因還是在於音樂自身的變化規律與人心自然感應的對應關係，而並非在於音樂有哀樂等情感內容。

那麼人們聽音而樂的情感緣何產生呢？嵇康說：「人情之變，統物之理，唯止於此，然皆無豫於內，待物而成耳。至夫哀樂，自以事會先遘於心，但因和聲以自顯發，故前論已明其無常，今復假此談以正其名號耳。不謂哀樂發於聲音，如愛憎之生於賢愚也。然和聲之感人心，亦猶醞酒之發人性也。酒以甘苦為主，而醉者以喜怒為用。其見歡戚為聲發，而謂聲有哀樂，猶不可見喜怒為酒使，而謂酒有喜怒之理也。」這是嵇康探討音樂與情感聯繫的最直接的文字。在他看來，音樂是自然之物，情感是人情之變，人心統照萬物，物性之變都會在人心中留下印記，愛憎情感決定著對事物道理的認識，內心的變化可以借助於外界事物表現出來；而物性卻不因此而改變。音樂並無哀樂的情感內容。哀樂之情本來就潛伏於人心之中，遇到和諧的音聲才激發出來，「不謂哀樂發於聲音，如愛憎之生於賢愚也」，因此不能說音樂有情感，正如不能說愛憎的情感是出於賢愚的音樂一般，因為「愛憎宜屬我，而賢愚宜屬彼」，我之情感與他人之品性並不等同，所以把音樂的本性與人的情感等同起來就如同「我愛而謂之愛人，我憎則謂之憎人」，犯了相同的邏輯錯誤。音樂與情感的聯繫猶如酒與情感的關係一般。「然和聲之感人心，亦猶醞酒之發人性也。酒以甘苦為主，而醉者以喜怒為用。其見歡戚為聲發，而謂聲有哀樂，猶不可見喜怒為酒使，而謂酒有喜怒之理也。」酒是刺激人產生激烈情感的誘因，音樂也是一種刺激物，誘發了人體內潛藏的情感。

至於為什麼樂音與人心構成一一對應的關係，嵇康沒有深入研究，蘇珊·朗格在《情感與形式》中集中探討了節奏歡快的音樂會激發快樂的情感，而節奏緩慢的音樂易於激發悲哀的原因，「我們叫作『音樂』的音調結構，與人類的情感形式——增強與減弱，流動與休止，衝突與解決，以及加速、抑制、極度興奮、平緩和微妙的激發，夢的消失等等形式——在邏輯上有著驚人的

一致。」〔註46〕這就是格式塔心理美學提出的「同構原則」，音樂形式與人的心理運動機制具有類似的特點，使得由物及心的運動得以展開，音樂與情感之間的關係問題從心理學角度進行了較爲合理的解釋，樂音運動與心理活動之間的微妙關係仍需科學的論證。

整體看，嵇康的音心對映論主要以音樂本體立論，從音樂自身（主要是音樂形式要素）出發來糾正傳統聲有哀樂論所奠定的音樂美學的道德教化走向，促使音樂美學從政治倫理學範圍回歸音樂自身，但未免有些矯枉過正之嫌。實際抹殺了音樂的社會內容和情感內涵。對音樂的傳情功能、音樂欣賞和表演過程中情感的運用等音樂現象不能很好地予以解釋。因而對嵇康聲無哀樂觀點中的音心對映論，應該歷史地看待。敏澤先生說：「這就是在《聲無哀樂論》中，嵇康一再強調反對『濫於名實』，『心之與聲，明爲二物』，『聲之與心，殊途異軌』，以及『求情者不留觀於形貌，揆心者不借聽於聲音也』，『心不繫於所言，言或不足以證心也』等等的社會的、歷史的深刻原因。」〔註47〕敏澤認爲這個社會歷史原因就是司馬氏政權的言形異軌，並認爲這個歷史原因「就是嵇康在這些問題上導致片面性的、歷史的、社會的和認識上的根源」〔註48〕。嵇康心聲二分，主張聲無哀樂有著很深的歷史淵源，敏澤從政治的角度去找原因，便於我們理解聲論的片面性。不僅如此，聲論的片面還在於理論本身矯枉過正，不能很好地解釋音心對映關係。

關於音心對映的問題，《聲無哀樂論》提供了兩種答案，從以上分析可以看出這兩種答案各有合理之處，都能對某種音樂現象給予一定的解釋，但又不盡善盡美。秦客和嵇康所持的觀點很像西方自律和他律兩派的爭鳴一樣難分高下，雖然從表面看嵇康的聲有哀樂論獲得論辯的勝利。秦客的音心對映論適合聲樂和某些有標題的器樂作品，因爲音樂作品中的文學性內容需要表演者、欣賞者用情感對作品的精神實質加以領會，而嵇康音心對映的觀點更適用於無標題的純器樂作品，不需要瞭解過多的社會背景知識，也不需在音樂表演和欣賞中醞釀更多的情感。音樂美學中的情感問題一直以來也是爭議

〔註46〕（美）蘇珊・朗格《情感與形式》，劉大基，傅志強、周發詳譯，北京：中國社會科學出版社 1986 年版，第 36 頁。

〔註47〕敏澤《中國美學思想史》（上卷），長沙：湖南教育出版社 2004 年版，第 622 頁。

〔註48〕敏澤《中國美學思想史》（上卷），長沙：湖南教育出版社 2004 年版，第 622 頁。

最多的難題之一，如今我們再來探討音樂美學這類諸如音心對映的難題，嵇康的觀點就如康德在德國哲學史上的地位一樣無法翻越過去，它至今仍然能夠給我們帶來諸多有益的啟發。

第四章　雅俗篇

　　雅俗問題是中國音樂美學史探討的難點和熱門話題。俗樂最初稱爲鄭衛之音，被正統音樂美學家斥之爲「淫樂」，雅鄭之爭幾乎貫穿於整個中國音樂美學史，其探討的內容涉及「情與德」、「聲與度」、「欲與道」、「悲與美」、「樂與政」之間的關係問題，所以蔡仲德先生說：「一部中國音樂美學思想史實際上是從鄭聲出現後才開始的，是在鄭聲的推動下向前發展的，又是以鄭聲和雅、鄭之爭爲重要內容的。」〔註1〕而中國古代音樂美學多數範疇都與雅鄭問題有著直接或者間接的關聯。魏晉南北朝時期，雖然是政治經濟的大動亂，卻是精神極其自由，打破常規和傳統思維桎梏的時代。自孔子刪詩，主張「放鄭聲」以來，俗樂一直處於被打壓的地位，而經過戰後的大動亂，雅樂隨之衰落而俗樂興盛，俗樂進入雅樂樂章，與雅樂融爲一體，改變了人們的雅俗觀念，雅俗問題在這個時代掀開了嶄新的一頁。

第一節　雅俗之爭

　　從整體上看，中國古代音樂美學崇「雅」，雅樂一直以來高居正統，爲統治階級大力扶植，而俗樂則屈居末流，遭到排擠。中國延續千年的禮樂之制，推崇的樂的教化功能，所提倡的「樂」就是雅樂，排斥民間的俗樂，鄭衛之音，斥之爲「亡國之音」。雅俗之爭自中國第一個禮制國家周代建立以來一直延續至今。

〔註 1〕 蔡仲德《鄭聲的美學意義——鄭聲論之二》，《黃鍾——武漢音樂學院學報》
　　　　 1988 年第 1 期。

一、雅樂與俗樂

雅最初指的是一種樂器。《周禮·春官·笙師》中鄭注：「雅狀如漆筩而弇口，大二圍，長五尺六寸，以羊韋鞔之。有兩紐，疏畫。」《樂記·魏文侯》提到雅樂器：「治亂以相，訊疾以雅」，指的是用雅來節制調節過快的節奏。《毛詩序》從政教的角度對雅進行了解釋：「言天下之事，形四方之風，謂之雅。雅者，正也，言王政之所由廢興也。政有大小，故有小雅焉。」雅逐步由樂器轉向與政教有關的正聲。雅，就是正。歷來把雅樂視爲正聲，究其原因在於雅代表中原正聲。梁啓超作了語義學方面的考證，他指出：「依我看，《大小雅》所合的音樂，當時謂之正聲，故名曰《雅》。……『雅』與『夏』古字相通。……荀氏《申鑒》、左氏《三都賦》皆云『昔有楚夏』，說的是音有楚音夏音之別。然則《風》、《雅》之『雅』，其本字當作『夏』無疑。《說文》：『夏，中國之人也。』雅音即夏音，猶言中原正聲云爾。」〔註2〕在《說文解字》中雅、夏相通，而夏意味著中原正統，所以雅樂即爲正聲。《白虎通義·禮樂》說：「樂尚雅。雅者古正也，所以遠鄭聲也。」雅樂要用中原正統語言演唱。但稱得上雅樂的關鍵還不在使用的語言。《樂記》說：「天下大定，然後正六律，和五聲，絃歌詩頌，此之謂德音，德音之謂樂。」歌功頌德、有教化內涵的音樂才稱得上雅樂，而鄭衛等國的音樂因爲沒有「德」，不能算是樂，只能稱爲「鄭聲」、「鄭衛之音」。

俗樂與中原正聲相對，指的是用方言演唱有地域特點的音樂。關於俗樂，正統儒家並沒有明確的解釋，一律稱之爲「淫聲」、「邪音」。荀子《樂論》說：「樂姚冶以險，則民流僈鄙賤矣。流僈則亂，鄙賤則爭；亂爭則兵弱城犯，敵國危之。如是，則百姓不安其處，不樂其鄉，不足其上矣。故禮樂廢而邪音起者，危削侮辱之本也。故先王貴禮樂而賤邪音。其在序官也，曰：『修憲命，審詩商，禁淫聲，以時順修，使夷俗邪音不敢亂雅，太師之事也。』」荀子散佈邪音危國論，認爲姚冶流僈的音樂易於使人心浮動，導致國將不國。荀子所說的邪音是爲夷俗之曲。孔子是維護正統禮樂之制，主張「放鄭聲」的第一人，我們可以從孔子的觀點出發來辨明俗樂的具體所指。據《史記·孔子世家》記載：

會齊侯夾谷，爲壇位，土階三等，以會遇之禮相見，揖讓而登。獻

〔註2〕梁啓超《釋四詩名義》，見《梁啓超全集》（第八冊），北京：北京出版社1999年版，第4387頁。

> 酬之禮畢，齊有司趨而進曰：「請奏四方之樂。」景公曰：「諾。」
> 於是旄旄羽祓矛戟劍撥鼓噪而至。孔子趨而進，歷階而登，不盡一
> 等，舉袂而言曰：「吾兩君爲好會，夷狄之樂何爲於此！請命有司！」
> 有司卻之，不去，則左右視晏子與景公。景公心怍，麾而去之。有
> 頃，齊有司趨而進曰：「請奏宮中之樂。」景公曰：「諾。」優倡侏
> 儒爲戲而前。孔子趨而進，歷階而登，不盡一等，曰：「匹夫而營惑
> 諸侯者罪當誅！請命有司！」有司加法焉，手足異處。

在孔子看來，正式莊嚴的廟堂只能適合於雅樂的演奏，四方之樂是少數民族的音樂不登大雅之堂，宮中之樂是雅聲，但如果由倡優侏儒來表演的話，也違反了禮法而算不上雅樂。倡優侏儒之樂適合於娛樂場合。可見，四方之樂和倡優侏儒之樂是爲俗樂。

雅樂指廟堂之樂，多用於祭祀、朝拜、宴飲等國家大事場合。以鄭衛爲代表的民間音樂、少數民族音樂、倡優侏儒之樂都是俗樂，一般用鄭衛之音來指代。宮廷中也使用俗樂，不過是在宴會等非正式場合使用，帶有娛樂功能。

二、雅俗的分野

雅樂和俗樂有何不同是雅俗之爭的關鍵問題。維護禮樂制度的正統之士往往從政教的立場對雅樂和鄭衛之音進行區分，隨著問題的深入，從音樂本身的特徵來加以區分，和從欣賞主體的審美趣味來加以研究。

1、政教之分化

雅俗之爭的問題在春秋戰國時期表現爲雅樂與鄭衛之音的對峙和衝突，最早可以追溯到孔子，孔子曾經說：「放鄭聲，遠佞人；鄭聲淫，佞人殆」。《荀子·修身》：「容貌、態度、進退、趨行、由禮則雅，不由禮則夷固僻違，庸衆而野。」禮是辨別雅俗的關鍵，符合禮制的言行就是雅，否則，就是俗。雅是正統、得體、品味純正，俗是鄙陋、庸俗、野蠻、品味低下的代名詞。雅樂有時也稱爲禮樂或樂，禮樂相濟的音樂美學思想一直佔據主導地位。

與正統中央雅樂相對，四方之樂、夷狄之樂和倡優侏儒之樂爲俗樂。之所以稱這些音樂爲俗樂關鍵在於它們「害德」：「鄭音好濫淫志，宋音燕女溺志，衛音趨數煩志，齊音敖辟喬志。此四者皆淫於色而害於德，是以祭祀弗用也。」鄭、宋、衛、齊四國的地方音樂對心志和德行都有不同程度的損害，

因此，不能在舉行莊嚴肅穆祭祀之禮的時候演奏。《樂記·樂本》：「鄭衛之音，亂世之音也，比於慢矣。桑間濮上之音，亡國之音也，其政散，其民流，誣上行私而不可止也。」先秦時期，鄭衛之音指的就是俗樂。之所以遭到貶斥是因爲它在「亂世之音怨以怒，其政乖；亡國之音哀以思，其民困」情況下產生的，政教敗壞是其產生的根源。鄭國和衛國所屬封地正是商朝滅亡後的故地，所以鄭衛之音來自於商紂王享樂用的「靡靡之音」〔註3〕，是亡國之音，到了漢代讖緯迷信興起，更是把「鄭衛之音」與亡國禍事附會在一起，滲透著一種天人感應的神秘觀念。

自周代建立起來的禮樂制度，樂成爲政教的一種輔助工具，因此，有利於政治教化的音樂就是雅樂，而無助於教化的，甚至能夠淫亂人心志的就是俗樂，斥之爲亡國之音。一般認爲哀樂是亡國之音，是俗樂。德音講究節制，理性，不過度，是爲儒家所倡導的中和原則。《樂記·樂言》：「廣則容奸，狹則思欲，感滌蕩之氣。而滅平和之德」，而鄭衛之音產生於人民敢於抒發慷慨激昂的火熱情感和欲望而沒有節制，敢於表現自己對現實生活的強烈不滿，打破了尊卑秩序，助長了犯上作亂的習氣，違反了使人心境平和的原則，故斥之爲「淫聲」，「淫」既過度、過分之意。因此，從政教看，禮是雅俗之樂原始區分的一個重要標準。〔註4〕從音樂教化效果上看，雅樂正聲能夠使人心境平和，鄭聲易於使人心理失去平和，是否符合平和原則也是辨明雅鄭差異的關鍵。

2、音樂之差異

從音樂上看，雅樂指的是整齊劃一的樂舞。《樂記·魏文侯》說：

> 今夫古樂：進旅退旅，和正以廣，絃、匏、笙、簧，會守拊鼓，始奏以文，復亂以武，治亂以相，訊疾以雅。君子於是語，於是道古，脩身及家，平均天下。此古樂之發也。

雅樂講究節制中和，節奏不能過快，步伐不能凌亂，這樣的樂舞才適合於莊嚴的場合。再從樂器上看，雅樂器也是固定的：

〔註3〕《韓非子·十過》記載了一則故事，涉及「桑間濮上之音」（即鄭衛之音）的來歷。師曠曰：「此師延之所作，與紂爲靡靡之樂也。及武王伐紂，師延東走，至於濮水而自投，故聞此聲者必於濮水之上。先聞此聲者其國必削，不可遂。」

〔註4〕何濤《「禮」與「雅」、「俗」觀念的原始區分》，西南師範大學學報2004年第4期。

> 然後聖人作爲鞉、鼓、椌、楬、壎、篪，此六者，德音之音也。然
> 後鐘、磬、竽、瑟以和之，干、戚、旄、狄以舞之。此所以祭先王
> 之廟也，所以獻、酬、酳、酢也，所以官序貴賤各得其宜也，所以
> 示後世有尊卑長幼之序也。

演奏雅樂的樂器是特定的六種，這六種樂器所發之聲稱之爲「德音」；伴奏的樂器有四種，再配合著一定的裝飾，成爲文舞和武舞。

從音樂上來考察什麼樣的聲音才是俗樂呢？首先從樂調上看。從《詩經》的演奏情況說，大雅用宮調，小雅用徵調，國風用角調，頌用羽調，唯獨不用商調。如果單從音樂形式美的多樣性來看，「鄭衛之音突破了四聲音階，而完善了商音樂的五聲音階，並向前發展，形成了完整的七聲音階」〔註5〕。顯然俗樂在聽覺上更加能夠吸引欣賞者。其二，從音樂形式上看，俗樂指的是藝術手法多樣，表現力和感染力都很強的音樂。據漢初儒生陸賈《新語‧道基》說：「後世淫邪，增之以鄭衛之音，民棄本趨末，技巧橫出，用意各殊，……以窮耳目之好，極工匠巧。」儒家認爲音樂重要的不是形式而是所包含的內容。如孔子說「樂云樂云，鐘鼓云乎哉」（《論語‧陽貨》），《樂記‧樂情》認爲「樂者，非黃鍾大呂絃歌干揚也，樂之末節也」。因而提倡手法簡單的雅樂「大樂必簡」，反對手法複雜的俗樂「趨數煩志」。其三，從音樂風格上看，俗樂指的是清麗哀傷，不宏壯的樂曲。鄭衛之音纏綿哀怨，傳統經學人士稱之爲「靡靡之音」，迷惑心志，因而才被斥之爲亡國之音。魏晉六朝盛行的清商曲從音樂風格上看，正是淒清哀怨的作品。早在先秦時期，「清商」就是從音樂的風格上加以區分的。《韓非子‧十過》：「平公問詩曠曰：此所謂何聲也？詩曠曰：此所謂清商也。公曰：清商固最悲乎？詩曠曰：不如清徵。」《漢書‧王莽傳》：「天鳳六年初，獻新樂於明堂太廟，或聞其樂聲，曰：清麗而哀，非興國之聲也。」清商指稱漢魏時期的聲調清越的民間俗樂，指的是淒清哀怨的風格。張衡《西京賦》：「嚼清商而卻轉，增嬋娟以此。」薛綜注曰：「清商，鄭音。」〔註6〕《李蘇詩》：「絲竹厲清聲，慷慨有餘哀。」曹丕《燕歌行》：「援琴鳴絃發清商，短歌微吟不能長」。《古詩十九首》：「上有絃歌聲」，「清商隨風發」。清商

〔註5〕 蔡仲德《鄭聲的歷史眞面目——鄭聲論之一》，《黃鍾——武漢音樂學院學報》1987年第4期。

〔註6〕 《文選》，（梁）蕭統編，（唐）李善注，杭州：浙江古籍出版社1999年版，第42頁。

曲因爲伴奏的樂器是絃樂和管樂，絃管樂器因爲聲調較高，因此風格較爲哀怨。《古今樂錄》曰：「凡相和，其器有笙、笛、節歌、琴、瑟、琵琶、箏七種。」〔註7〕清商樂是俗樂，卻成爲魏晉南北朝時代的主流音樂。《宋書・樂志》記載王僧虔的表奏說：「又今之清商，實由銅雀，魏之三祖（武、文、明三帝），風流可懷，京、洛相高，江左彌重。」清商樂開始於魏晉，盛行於南朝。《樂府詩集》卷四十四《清商曲辭一》中說：「清商樂，一曰清樂。清樂者，九代之遺聲。其始即相和三調（平、清、瑟）是也，並漢魏已來舊曲。其辭皆古調及魏三祖所作。……樂器有鍾、磬、琴、瑟、擊琴、琵琶、箜篌、築、箏、節鼓、笙、笛、簫、篪、壎等十五種。」〔註8〕可見，相和三調是漢代的民間舊曲，而清商樂則是來自於銅雀伎樂的俗樂，是魏晉以後的新曲，也是俗樂。最後，從表演看，鄭衛之音絕對不是簡單的付諸於耳朵的純粹音樂藝術，而是融器樂、舞蹈、演唱爲一爐的視聽盛宴，絕非單調、手法單一、表演僵化的雅樂可比擬的。荀子在《樂論》中有「樂姚冶以險」的說法，認爲「姚冶之容，鄭衛之音，使人之心淫」；《樂記・魏文侯》也說：「今夫新樂……及優侏儒，玃雜子女，不知父子」，可見，正統儒士排斥鄭衛之音的另外一個罪名就是「聲色之樂」，注重感官享受，在演出形式上講究多樣化、豐富性，有姿容絕佳的女子，也有侏儒等人的參加表演，讓人不知不覺沉浸其中而不知道疲倦。魏晉南北朝時期，更是把俗樂的這個特點發揮到了極致。魏晉時期的清商曲就最先來自於銅雀臺伎樂，銅雀臺就是表演的舞臺。

　　一般而言，中國古代正統文人尚雅，典雅體現了統治階級的需要和審美趣味，俗樂誕生的土壤在民間，俚俗體現了人民的審美趣味。中國文人演奏雅樂的目的是自娛自樂，追求一份與紛繁世事中超脫出來的閒適、高遠的意趣，心境平和，超然世外是琴曲的靈魂，因此中國古典樂曲一般較爲靜謐，少變化，樂律不繁複，多行雲流水般曉暢而雅致。俗樂大多數在觀者甚衆，嘈雜的環境中表演，因此樂曲多變化繁複、凸顯大而濃麗的音響效果。所謂「內行看門道，外行看熱鬧」，與孤芳自賞的文人雅樂不同，民間俗樂講究熱鬧喜慶、追求視覺和聽覺的雙重享受。

〔註7〕《樂府詩集》（第二冊），（宋）郭茂倩編撰，北京：中華書局出版社1979年版，第377頁。

〔註8〕《樂府詩集》（第二冊），（宋）郭茂倩編撰，北京：中華書局出版社1979年版，第638頁。

綜上所述，雅樂並非不好，平和的樂音有助於平心靜氣和調節身心，只是因為統治階級的利用，在廟堂演奏內容貧弱的歌功頌德之作才導致雅樂生命力不強。俗樂也並非都好，過度激蕩的音樂不利於身心健康。好與不好的判斷沒有客觀的標準，都是站在一定的階級立場上，而音樂本身並不具有階級屬性和道德品性。雅樂和俗樂並非截然對立，雖然統治階級一再視兩者為涇渭分明、水火不容，但從音樂演變的歷史來看，兩者常常你只有我，我中有你。俗樂的雅化，雅樂中間有鄭聲是不可避免的歷史選擇。雅樂和俗樂的關係並不是截然對立的，而是可以相互彌補的。魏晉六朝越來越多的有識之士逐步認識到這一點，主張音樂要雅俗結合。

第二節　雅樂觀

魏晉六朝士人的審美品位趨向雅，形成一股尚雅的審美思潮，無論是人物品藻還是藝術批評，總是以此為標準。《世說新語》三十六篇，專設一章「雅量」篇，以此可見雅在魏晉六朝已經成為中國獨有的審美範疇。雅總是「清」、「淡」、「閒」「平」等語彙結合在一起，共同構成了雅的範疇和審美風尚。比如《世說新語・言語》中說：「裴僕射善談名理，混混有雅致」，「奮體量清雅，有曾祖寵之風」；《賞譽》篇：「康子紹，清遠雅正」，「簡字季倫，平雅有父風」，「武闓達博通，淵雅之士」；《品藻》篇：「司馬相如傳曰：『閒雅甚都』」。與此審美風尚相對應，音樂美學領域也注重以雅來論樂，並將雅與士人的人生理想、生活方式和審美追求結合在一起。

一、清雅

「清」與水清有關。《說文解字》：「朖也。澂水之皃，從水青聲。」〔註9〕與濁相對，本義為水清，也指聲音的高低之高：「耳之察和也，在清濁之間。」（《國語・周語下》我們不妨檢索一下魏晉六朝的詩文，就會發現「清」總是與琴相伴而行。比如：

　　　樂人興兮彈琴箏。音相和兮悲且清。（蔡琰《悲憤詩》）

　　　有客從南來，為我彈清琴。（曹丕《善哉行》）

〔註9〕《說文解字》，（漢）許慎撰，（宋）徐鉉校定，北京：中華書局1963年版，第231頁。

管絃發徽音，曲度清且悲。（王粲《公宴詩》）

閒夜撫鳴琴，惠音清且悲。（陸機《擬東城高且長》）

賀司空入洛赴命，爲太孫舍人。經吳閶門，在船中彈琴。張季鷹本
不相識，先在金閶亭，聞絃甚清，下船就賀，因共語。便大相知說。

（《世說新語・任誕》）

音樂的抽象性和不確定性，使音樂比其他藝術形式更加長於抒情。琴音悠長、
飄渺易於寄託士人的情思。魏晉士人以「清」、「遠」爲人格典範，以自然、
通脫、曠達不爲世俗所累爲人生理想，因而在琴音中寄託了人們的審美理想。
「清」不僅是士人對琴音風格特點的概括，更主要的是他們激濁揚清、保持
高潔品行的人生態度的眞實反映。

對嵇康而言，雅俗不僅僅是音樂的問題，還是人生態度和人生境界的差
異，他崇雅而鄙俗，企望通過音樂來超越世俗世界。《遊仙詩》：

遙望山上松，隆谷鬱青蔥。自遇一何高，獨立邊無叢。願想遊其下，
蹊路絕不通。王喬異我去，乘雲駕六龍。飄颻戲玄圃，黃老路相逢。
授我自然道，曠若發童蒙。採藥鍾山隅，服食改姿容。蟬蛻棄穢累，
結友家板桐。臨觴奏《九韶》，雅歌何邕邕。長與俗人別，誰能覩其蹤？

嵇康所說「雅歌」，不再是以政教來看待音樂。《九韶》是雅樂，但在嵇康看
來，是追求人生超越的憑藉。「雅歌何邕邕，長與俗人別」，在雅樂中，不再
是得到道德的陶冶，而是超越凡俗進入道境。又如《酒會詩》：

坐中發美讚，異氣同音軌。臨川獻清酤，微歌發皓齒。素琴揮雅操，
清聲隨風起。斯會豈不樂，恨無東野子。酒中念幽人，守故彌終始。
但當體七絃，寄心在知己。

琴音是「雅操」，此操行不是道德操行，而是在濁世保持高潔品行的節操。嵇
康對琴音的特色概括爲「素」和「清」，表明對琴音自然音色的喜愛以及對清
遠品格的思慕。嵇康對琴音的概括並不是獨有的，而是魏晉六朝士人對琴音
的普遍看法。

音樂上「清」的審美範疇與玄學中的「清遠」範疇是緊密相關的。而「清
遠」是魏晉六朝玄學清談下產生的新的美學範疇。「作爲審美意識，『清』與
『遠』堪稱比鄰，在哲學基礎上它們具有共同的玄學生命意識內涵，所以經
常連接在一起使用，產生了『清遠』這一審美範疇，指一種清幽淡遠、虛曠

放達的境界，既可以用於人物品藻，也可以用於詩文評，成爲風格術語。」〔註
10〕音樂美學中「清」的範疇也體現了中國傳統審美概念體用合一的特色，既
指琴的風格，也指人的氣質、精神風貌。郭平說：「我以爲，『清』便是魏晉
風度最突出、最有價值的內涵，它代表了魏晉清流在人格上的自許自重，在
哲學上、社會政治上的理想，以及在審美上的追求。」〔註11〕郭平高度評價
了「清」的範疇在魏晉美學中的重要地位。古琴美學的集大成之作是明代徐
上瀛的《溪山琴況》，它把「清」解釋爲：

> 語云「彈琴不清，不如彈箏」。言失雅也。故清者，大雅之原本，而
> 爲聲音之主宰。地不僻則不清，琴不實則不清，絃不潔則不清，心
> 不靜則不清，氣不肅則不清：皆清之至要者也，而指上之清尤爲最。

清是雅的本原，雅的風格來自於聲清，聲清又來自於指清，而指清源自心清。
在彈琴中保持氣靜心清至關重要，如果心不能平靜下來，不如彈箏，因箏的
風格較爲熱鬧和多變。可見，徐上瀛的觀點可看作中國古代古琴美學的最高
認識，他對「清」的總結和概括汲取了魏晉六朝士人的清雅的審美觀念，士
人的隱逸生活爲這種美學思想奠定了生活基礎。

　　從魏晉六朝所形成的代表士人審美品位的「清」的範疇來看，體現了士
人對超越凡俗，進入高雅人生境界的向往之情，琴音以其特有的音色就承載
了這一向往之情，展現了士人棲情於琴，得道於音樂，以有限之生命超越無
限之精神的生活方式。「清」最能代表人們高雅出塵的節操和品性，於是在琴
音中寄予了人們超越凡俗的生命精神，使「琴」由德行培養的工具變爲寄託
超越俗世追求自由的精神慰藉。

二、素雅

　　「素」是視覺上的無色。《說文解字》：「白緻繒也。從糸，取其澤也。」
〔註12〕素的本義是白色的緊密的帛。《老子》第十九章說：「絕聖棄智，民利
百倍；絕仁棄義，民復孝慈；絕巧棄利，盜賊無有。此三者以爲文不足，故
令有所屬：見素抱樸，少私寡欲。」素與樸相關，是道的一種本性。《老子》：

〔註10〕盛源、袁濟喜《六朝清音》，鄭州：河南人民出版社 2000 年版，第 84 頁。
〔註11〕郭平《魏晉風度與音樂》，合肥：安徽文藝出版社 2000 年版，第 98 頁。
〔註12〕《說文解字》，（漢）許慎撰，（宋）徐鉉校定，北京：中華書局 1963 年版，
　　　　第 278 頁。

「道常無名，樸雖小，天下莫能臣也。」魏晉六朝之人往往把「清」界定爲琴的音樂風格，而用「素」來表明琴的「道」的品質：

青雲蔽前庭，素琴淒我心。（《詠懷》之四十七）

素琴揮雅操，清聲隨風起。（《酒會詩七首》之七）

含顯媚以送終，飄餘響乎泰素。（《琴賦》）

琴在古人眼中是一件神秘的樂器。關於琴的製造者有多種傳說，雖然伏羲、神農造琴說不可考證，但有一點可以明確地講：琴是聖德之人，而非凡人所造，這就確立了琴這件「聖人之器」在中國文化中神聖而崇高的地位。因而一切與琴相關的形制功用難免就有很多附會的涵義了：「昔伏羲氏作琴，所以御邪僻，防心淫，以修身理性，反其天真也。琴長三尺六寸六分，象三百六十日也；廣六寸，象六合也。文上曰池，下曰岩。池，水也，言其平；下曰濱，濱，賓也，言其服也。前廣後狹，象尊卑也。上圓下方，法天地也。五絃宮也，象五行也。大絃者，君也，寬和而溫；小絃者，臣也，清廉而不亂。文王武王加二絃，合君臣恩也。宮爲君，商爲臣，角爲民，徵爲事，羽爲物。」〔註13〕同時琴又與君子德行培養相關：「琴之言禁也，君子守以自禁也」，「夫遭遇異時：窮則獨善其身而不失其操，故謂之『操』，操似鴻雁之音；達則兼善天下，無不通暢，故謂之『暢』」。〔註14〕在先秦兩漢時代，琴是神秘而崇高的，也是很功利的教化輔助工具。而在魏晉六朝士人心中琴是一種獨特而自然的存在。嵇康《琴賦》談到琴的產地：「且其山川形勢，則盤紆隱深，磝嵬岑岩。互嶺巉岩，岞崿嶇崟。丹崖嶮巇，青壁萬尋。若乃重巘增起，偃蹇雲覆。邈隆崇以極壯，崛巍巍而特秀。蒸靈液以播雲，據神淵而吐溜。」琴產自自然之中，凸顯琴產地的奇偉和「神淵」；而且其產地寶物雲集：「若乃春蘭被其東，沙棠殖其西，涓子宅其陽，玉醴湧其前。玄雲蔭其上，翔鸞集其巔。清露潤其膚，惠風流其間。竦肅肅以靜謐，密微微其清閒。夫所以經營其左右者，固以自然神麗，而足思願愛樂矣」，在清閒靜謐的自然山水之中，琴的「自然神麗」就孕育其中。「接軒轅之遺音。慕老童於騩隅，欽泰容之高吟。顧茲梧而興慮，思假物以託心。乃斲孫枝，準量所任，至人擴思，製爲

〔註13〕 （東漢）蔡邕《琴操‧序首》，據蔡仲德《中國音樂美學史資料注譯》，北京：人民音樂出版社 2004 年版，第 389 頁。

〔註14〕 （東漢）桓譚《新論‧琴道》，據蔡仲德《中國音樂美學史資料注譯》，北京：人民音樂出版社 2004 年版，第 386～387 頁。

雅琴。」琴製造之時的「觀物取象」變爲了「假物託心」，琴由「聖人之器」變爲了士人寄託心意，暢遊自然，與道合一的得道工具。這樣，琴的「素」的品質便與道的本質相掛鉤。

「素」的範疇與玄學討論的核心論題自然有關。魏晉六朝士人熱愛自然，以自然爲美，自然是藝術評價的最高標準。成公綏以自然爲美，認爲嘯聲能自然抒情，因而是最美的。他說：「信自然之極麗，羌殊尤而絕世，越《韶》《夏》與《咸池》，何徒取異乎《鄭》《衛》！」〔註15〕成公綏以自然爲審美的標準，並且旗幟鮮明地批判了傳統音樂美學以雅俗來判定音樂高下的教化標準，雖然沒有具體論證，但其觀點之大膽可謂振聾發聵。音樂美學範疇中的「素」同樣既是音樂的風格，又在琴音中寄予了士人自然率眞的審美評價，傳達了人們傾心自然、返璞歸眞的人生理想。

三、淡雅

「淡」是味覺上的無味。《說文解字》說：「淡，薄味也。從水炎聲。」〔註16〕《老子》六十三章說：「爲無爲，事無事，味無味。」王弼解釋爲「以無爲爲居，以不言爲教，以恬淡爲味，治之極也。」古人喜歡用味覺來比附聲音：「聲亦如味，一氣、二體、三類、四物、五聲、六律、七音、八風、九歌以相成也，清濁、大小、短長、疾徐、哀樂、剛柔、遲速、高下、出入、周疏以相濟也。君子聽之，以平其心」，講究寡淡之味，平和之聲。其原因在於「口內味而耳內聲，聲、味生氣」，口進正味，耳聽正聲，能生殖元氣。元氣是生命的本源。這說明正聲的特點在於「淡」，淡與生命同體。

魏晉六朝玄言尚清談，而清談講究忘機之言。《文心雕龍‧明詩》：「江左篇制，溺乎玄風，嗤笑徇務之志，崇盛忘機之談」。所謂忘機之談指的是忘記人世一切機巧之事的一種淡泊寧靜的心境。因而人物品藻喜歡用「淡」來表明名士超然物外的人格魅力。《世說新語‧言語》：「（王坦之）祖東海太守承，清淡平遠」。《政事》篇：「（王承）承沖淡寡欲，無所循尚。」《賞譽》篇注引劉尹別傳：「然性不偶俗，心淡榮利。雖身登顯列，而每挹降，閒靜自守而已。」孔子也說：「君子之交淡如水。」孔子所說的「淡」是一種與「小人之交甘若

〔註15〕《全晉文》（中），（清）嚴可均輯，北京：商務印書館1999年版，第614頁。
〔註16〕《說文解字》，（漢）許愼撰，（宋）徐鉉校定，北京：中華書局1963年版，第236頁。

體」相反的人際交往方式，而魏晉人士所推崇的「淡」是與「俗」相對的淡然處世的人生態度。「淡」意味著清心寡欲，淡薄名利，魏晉六朝人士以此來保全生命、超越凡俗。

「淡」也用於詩歌評論之中。鍾嶸《詩品序》曰：「永嘉時，貴黃、老，稍尚虛談。於時篇什理過其辭，淡乎寡味。爰及江表，微波尚傳。孫綽、許詢、桓、庾諸公詩皆平典，似道德論。建安風力盡矣。」他在詩品卷下評晉驃騎王濟、征南將軍杜預、廷尉孫綽、徵士許詢詩說：「永嘉以來，清虛在俗。王武子輩詩貴道家之言。爰及江表，玄風尚備。眞長、仲祖、桓、庾諸公猶相襲。世稱孫、許，彌善恬淡之詞。」鍾嶸以「淡乎寡味」來評價玄言詩，認爲玄言詩流於說理，失去了詩歌含蓄蘊藉的審美品味。恬淡成爲詩歌的一種風格特點。

阮籍《樂論》說：「乾坤易簡，故雅樂不煩；道德平淡，故五聲無味。不煩則陰陽自通，無味則百物自樂，日遷善成化而不自知，風俗移易而同於是樂，此自然之道，樂之所始也。」阮籍認爲「淡」是道的自然本性，雅樂遵循了道的這一品質，因而顯得平淡、無味。「淡」是道的品性，也是雅樂的風格特點。阮籍之前的樂論很少用淡來論樂，荀子《樂論》和《樂記》都沒有提到「淡」，包括嵇康《聲無哀樂論》都沒有使用「淡」，以此可見阮籍對「淡」形成音樂風格所作出的貢獻。《溪山琴況》對古琴風格進行了總結，徐上瀛仿照司空圖《二十四詩品》概括出琴的二十四種風格：和、靜、清、遠、古、淡、恬、逸、雅、麗、亮、採、潔、潤、圓、堅、宏、細、溜、健、輕、重、遲、速。其中「淡」的特點是：

> 絃索之行於世也，其聲豔而可悅也。獨琴之爲器，焚香靜對，不入歌
> 舞場中；琴之爲音，孤高岑寂，不雜絲竹伴內。清泉白石，皓月疏風，
> 翛翛自得，使聽之者遊思縹緲，娛樂之心不知何去，斯之謂淡。

與世俗追求熱鬧、快樂的音樂不同，「淡」的審美趣味以個體內在自得、自適和自樂的心理狀態爲旨歸。「淡」是琴音之「清」折射出超越俗豔的精神特質，「淡」的境界在於人心孤高岑寂的內在修養，更在於與清泉白石、皓月疏風相伴自得的人生旨趣。

琴一直被視爲一種君子德行培養的雅器，但琴曲本身也融入了很多新聲，比如嵇康的《廣陵散》，阮籍的《酒狂》既不是清音，也不是恬淡之曲，所以徐上瀛說：「琴中雅俗之辨爭在纖微？喜工柔媚則俗，落指重濁則俗，性好炎鬧則俗，指拘局促則俗，取音粗厲則俗，入絃倉卒則俗，指法不式則俗，

氣質浮躁則俗，種種俗態未易枚舉，但能體認得『靜』、『遠』、『淡』、『逸』四字，有正始風，斯俗情悉去，臻於大雅矣」。徐上瀛講的很好，雅俗的辨別不在於音樂，而在人心。而正始玄風興起之後，士人追求超越俗情，此時之琴音達到大雅的境界。

魏晉六朝士人心中的雅，不再是廟堂之上奏響的禮樂之聲，而是變為一種「清」、「素」「淡」為主要範疇的音樂風格，人們在這種風格中寄予了對俗世的超越和對自然的傾心熱愛之情，變為對高雅的節操的向往和期待。琴所奏之聲，也不再是君子德行培養的工具，而是士人棲情於琴，超越俗世的抒情憑藉和精神伴侶。魏晉六朝音樂美學中，琴音以「清」、「素」、「淡」為美的審美意識，使「清」、「素」、「淡」成為音樂美學中雅的重要範疇。

第三節　俗樂觀

魏晉南北朝時代雅樂的衰落俗樂興盛的音樂實際情況表明人們不再一味排斥和貶低俗樂，改變了傳統涇渭分明的雅俗觀念。俗樂地位的提升首先離不開統治階層的傾心喜愛和大力提倡；其次在於文人音樂的獨立，俗樂在文人日常交往和精神生活中佔有越來越重要的地位，俗樂的娛樂消閒功能得以實現。最後，形成了一股「以悲為美」的時代審美風向。人們關於俗樂的審美觀念從日常行為、交際言論中反映出來，顯示出一種不同於傳統禮樂之制、樂感文化的欣賞趣味和審美傾向。

一、統治階層的倡導

倡舉「唯才是舉」開時代風氣的曹操對俗樂十分喜愛。據《三國志・魏書・武帝紀》引《曹瞞傳》：「太祖為人佻易無威重，好音樂，倡優在側，常以日達夕。」手握實權的曹操對俗樂的傾心熱愛卻從來不加以掩飾，這與戰國時期的魏文侯形成鮮明對比。《樂記・魏文侯》記載：「魏文侯問於子夏曰：『吾端冕而聽古樂則唯恐臥，聽鄭衛之音則不知倦。敢問古樂之如彼，何也？新樂之如此，何也？』」俗樂難登大雅之堂，而身居高位的魏文侯對自己不喜歡聽雅樂抱有羞愧之心，喜歡聽俗樂未免有些忐忑不安，其中對自己深愛俗樂的困惑之情顯露無疑。而曹操大張旗鼓地宣誓對俗樂的熱愛，這種態度無疑對人們雅俗觀念產生深遠影響。

　　除了曹操之外，魏晉南北朝時期，很多身居高位的統治階層包括帝后都喜愛俗樂，無論是在窮奢極欲的晉代、綺麗淫靡的宮體詩盛行的南朝，還是在少數民族統治的北朝，俗樂都是統治階級的最愛。《陳書‧後主沈皇后傳》：「後主每引賓客對貴妃等遊宴，則使諸貴人及女學士與狎客共賦新詩，互相贈答，採其尤豔麗者以為曲詞，被以新聲，選宮女有容色者以千百計，令習而歌之，分部疊進，持以相樂。」宮體詩配上俗樂裝點了空虛放蕩的宮廷生活。

　　這時候的俗樂與夏桀的聲色之樂、商紂王的靡靡之音沒有太大差異，唯一值得肯定的一點就是俗樂的抒情功能這是墮落的宮廷生活的唯一亮點，雖然所抒發的情感不是很健康，至少在抒情方面比前代有了進步。又如《隋書‧音樂志》記載：

> 雜樂有「西涼鼙舞」、「清樂」、「龜茲」等。然吹笛、彈琵琶、五絃及歌舞之伎，自文襄以來，皆所愛好。至河清以後，傳習尤盛。後主唯賞胡戎樂，耽愛無已。於是繁手淫聲，爭新哀怨。故曹妙達、安未弱、安馬駒之徒，至有封王開府者，遂服簪纓而為伶人之事。後主亦自能度曲，親執樂器，悅玩無倦，倚絃而歌。別採新聲，為《無愁曲》，音韻窈窕，極於哀思，使胡兒閹官之輩齊唱和之，曲終樂闋，莫不殞涕。雖行幸道路，或時馬上奏之。樂往哀來，竟以亡國。

鮮卑貴族和漢族統治的北齊王朝的所喜愛的俗樂融入了大量的少數民族音樂，北齊後主甚至能夠自己製作曲調，親自演奏，沒有了漢族統治者雅樂和俗樂的等級觀念，所創制的音樂也以悲哀之樂為主，背離了傳統的樂感文化，大力推廣了悲樂的傳播。當然，也有統治階級喜愛雅樂的情況，比如《魏書‧樂志》記載北魏孝文帝也就是高祖元宏的故事：

> 太和初，高祖垂心雅古，務正音聲。時司樂上書，典章有闕，求集中秘群官議定其事，并訪吏民，有能體解古樂者，與之修廣器數，甄立名品，以諧八音。詔「可」。雖經眾議，於時卒無洞曉聲律者，樂部不能立，其事彌缺。然方樂之制及四夷歌舞，稍增列于太樂。金石羽旄之飾，為壯麗於往時矣。
>
> 五年，文明太后、高祖並為歌章，戒勸上下，皆宣之管絃。
>
> 七年秋，中書監高允奏樂府歌詞，陳國家王業符瑞及祖宗德美，又隨時歌謠，不準古舊，辨雅、鄭也。

對帝王而言，力求回覆禮樂體制使雅樂更好地為統治服務是非常自然的事

情，更何況以拓跋氏鮮卑族的身份對中原雅樂文化產生敬仰之情也在情理之中。雅樂的重新恢復過程中，鑒於戰亂中樂章的失傳，不同地域風格的民間俗樂進入太樂是時代的必然選擇。雅俗觀念隨之改變。「不準古舊，辨雅、鄭」不依據古樂來區別雅樂與俗樂，表明帝后這樣身居高位之人的雅俗觀念有了新的看法。如果再按照舊的雅俗劃分方法，那麼新的雅樂樂章就無法再建。這種雅俗觀念是十分開明的看法，顛覆了傳統雅俗涇渭分明、壁壘森嚴的思想界限，是時代做出的正確選擇。

　　除了熱愛俗樂之外，統治階層對精通音樂之人給予了較高的政治待遇，從事音樂活動不再是令人鄙視的行業，此時精通音樂之人甚至可以冠之以音樂家的稱號，這在前代是不可想像的事情。《三國志・魏書・王衛二劉傅傳》裴松之注引《文士傳》中記載了一則故事，可以看出音樂家如何得到重視的。

> 太祖雅聞瑀名，辟之，不應，連見偪促，乃逃入山中。太祖使人焚山，得瑀。送至，召入。太祖時征長安，大延賓客，怒瑀不與語，使就技人列。瑀善解音，能鼓琴，遂撫絃而歌，因造歌曲曰：「奕奕天門開，大魏應期運。青蓋巡九州，在東西人怨。士爲知己死，女爲悦者玩。恩義苟敷暢，他人焉能亂？」爲曲既捷，音聲殊妙，當時冠坐，太祖大悦。

竹林七賢之一的阮瑀撫琴自創歌詞「大魏應期運」，唱出了曹操的心聲，而阮瑀最終因爲音樂獲得重用。俗樂及音樂家地位都比前代有了改觀。俗樂因爲統治階層的大力提倡而得以興盛，文人因爲統治階層的重用而將音樂帶入一種更高的境界。

二、魏晉風度與才藝表演

　　魏晉南北朝時代是人的覺醒的時代，也是一個鍾情藝術的時代。作爲的個體的人，所擁有的的外在形貌灑脫飄逸和包括談吐、學識、膽氣、才能等內在個性氣質特立獨行，能夠超然於眾生之外就會備受人們的激賞，引起人們狂熱的崇拜與追慕，後人稱之爲「魏晉風度」。「魏晉風度」從本質上看是一種藝術氣質。藝術才能的展示就是魏晉風度的一種典型代表。文士階層通曉音律的人數眾多，文人音樂在魏晉時代發展成熟，獲得獨立。文人音樂是與宮廷音樂、民間音樂和宗教音樂相區分的一種社會音樂文化類型。先秦時期，文人音樂沒有獨立而依附於雅樂，對文藝之士的修身養性具有輔助功效。

孔子說「興於詩、立於禮、成於樂」，音樂對君子德行的培養發揮十分重要的作用。此時的音樂是雅樂，而非滿足感官享受的聲色之樂。

　　魏晉南北朝時代，文士成爲人數衆多的音樂消費群體和擁有者，文人音樂從正統雅樂中獨立出來，成爲一種介於雅樂和俗樂之間的一種新型音樂種類。在士族文人之間宴會等諸多的音樂生活中，人們用音樂來自娛自樂，消閒解悶，以琴會友，使得音樂的功能和價值觀念發生了較大的變化。在魏晉以前，宴會歌唱、樂器演奏是樂人的專職，傳統經學之士視其爲下賤之事，能人雅士也不屑爲之。《後漢書·宋弘傳》有這樣一則故事：

> 初，上訪博通之士於司空宋弘，弘薦沛國人桓譚，以爲才學博聞，幾及劉向揚雄，召拜議郎給事中。上令譚鼓琴，奏其繁聲，乃得侍宴。弘聞之大恨，伺譚出時，正朝服，坐府上，遣召譚。譚到，不與席，讓之曰：「吾所以薦子者，欲令輔國以道德也。而今數進鄭聲，亂雅頌，非中正者也。能自改耶？不然，正罪法。」譚頓首辭謝，良久乃遣之。

桓譚因爲沒有回絕皇帝的命令，在宴會上演奏俗樂，遭到了其恩師宋弘的大肆責罵，斥責爲大逆不道的行爲，並警告他要將他繩之以法。宋弘的看法可以視爲漢代對士人在宴會表演的普遍看法。這種觀念逐漸發生了改變，到魏晉時代，越來越多的士人接受了俗樂，並且將唱歌、彈琴、跳舞視爲一種新型的才藝展現形式。《晉書·謝尚傳》記載王導因爲大宴賓客，讓謝尚跳舞，謝尚答應了，「便著衣幘而舞。導令坐者撫掌擊節，尚俯仰在中，傍若無人」。作爲氏族大家之子，謝尚能夠做到獨舞而不以爲意，可見，跳舞之人的地位無形中得到了提高。能歌善舞成爲一種才能受到賞識，彈、唱、舞成爲魏晉風度的表現內容，在宴會表演，人們並不以之爲恥，反而受到人們的賞識，在藝術中展現自我之美。到南朝，宴會表演才藝已然成風。據《南史·列傳第十二》記載了齊高帝時的一次宴會：「帝幸樂遊宴集，謂儉曰：『卿好音樂，孰與朕同？』儉曰：『沐浴唐風，事兼比屋，亦既在齊，不知肉味。』帝稱善。後幸華林宴集，使各效伎藝。褚彥回彈琵琶，王僧虔、柳世隆彈琴，沈文季歌子夜來，張敬兒舞。……於是王敬則脫朝服袒，以絳糾髻，奮臂拍張，叫動左右。」蕭道成喜愛俗樂，命令各位大臣表演技藝。於是，樂器演奏、歌舞表演，甚至是武術表演都得到衆人的追捧。「竹林七賢」阮咸之子阮瞻，善彈琴，「人聞其能，多往求聽，不問貴賤長幼，皆爲彈之」。出於對音樂本身

的熱愛，阮瞻當眾表演而一視同仁，可見他沒有把音樂作爲晉身的階梯，在他看來音樂並沒有等級觀念。

把音樂作爲一種自覺的人生追求，音樂表演時不僅展現一種藝術美，更是體現一種超然物外的風度美，從中盡顯人格魅力。這成爲文人生命的一部分，音樂在人際交往和精神生活中的比重日益凸顯。東晉大將桓伊對音樂的觀念可見一斑。

> 伊性謙素，雖有大功，而始終不替。善音樂，盡一時之妙，爲江左第一。有蔡邕柯亭笛，常自吹之。王徽之赴召京師，泊舟青溪側。素不與徽之相識。伊於岸上過，船中客稱伊小字曰：「此桓野王也。」徽之便令人謂伊曰：「聞君善吹笛，試爲我一奏。」伊是時已貴顯，素聞徽之名，便下車，踞胡床，爲作三調，弄畢，便上車去，客主不交一言。

桓伊因軍功「封永修縣侯，進號右軍將軍」，身份顯貴，卻從事伎樂之能事而從容不迫，以此可見音樂觀念的轉變。自周代建立樂制以來，從事音樂表演的藝人身份低微，大多數沒有名字，更別說在政治舞臺上有多大的建樹了。這種情況在魏晉南北朝時代有所轉變。雅樂樂章的再建，精通雅樂人士的極度需求使社會重視音樂人才。曹操時期的雅樂郎杜夔、晉代光祿大夫荀勖調正律呂、東晉桓野王桓伊、南朝范曄還有竹林七賢等不僅音樂造詣很高，同時又擁有一定的社會威望，這樣的人士在魏晉南北朝時期還有很多。《晉書·忠義列傳》記載一則嵇康兒子嵇紹的故事：

> 紹嘗詣同誶事，遇同誶會，召董艾、葛旟等共論時政。艾言於同曰：「嵇侍中善於絲竹，公可令操之。」左右進琴，紹推不受。同曰：「今日爲歡，卿何吝此邪？」紹對曰：「公匡復社稷，當軌物作則，垂之于後。紹雖虛鄙，忝備常伯，腰紱冠冕，鳴玉殿省，豈可操執絲竹，爲伶人之事？若釋公服從私宴，所不敢辭也。」同大慚。艾等不自得而退。

嵇紹將政事與宴會娛樂相分離，展現了一位能音者的高尚節操和人格魅力。《南齊書·沈文季傳》記載沈文季和司徒褚淵的故事：

> 後豫章王北宅後堂集會，文季與淵並善琵琶，酒闌，淵取樂器爲《明君曲》。文季便下席大唱曰：「沈文季不能作伎兒。」豫章王嶷又解之曰：「此故當不損仲容之德。」淵顏色無異，曲終而止。

沈文季和司徒褚淵都是「當世貴望」，他們對音樂的態度不盡相同。司徒褚淵能夠不顧身份進行表演，琵琶屬於少數民族樂器，從中可見雅俗觀念的轉變。《世說新語》中記載了士族大家們的日常生活，音樂始終是他們娛樂起興、調節氣氛、有益身心的重要社會活動。音樂不再是高高在上的教化工具，而是與文士的心靈緊密相連的抒情媒介和生命意識的一種展現方式。

在南北朝時代，北朝屬少數民族政權，他們能歌善舞，沒有漢民族對樂的等級觀念，所以俗樂在宮廷大肆流行。高帝蕭道成「曲宴群臣數人，各使效伎藝，褚淵彈琵琶，王僧虔彈琴，沈文季歌《子夜》，張敬兒舞，王敬則拍張」(《南齊書·王儉傳》)，可見在宮廷宴會中，彈琴、唱歌不是樂人的專職，已然成為百官爭先展示自我才能，獲得皇帝賞識的一種渠道。桓譚是東漢時人，《新論·離事篇》說：

> 昔余在孝成帝時為樂府令，凡所典領倡優伎樂，蓋有千人。聖賢之材不世，而妙善之技不傳。揚子雲大材而不曉音。余頗離雅樂，而更為新弄，子雲曰：「事淺易善，深者難識。卿不好《雅》《頌》，而悅鄭聲，宜也。」惟人心之所獨曉，父不能以禪子，兄不能以教弟也。〔註17〕

演奏樂器等音樂表演是一項音樂的才能，桓譚更是把它與「聖賢之材」並列起來，而且認為不能夠傳給他人，只有自己心領神會，是個人獨有的才性體現。桓譚認為音樂的才能也是個人個性才氣的表現。後來曹丕的《典論·論文》繼承了這個觀點，他提出「文氣說」，指出「文以氣為主，氣之清濁有體，不可力強而致。譬諸音樂，曲度雖均，節奏同檢，至於引氣不齊，巧拙有素，雖在父兄，不能以移子弟」。他認為文學創作需要作家的才性，而這種才性是後天形成的，不能夠遺傳給他人。

三、俗樂對禮的超越

魏晉六朝，從對俗樂的態度中可以看出文人的人生態度，他們以音樂為媒介超越禮法，追求通脫，彰顯生命永恆的價值。俗樂難登大雅之堂，樂是有等級的，與禮一起共同維護等級秩序，不能違反規範。一般禮制規定喪期等特定的時間停伎樂。東晉大將謝安喜愛俗樂，竟然因樂以廢政事，由於對

〔註17〕《全後漢文》（上），（清）嚴可均輯，北京：商務印書館1999年版，第136頁。

音樂的摯愛之情違反了社會規範，並形成一種風俗，從中可見俗樂的地位得到了提升，新舊雅俗觀念的交鋒達到熾熱。據《晉書·王坦之傳》記載：

> 初，謝安愛好聲律，暮年之慘，不廢妓樂，頗以成俗。坦之非而苦諫之。安遺坦之書曰：「知君思相愛惜之至。僕所求者聲，謂稱情義，無所不可為，聊復以自娛耳。若絜軌跡，崇世教，非所擬議，亦非所屑。常謂君粗得鄙趣者，猶未悟之濠上邪！故知莫逆，未易為人。」坦之答曰：「具君雅旨，此是誠心而行，獨往之美，然恐非大雅中庸之謂。意者以為人之體韻猶器之方圓，方圓不可錯用，體韻豈可易處！各順其方，以弘其業，則歲寒之功必有成矣。吾子少立德行，體議淹允，加以令地，優游自居，僉曰之談，咸以清遠相許，至於此事，實有疑焉。公私二三，莫見其可。以此為濠上，悟之者得無鮮乎！且天下之寶，故為天下所惜，天下之所非，何為不可以天下為心乎？想君幸復三思。」書往反數四，安竟不從。

從兩人的書信來往看，謝安和王坦之的音樂觀念代表新舊兩種雅俗觀念。謝安對音樂的需求來自自身生命的渴望，「僕所求者聲，謂稱情義，無所不可為，聊復以自娛耳」，在謝安心中，音樂不再是廟堂上奏響的空洞無生命的雅樂，而是寄託自己情思、將自己從世俗中解脫出來的心靈慰藉，不可一日無它，哪怕因突破禮教觀念的束縛遭遇非議也在所不惜。王坦之對音樂的看法是傳統的「大雅中庸」之道，雖然他語重心長地勸導謝安以國事大業為重，但都改變不了謝安的心意。

《南史·胡僧祐傳》記載：

> （胡僧祐）以所加鼓吹恒置齋中，對之自娛。人曰：「此是羽儀，公名望隆重，不宜若此。」答曰：「我性愛之，恒須見耳。」或出遊亦以自隨，人士笑之。

從正統的禮儀形式看，鼓吹是軍樂，在正式儀仗中演奏，用於宣揚德行表示威武，不能用於出遊；且屬於雅樂，也能夠在家中私自拿來娛樂。但胡僧祐卻出於對鼓吹樂的傾心熱愛，作出了違反封建教化所制定的禮樂制度，表現出了對音樂藝術的審美追求。

輓歌也稱葬歌，本是在葬禮時演奏的。漢末以來，由於好哀的審美心理，普遍在宴會或其他場合也唱起來，得到大多數士人的喜愛。《世說新語》和《晉書》都記載了袁山松與張湛喜愛輓歌的軼事：

> 羊曇善唱樂，桓伊能輓歌，及山松《行路難》繼之，時人謂之『三
> 絕』。（《晉書・袁環傳》）
>
> 張湛好於齋前種松柏。時袁山松出遊，每好令左右作輓歌。時人謂
> 「張屋下陳屍，袁道上行殯」。（《世說新語・任誕》）
>
> 張（湛）酒後輓歌甚淒苦，桓車騎曰：「卿非田橫門人，何乃頓爾至
> 致？」（《世說新語・任誕》）

在傳統禮樂觀看來，輓歌違背了禮制。《禮記・曲禮上》規定「望柩不歌」、「里
有殯，不巷歌。適墓不歌。哭日不歌」，《論語》也有「是日哭，則不歌」的
說法。根據禮制，不能在葬禮上唱歌，更不能稱為輓歌。西晉文學家摯虞撰
有《文章流別志論》，其《輓歌議》云：

> 漢魏故事，大喪及大臣之喪，執綁者輓歌。新禮以為輓歌出於漢武
> 帝役人歌勞，聲辭哀切，遂以為送終之禮，雖音曲摧愴，非經典所
> 制，不宜以歌為名。案，輓歌因唱和而為摧愴之聲，銜枚所以全哀，
> 此亦以感眾，雖非經典所載，是歷代故事。《詩》稱「君子作歌，惟
> 以告哀」，以歌為名，亦無所嫌，宜定新禮如舊。〔註18〕

其中「新禮」以為六句，《晉書・禮志》原文為：「新禮以為輓歌出於漢武帝役
人之勞歌，聲辭哀切，遂以為送終之禮。雖音曲摧愴，違禮設銜枚之義。方在
號慕，不宜以歌為名。除不輓歌。」摯虞認為「輓歌因唱和而為摧愴之聲，銜
枚所以全哀，此亦以感眾，雖非經典所載，是歷代故事」，輓歌有存在的依據，
這個依據就是人之常情。在葬禮上通過歌唱來表達對逝者的緬懷之情，紓解對
生命易逝的感傷之情，同時通過唱和的方式來緩解對死亡的恐懼，以此來超越
生命的局限，這是魏晉南北朝處於動亂年代，人心自危的人們自發的行為，所
以輓歌雖然於禮不合，但於情合。正如阮籍的名言一般：「禮豈為我輩設也」，
名士在人生前演唱輓歌正式一種來自生命本能的需求，突破了禮制的界限。

四、悲樂對樂感文化的揚棄

悲傷是魏晉南北朝時代的人生主題，因而，悲樂是這個時代的主旋律。
試問，天災人禍之下安能獨善其身？從某種意義上說只有經歷過悲劇的人生
才算得上圓滿的人生，只有經歷過親朋之殤的生命旅程才能獲得人生的超

〔註18〕《全晉文》（中），（清）嚴可均輯，北京：商務印書館 1999 年版，第 810 頁。

越。悲樂唱響了人生無常的慨歎，引發了無數聽者的人生感喟，激起了人們心中最洶湧的心靈共鳴。儘管正統音樂美學觀以悲樂爲鄭聲，斥之爲擾亂心志的淫俗之曲，但也無法制止人們對悲樂的激賞之情。

　　魏晉南北朝時代，創制的音樂以悲傷的音樂爲多。這種風格的音樂作品與建安詩歌「慷慨悲涼」的風格相映成趣。魏晉文士傾心喜愛的音樂樣式「嘯」，據成公綏《嘯賦》記載：「發妙聲於丹脣，激哀音於皓齒」〔註19〕，也以哀聲爲主。三曹文人集團創制的清商曲也大多爲悲音：「絃急悲風發，聆發慷慨音」（曹植《雜詩其六》）；「殷懷從中發，悲感激清音」（陳琳《詩》）。魏晉的琴曲也以悲傷爲主。嵇康在《琴賦》中記載了「清商」、「清徵」的曲調，都很悲傷。其中也有「時劫掎以慷慨，或怨女虘而躊躇」的語句，指出琴曲有悲傷的特點。「悲風」、「清音」成爲時代的主旋律，這樣，自然、音樂與人心形成異質同構，共同構成了慷慨不平的魏晉之音。

　　「以悲爲樂」「以悲爲美」在魏晉時代是普遍現象。錢鍾書例舉了大量的文獻資料指出：「奏樂以生悲爲善音，聽樂以能悲爲知音，漢魏六朝，風尙如斯」〔註20〕，正如阮籍在《樂論》中總結的：「桓帝聞楚琴，悽愴傷心，倚房而悲，慷慨長息曰：『善哉乎！爲琴若此，一而已足矣。』順帝上恭陵，過樊衢，聞鳥鳴而悲，泣下橫流，曰：『善哉鳥聲！』使左右吟之，曰：『使絲聲若是，豈不樂哉！』夫是謂以悲爲樂者也。」從阮籍的記載看，漢末，桓帝聽到悲樂能夠引發心中共鳴，達到與音樂合一的審美境界；而順帝聽了悲樂後感到很痛快舒暢。這種以痛感爲美的觀念代表了漢魏六朝人們普遍的一種音樂審美心理，突破了儒家所奠定的樂感文化。

　　樂，在造字之初，據多數學者的看法是一種樂器的象形〔註21〕，今人修海林提出不同的看法，認爲樂是穀物的象形字，樂字體現了豐收喜慶的農業民族文化心理〔註22〕。爭議的關鍵在於樂的兩個含義：作爲音樂的樂和含義爲快樂的樂哪個產生更早一些。不管眞相如何，我們都可以由樂的本義得出結論，作爲音樂的樂與音樂帶給人們的快感是密不可分、結合在一起的。音

〔註19〕《全晉文》（中），（清）嚴可均輯，北京：商務印書館1999年版，第614頁。
〔註20〕錢鍾書《管錐編》（第三冊），北京：三聯書店2007年版，第1506頁。
〔註21〕東漢許愼《說文解字》：「五聲八音總名。象鼓鞞木虡也。」（見《說文解字》，（宋）徐鉉校定，北京：中華書局1963年版，第124頁）將「樂」視爲木架上置鼓的象形字。
〔註22〕修海林《古樂的沉浮》，濟南：山東文藝出版社1989年版，第141頁。

樂帶給人們的感受，常常與其他的感受相併列：「身知其安也，口知其甘也，目知其美也，耳知其樂也」（《墨子・非樂》），口腹之樂、床第之樂、仁義之樂、絲竹之樂都是一種快感，而種種快感都稱之爲「樂」，與音樂之「樂」同名，與西方「happy」和「music」是兩個詞語相比較可見音樂在國人心目中崇高而特殊的地位〔註23〕。正如荀子在《樂論》裏所總結的：「樂者，樂也」一個樂，兩種含義。但儒家將音樂快感與道德快感相聯繫，絲竹之樂與仁義之樂相掛鈎，使得音樂成爲「興於詩、立於禮、成於樂」道德修養的一部曲和禮樂鎖鏈中至爲關鍵的一環。音樂欣賞中獲得的快感也就演化爲道德快感。與提倡道德快感相一致，儒家大肆散佈悲樂亡國論，排斥使得人心過度壓抑的悲樂。魏晉以來以悲爲美的審美風潮與傳統樂感文化大異其趣。

很多人說：中國沒有眞正意義上的悲劇。國人喜歡大團圓式作品，而不能欣賞悲劇。以魏晉六朝悲樂的盛行來看，人們對悲樂的傾心熱愛表現了對傳統樂感文化的首次集體大叛離。在此之前，應該也有喜愛悲傷之音的聽者〔註24〕，但以悲爲美成爲時代主流音樂審美風尚的，從嚴格意義上說，是從魏晉開始的。與樂感文化相對，姑且將這種不占主流的文化稱之爲痛感文化。所謂「痛感文化」類似於西方悲劇意識。亞里斯多德在《詩學》中對悲劇所下的定義是：「悲劇是對於一個嚴肅、完整、有一定長度的行爲的摹仿」，其作用是「借引起憐憫與恐懼來使這種情感得到陶冶」。〔註25〕在後文中他又分析引發這兩種情感的起因：「憐憫是由一個人遭受不應遭受的厄運而引起的，恐懼是由這個這樣遭受厄運的人與我們相似而引起的。」〔註26〕欣賞完悲樂以後也會有一種舒暢淋漓的快感，用亞里斯多德的陶冶說來解釋魏晉南北朝時期以悲爲樂的審美風尚雖然有一定的道理，但悲劇是用摹仿人物行爲來激發人們的憐憫恐懼之情，而悲樂則是通過引發人們相似的情感體驗來感染聽者，兩種藝術形式感染欣賞者的方式有別。最主要的還在於兩個國家有不同

〔註23〕張法認爲音樂是空靈的，它在人神之和與天人之合中擔當了最主要的媒介作用，因此，音樂之樂成爲整體的普遍快感。見《中國美學史》，上海：上海人民出版社 2000 年版，第 47 頁。

〔註24〕阮籍《樂論》記載：「以哀爲樂者，胡亥耽哀不變，故願爲黔首；李斯隨哀不返，故思逐狡兔。」

〔註25〕〔古希臘〕亞里士多德《詩學》，羅念生譯，北京：人民文學出版社 2002 年版，第 16 頁。

〔註26〕〔古希臘〕亞里士多德《詩學》，羅念生譯，北京：人民文學出版社 2002 年版，第 32 頁。

的時代背景、文化積澱和審美心理，因而不能完全套用西方的悲劇理論。在魏晉六朝，生命遭遇抑制和扼殺，人心悲涼的情景下，人們心中哀傷的情感體驗和哀樂形成異質同構，易於達成共鳴，形成這個時代普遍以悲爲樂的審美心理。痛感文化無疑豐富了美感，將美感等同於樂感的正統文化無疑抹殺了美感的多元化，且儒家禮樂枷鎖下的樂感並非眞正意義上的審美感受。

魏晉六朝俗樂流行，上至統治階層、下達黎民百姓表現出對俗樂的傾心喜愛，同時文人以俗樂爲生活的必不可少的一部分併以此爲目的超越了禮制，禮樂文化趨於分離，音樂從禮制束縛下分離出來獲得了獨立；時代審美思潮發生了改變，「樂者樂也」的樂感文化轉化爲以悲爲樂、以悲爲美的審美風尙，表明「悲樂亡國」的觀念發生逆轉，俗樂備受指責的根基得以清除，從而剝離了附會在俗樂之上的政治教化面紗。

第四節　雅俗論

先秦兩漢的雅俗觀念主要表現爲正統官方雅樂觀與民間俗樂審美趣味的對峙和衝突。中國延續千年的禮樂之制因推崇樂的教化功能，故提倡雅樂排斥民間俗樂。魏晉六朝，由於戰亂，俗樂大量進入雅樂樂章，涇渭分明的正統雅俗觀念備受理論家們的質疑，他們從時代入手多角度探討音樂的雅俗問題。

一、悲樂論

悲樂屬於俗樂的一種。「悲音亡國」論自先秦一直延續到魏晉。《晉書·律曆上》說：「荀勖造新鍾律，與古器諧韻，時人稱其精密。惟散騎侍郎陳留阮咸譏其聲高。聲高則悲，非興國之音，亡國之音。亡國之音哀以思，其人困。今聲不合雅，懼非德正至和之音，必古今尺有長短所致也。」可見傳統經學之士受漢代讖緯學說的影響，認爲音樂是天人之間交流的工具，能夠預測國家盛衰、人事禍福，因此，他們排斥悲音，悲音亡國的觀念是深入人心的。漢末以來，尤其是魏晉六朝，悲樂成爲時代的審美風尙。關於悲音和亡國之間是否有必然的聯繫，人們爲何喜愛悲傷的音樂，悲傷之樂是否有害健康等問題成爲這一時代人們探討的難題。「以悲爲樂」的音樂現象必然要反映在理論的思考中。阮籍《樂論》、嵇康《聲無哀樂論》及其他一些理論家對「悲音亡國」的傳統音樂觀念進行反思，針對以悲爲美的時代審美風尙進行了合理的解釋。

1、悲樂使人心失和

「以悲爲樂」「以悲爲美」在魏晉時代的普遍現象。錢鍾書指出:「奏樂以生悲爲善音,聽樂以能悲爲知音,漢魏六朝,風尚如斯。」〔註27〕正如阮籍在《樂論》中總結的:「桓帝聞楚琴,悽愴傷心,倚房而悲,慷慨長息曰:『善哉乎!爲琴若此,一而已足矣。』順帝上恭陵,過樊衢,聞鳥鳴而悲,泣下橫流,曰:『善哉鳥聲!』使左右吟之,曰:『使絲聲若是,豈不樂哉!』夫是謂以悲爲樂者也。」阮籍反對「以悲爲樂」的現象主要站在以人爲本的立場。他說:「誠以悲爲樂,則天下何樂之有?天下無樂,而有陰陽調和,災害不生,亦已難矣」。反對的理由就是悲樂使萬物(包括人在內)陰陽失調,易於滋生災害。《南史·張裕列傳》:「稷字公喬,瓌弟也。……長兄瑋善彈箏。稷以劉氏先執此伎,聞瑋爲清調,便悲感頓絶,遂終身不聽之。」南朝梁時期,張稷幼年喪母,聽到清調勾起傷心往事而悲痛不絶,所以便終身不聽悲樂。阮籍的悲樂觀正好能夠解釋這個現象。

阮籍《樂論》說:「今則流涕感動,噓唏傷氣,寒暑不適,庶物不遂,雖出絲竹,宜謂之哀,奈何俛仰歎息以此稱樂乎!」所以阮籍提倡個體欣賞音樂時內心應該表現爲「樂」,「樂」即「和」,是一種和諧而平靜的心理狀態,而不是「哀」,因爲「哀」使人處於面容悲傷,內心起伏跌宕的失衡狀態。阮籍反對悲樂,理由並非是傳統經學之士所一再鼓吹的「悲音亡國」論。他在《樂論》篇末總說:「昔季流子向風而鼓琴,聽之者泣下沾襟,弟子曰:『善哉鼓琴!亦已妙矣。』季流子曰:『樂謂之善,哀謂之傷;吾爲哀傷,非爲善樂也。』以此言之,絲竹不必爲樂,歌詠不必爲善也;故墨子之非樂也。悲夫!以哀爲樂者,〔註28〕胡亥耽哀不變,故願爲黔首;李斯隨哀不返,故思逐狡兔;嗚呼!君子可不鑒之哉!」季流子的弟子代表衆人以悲爲美的審美品味,季流子與其弟子的觀點相反,認爲悲樂不是一種「善」的音樂,所謂哀傷必然傷心,傷身。可見,阮籍否定悲樂的主要理由是悲樂易於使人心失「和」,在他看來,平和的心志對一個人而言至關重要。他反對悲樂還由於他認爲悲樂助長了奢侈自私之風的盛行:「故猗靡哀思之音發,愁怨偷薄之辭

〔註27〕 錢鍾書《管錐編》(第三冊),北京:三聯書店 2007 年版,第 1506 頁。
〔註28〕 蔡仲德《中國音樂美學史資料注譯》(人民音樂出版社 2004 年版) 本此處原文爲:「故墨子之非樂也,悲夫以哀爲樂者。」根據語義,應爲標點有誤。此處標點據陳伯君校注本。

興，則人後有縱欲奢侈之意，人後有內顧自奉之心〔註29〕；是以君子惡大陵之歌，憎北里之舞也。」將世風的衰敗歸於音樂，阮籍的這個觀點未免有些誇大音樂的作用，沒有看到世風的衰敗歸根結底在於政治的腐敗。總而言之，阮籍反對悲樂始終立足於個體的心性平衡，雖然對悲樂的看法和認識並不全面和公正，但比起儒家所附會的「悲音亡國」論已有了很大改觀。

2、悲傷不是音樂的屬性

嵇康《聲無哀樂論》的主要觀點就是音樂沒有哀樂等情感內涵，原因是心聲二物，「然則心之與聲明爲二物」，只有把主體和客體區分開來，才能得出合理的結論。音樂來自於自然，其屬性只有和諧與否的差異，本身不具有哀樂等情感，而哀樂等情感屬於人所有：「音聲有自然之和，而無繫於人情，聲音自當以善惡爲主，則無關於哀樂：哀樂自當以情感而後發，則無繫於聲音」。既然音樂不具有哀樂等情感，那麼推理可得悲傷不是音樂的屬性，既然如此，那麼何來悲樂的稱法呢？《聲無哀樂論》中秦客代表儒家的觀點在開篇第一輪詰難中就提出了悲音的問題。有秦客問於東野主人曰：「聞之前論曰：『治世之音安以樂，亡國之音哀以思。』夫治亂在政，而音聲應之，故哀思之情表於金石，安樂之象形於管絃也。」嵇康從根本上對「悲音亡國」的理論進行了質疑，從理論上對悲音流行的風尚進行了解釋：

> 勞者歌其事，樂者舞其功。夫內有悲痛之心，則激哀切之言，言比成詩，聲比成音。雜則詠之，聚而聽之，心動於和聲，情感於苦言，嗟歎未絕而泣涕流漣矣。夫哀心藏於內，遇和聲而後發，和聲無象而哀心有主，夫以有主之哀心，因乎無象之和聲而後發，其所覺悟，唯哀而已。豈復知『吹萬不同，而使其自己』哉？風俗之流，遂成其政，是故國史明政教之得失，審國風之盛衰，吟詠情性以諷其上，故曰『亡國之音哀以思』也。

嵇康對這個問題是從幾個方面來回答的：其一，嵇康認爲「和聲無象，而哀心有主」，說明心與聲是兩回事，歡樂和悲傷等情感不是音樂的屬性，而是來自於人們心中；其二，聆聽音樂時產生的悲傷之情源自人們現實生活中的情感體驗；其三，悲音產生的根源在政治：「風俗之流，遂成其政」。最爲重要的是，嵇康對人們喜愛哀音從心理學上進行了解釋，雖然只是三言兩語，沒

〔註29〕陳伯君《阮籍集校注》本此處少一「心」字，本文據蔡仲德《中國音樂美學史資料注譯》（人民音樂出版社 2004 年版）本改。

有論證，但對於這種現象的揭示是較爲合理的。他認爲人們喜愛悲樂是因爲在哀音中人們能夠「情感於苦言，嗟歎未絕而泣涕流漣矣」，情感上有一個宣泄作用，哀苦的心靈可以得到暫時的緩解，這也就是人們喜愛悲音的深層原因。人生的苦痛得以排解。這與亞里士多德悲劇理論「淨化說」有一致的地方，也與劉勰的觀點相似：「哀者，依也。悲實依心，故日哀也。以辭遣哀，蓋下流之悼，故不在黃髮，必施夭昏」（《文心雕龍・哀弔》）。「以辭遣哀」是用文學創作的方式排遣哀傷，而嵇康認爲在欣賞悲音時，樂音的和諧振動與人們心中的悲傷之情形成共振，從而達到一種宣泄的效果，有利於人的身心健康。他提出「和聲無象」的觀點，認爲音聲中沒有盛衰吉凶之象，澄清「悲音亡國」對音樂的誤解。

嵇康雖然對「以悲爲樂」的審美風尚給予合理解釋，但不代表他贊成這種欣賞方式。在《琴賦》中嵇康批駁了「以悲爲美」的音樂觀：「然八音之器，歌舞之象，歷世才士，並爲之賦頌，其體制風流，莫不相襲，稱其材幹，則以危苦爲上，賦其聲音，則以悲哀爲主，美其感化，則以垂涕爲貴，麗則麗矣，然未盡其理也。推其所由，似元不解音聲，覽其旨趣，亦未達禮樂之情也。」「以悲爲美」是漢魏以來延續已久的審美觀，「奏樂以生悲爲善音，聽樂以能悲爲知音，漢魏六朝，風尙如斯」〔註30〕，認爲樂曲的美在於使人達到哭泣的程度，並且痛哭得越悲傷說明樂曲越感人，越有審美價值。嵇康認爲這種觀點是「美其感化」，爲教化服務，「未盡其理」沒有把音樂之理說清楚，實際是「不解音聲」。究其原因，嵇康認爲是：「觀其異，而不識其同；別其外，而未察其內耳。然笑喭之不顯於聲音，豈獨齊楚之曲耶？今不求樂於自得之域，而以無笑喭謂齊楚體哀，豈不知哀而不識樂乎？」人們在欣賞齊楚之曲時，在外表上痛哭流泣，只是激發了人們以往自身對外物的情感體驗，並沒有真正進入樂曲的世界，沒有達到精神高度的和諧與愉悅。只是注重欣賞者形貌的變化而忽視了內心深處精神的狀態，沒有認識到音樂欣賞有著不同的境界和階段，這是「以悲爲美」觀點錯誤的根本所在。嵇康明確把音樂欣賞分爲「哀」和「樂」兩種不同的審美境界。他說：「此爲樂之應聲以自得爲主，哀之應感以垂涕爲故，垂涕則形動而可覺，自得則神合而無變。」「樂境」表明欣賞者進入了「自得」的境界，雖然形貌上沒有太大變化，但實際上已經進入人與樂合的「神合」境界，這是欣賞音樂的最高境界；「哀境」

〔註30〕錢鍾書《管錐編》（第三冊），北京：三聯書店 2007 年版，第 1723 頁。

表明欣賞者在感知、想像、聯想等心理要素的作用下，只是激發了內心潛藏的強烈的情感體驗，並沒有進入音樂的世界。

　　嵇康一方面對「以悲爲樂」的審美風尙從心理學角度進行合理的解釋，澄清「悲音亡國」論對音樂的誤解；另一方面又從音樂欣賞的境界出發反對「以悲爲樂」，提倡一種「自得」爲主的欣賞方式，在嵇康看來，這種音樂欣賞方式才表明欣賞者眞正進入了音樂的世界，達到樂與人合的最高境界。與阮籍悲樂論以人心的平和立論相比，嵇康的悲樂論朝著音樂自身規律前進了一大步，離政教遠了便距離音樂的自律近了。

3、「哀而不傷」的生命本真狀態

　　阮籍和嵇康雖然立論角度不同，但都反對「以悲爲樂」的審美風尙。但悲樂的盛行畢竟是魏晉六朝的音樂現象，如何對此現象進行合理的解釋，不同的藝術家有自己的獨到見解。西晉文學家摯虞撰有《文章流別志論》，其《輓歌議》云：

> 漢魏故事，大喪及大臣之喪，執紼者輓歌。新禮以爲輓歌出於漢武帝役人歌勞，聲辭哀切，遂以爲送終之禮，雖音曲摧愴，非經典所制，不宜以歌爲名。案，輓歌因唱和而爲摧愴之聲，銜枚所以全哀，此亦以感衆，雖非經典所載，是歷代故事。《詩》稱「君子作歌，惟以告哀」，以歌爲名，亦無所嫌，宜定新禮如舊。〔註31〕

摯虞認爲輓歌雖然悲傷，但傳達了人們對逝者的緬懷之情，雖然於禮不合但於情合。摯虞看到了人們喜愛輓歌的深層心理原因在於「全哀」，保全了生者的哀悼之情，故而能夠感發衆人。鍾嶸《詩品序》對怨歌的形成過程進行考察，從創作角度肯定了傷感情緒的審美價值：

> 若乃春風春鳥，秋月秋蟬，夏雲暑雨，冬月祁寒，斯四候之感諸詩者也。嘉會寄詩以親，離群託詩以怨。至於楚臣去境，漢妾辭宮；或骨橫朔野，或魂逐飛蓬；或負戈外戍，或殺氣雄邊；塞客衣單，孀閨淚盡；或士有解佩出朝，一去忘返；女有揚蛾入寵，再盼傾國。凡斯種種，感蕩心靈，非陳詩何以展其義；非長歌何以釋其情？故曰：「《詩》可以群，可以怨。」使窮賤易安，幽居靡悶，莫尚於詩矣。

〔註31〕　《全晉文》（中），（清）嚴可均輯校，北京：商務印書館 1999 年版，第 810 頁。

鍾嶸認爲怨歌的產生來自人們的社會悲劇生活,「怨情」本於人生體驗,又能夠感發人們的哀怨之情,這樣,社會、人心到詩歌異質同構,形成共鳴,以此是爲人們喜愛怨歌的原因。

成公綏對風格哀傷的嘯聲也情有獨鍾。他雖家貧卻淡薄名利,在音樂之中找尋慰藉。對嘯聲哀傷的特點,他在《嘯賦》中說:「引唱萬變,曲用無方,和樂怡懌,悲傷摧藏。時幽散而將絕,中矯歷而慷慨,徐婉約而優遊,紛繁鶩而激揚。情既思而能反,心雖哀而不傷。」〔註32〕認爲雖然嘯聲哀怨,聲調多變,時而音量漸歇若斷若續,時而慷慨激昂,時而婉約舒緩,經過音調的起伏多變,人心能夠在樂聲中平靜下來,所以心境變現爲一種「哀而不傷」的自然本眞的狀態。《世說新語·任誕》說:「桓子野每聞清歌,輒喚『奈何!』謝公聞之曰:『子野可謂一往有深情。』」從桓子野的審美反映來看,體現了魏晉士人喜聽哀樂的審美心理,從中透露出中國獨有的悲劇意識。哀樂在士人心中喚起了類似的人生體驗,淡化了人們對死亡的恐懼之情,情感經過宣洩得到了淨化。悲劇意識並非西方所獨有,魏晉六朝以悲爲樂的現象,從深層來講,在於生存強壓下人們對哀樂的生命本能需求。

對「以悲爲樂」的時代審美風尙,魏晉六朝士人站在不同的立場,從不同的角度進行了探討。反對派以阮籍、嵇康爲代表。阮籍立足於個體心性的和諧從養生全神的角度論述了以悲爲樂的弊端,這個弊端阮籍認爲是悲樂使人心失去平和,並助長了奢侈自私之風;嵇康從欣賞的角度認爲哀傷的心境不利於進入音樂的世界,從而不能達到樂與人合的最高境界。贊成派有成公綏、鍾嶸等人,他們主張「哀而不傷」的生命體驗,將悲樂視爲一種生命的本能需求。尤其在生存遭受重壓的時代更應以悲爲樂,以此來紓解心中的鬱結,持這種觀點的人雖然人單力薄,但展現了中國獨有的悲劇審美意識。總之,無論反對還是贊成,兩派觀點都很大程度上扭轉了「悲音亡國」論的政治教化傾向,爲後世悲樂的審美理論奠定了基礎。

二、成因論

除了對悲樂進行理論探討之外,理論家們多角度論述了音樂雅俗風格的成因問題。阮籍立足於政治揭示雅俗風格多樣性的原因在於教化;嵇康立足

〔註32〕《全晉文》(中),(清)嚴可均輯,北京:商務印書館1999年版,第614頁。

於音樂自身，指出鄭聲是美妙的音樂，雅俗的稱法加入了人為的價值判斷，他使用二分法將自然屬性判入音樂，而把雅俗歸於人心。劉勰則從時代出髮指出雅樂的衰落和俗樂的興盛是歷史的選擇。

1、自然本體論

阮籍主要立足於音樂的「自然之和」去破解雅俗之上的政教根基。這在「和聲篇」中已經對阮籍的「自然之和」進行了深入剖析。這裡就不再闡述這個問題了。除此之外，阮籍從政教出發去探討音樂雅俗風格形成的原因，揭示雅俗音樂風格分野背後的教化原因。

在傳統音樂觀念中，音樂是政治的傳聲筒。雅樂和俗樂風格形成在於政治。《樂記》的核心觀點是「聲音之道與政通」，音樂與政治具有同一性。《樂記》認為：「夫民有血氣心知之性，而無哀樂喜怒之常，應感起物而動，然後心術形焉。是故志微噍殺之音作，而民思憂，嘽諧慢易，繁文簡節之音作，而民康樂。粗厲猛起，奮末廣賁之音作，而民剛毅。廉直勁正莊誠之音作，而民肅敬。寬裕肉好順成和動之音作，而民慈愛。流辟邪散狄成滌濫之音作，而民淫亂。」音樂與政治、人心有同一性和共振性。音樂對欣賞者具有絕對的決定作用。《樂記》認為先有不同風格的樂，與之對應才有不同品性的人，就把人的品性直接簡單地與音樂風格劃等號。

阮籍深入探討了雅樂和俗樂不同音樂風格形成的原因。造成音樂風格多樣性的原因，他認為有三：首先是政教差異。政教是造成音樂風格多樣化，引發不同的審美趣味的根本原因。在阮籍看來，在「聖人作樂」的時代，「天地合其德則萬物合其生，刑賞不用而民自安矣。乾坤易簡，故雅樂不煩；道德平淡，故五聲無味。不煩則陰陽自通，無味則百物自樂，日遷善成化而不自知」，樂教之始，風俗齊一，人心和樂，刑賞不用而民自安。這時候音樂的風格單一，普遍流行的是平淡無味的雅樂，人們的這種審美趣味來自於內心的和樂和自足，與雅樂簡易而不煩，五聲無味的特點相互呼應。在「先王不作」的時代，「道德荒壞，政法不立，化廢欲行，各有風俗」。在這一時代，道德敗壞，政法不立，教化貫徹不下去，造成各地風俗不齊，人心自危，動亂災禍遂生。這時候，產生了俗樂，形成了有不同地域特點的音樂風格：「故八方殊風，九州異俗，乖離分背，莫能相通，音異氣別，曲節不齊」。風俗是政教的實施。風是諸侯國的政教，俗是政教的貫徹實施。實際揭示了政教與音樂風格多樣性的聯繫。阮籍說：「造始之教謂之風，習而行之謂之俗。」可

見，在他看來，先王最初制定的教化是風，各地奉行實施久而久之形成習俗，所謂上行下效，上行之教是為風，下行之習是為俗。「風俗移易而同於是樂，此自然之道，樂之所始也」，在阮籍看來，政教貫徹的好與壞關係到音樂風格問題。政教貫徹的好，風俗齊一，盛行雅樂，音樂的審美教化作用在不知不覺中完成；政教貫徹的不好，各地風俗不齊，有不同地域特色的俗樂開始流行。這樣，人們的審美趣味不同而招致人心不統一，易於導致禍亂。

其二是地域差異。他說：「楚越之風好勇，故其俗輕死；鄭衛之風好淫，故其俗輕蕩。輕死，故有蹈火赴水之歌；輕蕩，故有桑間、濮上之典。」他認為楚越之人爭強好勝，因此盛行慷慨激昂的戰歌或者鬥歌；鄭衛之人耽於享受，因此靡靡之音風行。關於風俗形成的地域性原因，在前代典籍中就已有所論述：

> 楚之水淖弱而清，故其民輕果而賊；越之水濁重而洎，故其民愚疾而垢。〔註33〕

> 故越王好勇而民多輕死。〔註34〕

> 吳粵之君皆好勇，故其民至今好用劍，輕死易發。（《漢書·地理志》）

阮籍吸收了這些關於風土地緣差異與各地區人民的個性間關係的認識，並把它們納入音樂風格多樣化視野之中，用以揭示形成音樂風格多樣化的原因。

其三是心理差異。「好勇」與「好淫」分別是楚越和鄭衛之人不同的處事法則和審美心理。這樣在這種審美心理的驅動下，某種風格的音樂就流行開來了。他說：「各歌其所好，各詠其所為，歌之者流涕，聞之者歎息，背而去之，無不慷慨。懷永日之娛，抱長夜之歎，相聚而合之，群而習之，靡靡無已，棄父子之親，弛君臣之制，匱室家之禮，廢耕農之業，忘終身之樂，崇淫縱之俗。」在阮籍看來，音樂就是歌詠人們喜聞樂見之事，這也就是楚越流行慷慨激昂的戰歌，而鄭衛盛行靡曼輕盈的愛情之歌的心理原因。

阮籍看到了各地的「風土」（即地理差異，包括氣候、溫差等因素）和「人情」（即審美心理）在音樂風格形成過程中起到了一定的作用。也認識到政教是音樂風格多樣性的根本原因。他集中探討了音樂風格與風俗、移風易俗之間的關係。在他看來，一國先有政教，各地貫徹政教形成一定的風俗，而不

〔註33〕《管子新注》，姜濤注，濟南：齊魯書社2006年版，第315頁。
〔註34〕《韓非子集解》，（清）王先慎撰，鍾哲點校，北京：中華書局1998年版，第42頁。

同的風土人情又決定了音樂不同的風格，不同的音樂風格又影響著音樂移風易俗功能的實現與否，這是一個比較複雜的相互作用的過程。阮籍擯棄了儒家正統樂論所強調的音樂的政治屬性，從分析音樂風格多樣化的原因入手，揭示了雅樂和不同地域特色的俗樂形成的原因，從而破解了音樂與政治簡單的對應關係。

2、二分論

　　與阮籍不同，嵇康能多角度去看待雅俗問題。他主要立足於時代、音樂本身的特徵以及聽者的審美品位去探討雅俗問題，他認為雅俗風格形成的原因首先在於時代政權的更替，風俗的劇變。在禮制之世，大道隆盛，先王所用之樂為雅樂，所倡導用音樂進行教化的也是雅樂。雅樂的流行與禮教的盛行是相得益彰的，隨著禮教的衰落，雅樂隨之衰落。他說：「先王恐天下流而不反，故具其八音，不瀆其聲；絕其大和，不窮其變。捐窈窕之聲，使樂而不淫，猶大羹不和，不極勻藥之味也。若流浴淺近，則聲不足悅，又非所歡也。」而在亂世，「若上失其道，國喪其紀，男女奔隨，淫荒無度，則風以此變，俗以好成，尚其所志，則群能肆之，樂其所習，則何以誅之？託於和聲，配而長之，誠動於言，心感於和，風俗壹成，因而名之。」政治制度的更替使得社會風俗劇變，導致了雅樂的衰落和俗樂的流行。其次在於欣賞者欣賞趣味的不同。在嵇康看來，雅樂的特點是「不瀆其聲，絕其大和，不窮其變」，雅樂就像祭品中的肉湯沒有更多的調味，很難誘發人們的食欲一樣，平緩少變的雅樂，很難激起人們內心真實的情感。對於俗樂而言，嵇康說：「託於和聲，配而長之，誠動於言，心感於和，風俗一成，因而名之。」可見，嵇康認識到鄭聲的流行在於人們真心的喜歡。關於「鄭聲淫」這一點，嵇康並不贊成。他指出：「若夫鄭聲，是音聲之至妙。妙音感人，猶美色惑志，耽槃荒酒，易以喪業，自非至人，孰能御之？」在嵇康看來，鄭聲是一種美妙致極的音樂，其特點是「和」。嵇康將鄭聲與妲己這樣的美人相提並論，認為不能因為妲己漂亮招致商紂王不務朝政就說妲己是禍水，美的本質與美的結果並不相等，因此，說鄭聲淫與說美人是紅顏禍水犯了相同的邏輯錯誤。嵇康指出考察音樂的好壞，應該從音樂本身的特點屬性出發，從「和」的角度去考察，而不能從結果、社會作用的方面去追尋，若此，就犯了社會功利主義的錯誤。除了從音樂本身的特徵去為「鄭聲」正名，還鄭聲一個歷史的真面目之外，嵇康還用心物二分的方法去看待音樂的雅俗問題。他將自然屬性判入

音樂，而把雅俗歸於人心。他說：「所名之聲，無中於淫邪也。淫之與正同乎心，雅鄭之體亦足以觀矣。」在他看來，高雅和鄙俗都屬於人心，音樂來源於自然，只有和與不和之別，而沒有高尚與卑下的差異。嵇康的這一區分在中國音樂美學史上具有劃時代的意義和價值。自孔子刪詩以來，掌握話語權的是統治階層，凡是有利於維護統治秩序、穩定民心的音樂要大力倡導和推廣。節奏舒緩、變化單一這樣與「大樂必易，大禮必簡」（《禮記·樂記》）相一致的音樂被稱之為高雅正統的雅樂，而由於「鄭音好濫淫志，宋音燕女溺志，衛音趨數煩志，齊音敖辟喬志。此四者皆淫於色而害於德，是以祭祀弗用也」（《禮記·樂記》），鄭衛等有地域特色的民間音樂因為不利於維護統治秩序而被冠之以淫蕩鄙陋的「俗樂」之稱。這樣，音樂附屬於禮制，打上了階級的烙印。所謂雅樂與俗樂的稱法將社會價值判斷、道德標準和音樂的風格混為一談，滲透和宣揚著正統音樂審美趣味，貶斥民間的審美品位，將音樂雅俗問題政治化、單一化，不利於音樂自身的發展。嵇康對待雅俗問題採用二分法，剝離了統治階層附會在音樂上的道德判斷和審美取向，使得音樂回歸自身，從而為音樂從禮制中獨立出來奠定基礎。南北朝劉宋時期的范曄後來繼承了嵇康的這個觀點。據沈約撰寫的《宋書·范曄傳》，范曄精通音樂，「善彈琵琶，能為新聲」，他曾因為「夜中酣飲，開北牖聽輓歌為樂」而被貶官，范曄貶官的緣由是不遵禮制喜歡聽俗樂，雖然遭遇貶官，並不影響他對俗樂的喜愛，范曄在獄中給外甥侄兒寫的書信中說：「吾於音樂，聽功不及自揮，但所精非雅聲，為可恨。然至於一絕處，亦復何異邪？」范曄雖然對不精通雅樂有所遺憾，但並不為自己喜歡俗樂而尷尬，相反，他能夠認識到音樂只要達到一定境界，都是絕妙的音樂，雅樂俗樂並無高下之別。

3、時代論

劉勰能夠立足於時代從音樂自身的發展規律去看待雅俗問題。《文心雕龍·明詩》中談到詩歌的雅俗問題：「自王澤殄竭，風人輟採，春秋觀志，諷誦舊章，酬酢以為賓榮，吐納而成身文。逮楚國諷怨，則《離騷》為刺。」劉勰能夠從時代的變遷來探討怨詩的形成，把詩歌雅俗風格的變化歸於政治的腐敗。同時他也認識到雅樂的衰落俗樂的興盛這一音樂現象的根源在時代，他在《明詩》篇裏指出：「至於張衡《怨篇》，清典可味；《仙詩緩歌》，雅有新聲。」據范文

瀾將仙詩緩歌解釋爲樂府古辭前緩聲歌的注釋〔註35〕可知，劉勰認識到俗樂的興盛在於時代的變遷，俗樂融入雅聲之中是音樂發展的必然規律。對雅樂的衰落和俗樂的流行，劉勰從欣賞者的審美趣味和音樂本身特點的角度找原因。他在《樂府》篇中說：「若夫豔歌婉變，怨詩訣絕，淫辭在曲，正響焉生？然俗聽飛馳，職競新異，雅詠溫恭，必欠伸魚睨；奇辭切至，則拊髀雀躍；詩聲俱鄭，自此階矣！」劉勰指出雅俗更叠的原因在音樂自身的特點，雅樂溫和，導致欣賞者呵欠連連；俗樂新異，人們聽了興致盎然。劉勰從音樂發展的歷史來看待雅俗問題，認爲：「音聲推移，亦不一概矣。匹夫庶婦，謳吟土風，詩官採言，樂胥被律，志感絲篁，氣變金石：是以師曠覘風於盛衰，季札鑒微於興廢，精之至也。」（《文心雕龍‧樂府》）劉勰認爲天樂及先皇五帝的樂舞已經無從得見了。現在的音樂來自民間，民間音樂是百姓情緒的真實流露。民情能夠通過採詩度曲的方式上達於朝廷。因此，能從音樂中觀風俗、知興衰。劉勰認同先皇五帝時期的樂舞，同時也肯定民間音樂來自於人民的真情實感。關於音樂雅俗問題劉勰受正統儒家雅樂觀影響較深，他在《文心雕龍‧樂府》中說：「至於魏之三祖，氣爽才麗，宰割辭調，音靡節平。觀其「北上」眾引，「秋風」列篇，或述酣宴，或傷羈戍，志不出於雜蕩，辭不離於哀思。雖三調之正聲，實《韶》、《夏》之鄭曲也。」劉勰指出三曹創制的清商曲雖然名爲雅樂正聲，實際是民間俗樂所改編，聲調和內容都不符合雅樂正聲的標準。整體看，劉勰的音樂觀屬於儒家雅樂觀，但他的雅俗思想也表現了積極進步的一面，他能認識到俗樂興盛背後的歷史根源和音樂自身的原因，並以歷史發展的眼光觀看待音樂的雅俗問題。

　　總之，魏晉六朝理論家們對音樂雅俗風格的認識改變了傳統涇渭分明的雅俗思想。正統雅樂觀將社會價值判斷、道德標準和音樂的風格混爲一談，滲透和宣揚有利於統治的音樂審美趣味，貶斥民間的審美品位，將音樂雅俗問題政治化、單一化，不利於音樂自身的發展。阮籍擯棄了儒家正統樂論所強調的音樂的政治屬性，從分析音樂風格多樣化的原因入手，揭示了雅樂和不同地域特色的俗樂形成的原因，從而破解了音樂與政治簡單的對應關係。嵇康對待雅俗問題採用二分法，剝離了統治階層附會在音樂上的道德判斷和審美取向，使得音樂回歸自身，從而爲音樂從禮制中獨立出來奠定基礎。

〔註35〕《〈文心雕龍〉注》，范文瀾注，見《范文瀾全集》（第四卷），石家莊：河北教育出版社 2002 年版，第 76 頁。

三、互補論

　　與宮廷音樂由引進民間俗樂然後加以雅化的過程相反，佛教音樂美學思想在其發展過程中經歷了從「和雅」觀到「通俗」觀的變化歷程。《全晉文》一百五十八收錄道安《陰持入經序》說：「以大寂爲至樂，五音不能聾其耳矣；以無爲爲滋味，五味不能爽其口矣。」〔註36〕受玄學的影響，最初的佛教對音樂的要求同道家一致，追求恬淡無味的品味。曹魏時代唐僧鎧翻譯的佛教十三經之一的《無量壽經》中對天樂的描述是：「又其道場有菩提樹……一切莊嚴，隨應而現。微風徐動，吹諸枝葉，演出無量妙法音聲。其聲流佈，遍諸佛國，清暢哀亮，微妙和雅，十方世界音聲之中，最爲第一。」〔註37〕「微妙和雅」是此時經文對佛教音樂的總結。到了梁代慧皎在《高僧傳‧經師》中談到佛教音樂時說：「壯而不猛，凝而不滯，弱而不野，剛而不銳，清而不擾，濁而不蔽。諒足以超暢微言，怡養神性，故聽聲可以娛耳，聆語可以開襟。若然，可謂梵者深妙，令人樂聞者也」〔註38〕，慧皎認爲佛教音樂要有娛耳功能，同時也指出佛教音樂的通俗性特徵：「如聽唄，亦其利有五：身體不疲，不忘記憶，心不懈倦，音聲不壞，諸天歡喜」〔註39〕，爲了避免「聽者唯增恍忽。聞之但益睡眠」〔註40〕的情況，佛教音樂應該以聽者喜愛的形式來引起聽道的興趣。

　　雅中有俗，雅俗相互交融不僅是音樂發展史的必然趨勢，也是很多有識之士共同的觀點。北魏孝文帝時期的中書監高允上奏：「樂府歌詞，陳國家王業符瑞及祖宗德美，又隨時歌謠，不準古舊，辨雅、鄭也」（《魏書‧樂志》），雅鄭之別不能夠再按照古曲來辨別，因爲時代已經發生了變化。前代的雅樂樂章多數失傳，而流傳下來的雅樂樂章不適應於新時代的政治需求，同時也不能滿足人們的審美趣味。高允的奏章正是看到了這一點。如果說之前俗樂進入雅樂樂章還有些名不正言不順，那麼高允的提議無疑爲俗樂更好地融進

〔註36〕　（清）嚴可均輯《全晉文》（下），北京：商務印書館1999年版，第1732頁。

〔註37〕　《無量壽經》，（曹魏）唐僧鎧譯，賴永海主編，陳林譯注，北京：中華書局2010年版，第103～104頁。

〔註38〕　《高僧傳》，（釋）慧皎著，朱恒夫、王學鈞、趙益注譯，西安：陝西人民出版社2010年版，第789頁。

〔註39〕　《高僧傳》，（釋）慧皎著，朱恒夫、王學鈞、趙益注譯，西安：陝西人民出版社2010年版，第788頁。

〔註40〕　《高僧傳》，（釋）慧皎著，朱恒夫、王學鈞、趙益注譯，西安：陝西人民出版社2010年版，第789頁。

雅樂樂章中敞開了大門，獲得了官方的許可。蕭子顯在《南齊書·列傳第三十三》中總論文學時說：「亦猶五色之有紅紫，八音之有鄭、衛。」他將紅紫與鄭衛之音相提並論，說明鄭衛之音在他心中是一種奪目的存在。又說：「雜以風謠，輕脣利吻，不雅不俗，獨中胸懷。」說明蕭子顯認識到文學雅俗相互融合的歷史必然性。《文心雕龍·明詩》：「至於張衡《怨篇》，清典可味；仙詩緩歌，雅有新聲。」據范文瀾將仙詩緩歌解釋爲樂府古辭前緩聲歌的注釋〔註41〕可知，《前緩聲歌》這樣的樂府古辭中融入了新聲，而這個新聲就是俗樂。可見劉勰認識到歌詞中雅中有俗，雅樂中也融入新聲，是歷史發展的必然規律。

　　眞正把雅俗互補落到實處的是沈約。這集中表現在：首先沈約所修的《宋書·樂志》第一次將俗樂的寫進正統官方修訂的樂書中。這個俗樂主要有兩類：一類是相和歌、雜舞、鼓吹鐃歌，這部分歌曲錄有樂章；第二類是南朝樂府民歌江東吳歌，這部分歌曲詳細列有作者和本事，但沒列樂章。從總論和樂章看，沈約《宋書·樂志》主要根據樂府詩歌的雅化程度來確定書寫的順序，判定音樂的地位。其次在《宋書·樂志》的總論中沈約說明了援俗入雅做法的緣由，闡明了自己的與時俱進的雅俗觀念。沈約《宋書·樂志》一開篇就談到雅俗更疊的問題：

> 《易》曰：「先王作樂崇德，殷薦之上帝，以配祖考。」自黃帝至于三代，名稱不同。周衰凋缺，又爲鄭、衛所亂。魏文侯雖好古，然猶昏睡於古樂。於是淫聲熾而雅音廢矣。及秦焚典籍，《樂經》用亡。漢興，樂家有制氏，但能記其鏗鏘鼓舞，而不能言其義。周存六代之樂，至秦唯餘《韶》、《武》而已。始皇改周舞曰《五行》，漢高祖改《韶舞》曰《文始》，以示不相襲也。又造《武德舞》，舞人悉執干戚，以象天下樂己行武以除亂也。故高祖廟奏《武德》、《文始》、《五行》之舞。周又有《房中》之樂，秦改曰《壽人》。其聲楚聲也，漢高好之，孝惠改曰《安世》。高祖又作《昭容樂》、《禮容樂》。《昭容》生於《武德》，《禮容》生於《文始》、《五行》也。漢初又有《嘉至樂》，叔孫通因秦樂人制宗廟迎神之樂也。文帝又自造《四時舞》，以明天下之安和。蓋樂先王之樂者，明有法也；樂己所自作者，明

〔註41〕《《文心雕龍》注》，范文瀾注，見《范文瀾全集》（第四卷），石家莊：河北教育出版社 2002 年版，第 76 頁。

有制也。孝景采《武德舞》作《昭德舞》，薦之太宗之廟。孝宣采《昭
德舞》爲《盛德舞》，薦之世宗之廟。漢諸帝廟奏《文始》、《四時》、
《五行》之舞焉。

沈約從《周易·豫卦·象》辭中導出樂的崇高地位，對魏晉以來雅樂衰微和
俗樂興盛的現象總結爲「淫聲熾而雅音廢」。他指出由於時代的變更，樂舞不
僅名稱改變，內容也相應進行改動，但聲調不改。先王創制的樂舞已不能滿
足時代的需要，歷代帝王根據需要將前代樂舞進行改編，用以祭祀先祖。沈
約認識到，更改樂舞的原因一方面在於時代變了，需要有體現新時代要求的
樂舞來歌功頌德；另一方面也是由於前代的樂舞沒有得到有效的流傳，周六
代樂舞只有《韶》《武》一文舞一武舞流傳下來，即便如此，「但能記其鏗鏘
鼓舞，而不能言其義」，很多內容也只記得形式，而不知曉其內在的道德內涵，
從而失去了教化後世的價值和意義。主觀要求和客觀現實都促成了雅樂的更
新，更新後的雅樂內容雖然變了，但聲調依然維持在「中和」的法度上。這
正如阮籍《樂論》所指出的那樣：「然禮與變俱，樂與時化，故五帝不同制，
三王各異造，非其相反，應時變也。夫百姓安服淫亂之聲，殘壞先王之正，
故後王必更作樂，各宣其功德於天下，通其變使民不倦。然但改其名目，變
造歌詠，至於樂聲，平和自若；故黃帝詠雲門之神，少昊歌鳳鳥之跡，《咸池》、
《六英》之名既變，而黃鍾之宮不改易」。阮籍與沈約一樣都看到了樂要與時
俱進的歷史事實。與統治階層一致，沈約排斥俗樂，將俗樂稱之爲「淫聲熾」、
「崇長煩淫」。沈約說：「今之《清商》，實由銅雀，魏氏三祖，風流可懷，京、
洛相高，江左彌重。諒以金縣干戚，事絕於斯。而情變聽改，稍復零落，十
數年間，亡者將半。自頃家競新哇，人尚謠俗，務在嘺危，不顧律紀，流宕
無涯，未知所極，排斥典正，崇長煩淫。」雖然接受了雅化過的相和歌、吳
歌雜曲，但排斥「淫哇不典正」雅化進度慢的西曲。即便沈約心不甘情不願
地接受了部分雅化過的俗樂，但他進步的音樂觀點表現在肯定新歌的創制是
時代的必然趨勢。新歌即爲根據俗樂改制的雅樂。沈約在記錄歷代雅樂沿革
的過程中，對各代創制新歌的現象進行了解說：「秦、漢闕採詩之官，哥詠多
因前代，與時事既不相應，且無以垂示後昆。漢武帝雖頗造新哥，然不以光
揚祖考、崇述正德爲先，但多詠祭祀見事及其祥瑞而已。商、周《雅》、《頌》
之體闕焉」；「宋少帝更製新哥，太祖常謂之中朝曲。六變諸曲，皆因事製哥」；
「兼古曲多謬誤，異代之文，未必相襲，故依前曲改作新哥五篇（見《宋書·

樂志》總論引曹植《鞞舞哥序》)」。在他的總結中，可以看出他將新歌的創制原因歸於時代，可見沈約認識到因地制宜地創制新歌是每個時代的歷史選擇。

　　樂志作爲宮廷音樂典章制度的權威記錄，是官方正統美學思想的代表。司馬遷在撰寫《史記‧樂書》之際只涉及禮樂之義和雅樂損益兩個方面的內容。〔註 42〕沈約則加入了相和歌、吳歌雜曲等俗樂內容，極大地拓展了樂志的載錄內容，同時在總論中肯定俗樂進入雅樂樂章的這一音樂現象和歷史必然趨勢，認識到雅樂也應該隨著歷史的改變而創制新聲。沈約雖然站在統治階級立場上排斥俗樂，但他的擴大樂書載錄範圍的做法和與時俱進的雅樂觀念對後世的正統官方美學思想產生了深遠的影響。

　　從以上分析可見，魏晉南北朝時期的音樂理論家們多角度地探討音樂的雅俗問題。阮籍對雅俗風格的成因進行分析，揭示了雅俗風格的形成與政教有著密不可分的緊密關係；並用「自然之和」來區分雅俗，改變了雅俗的教化根基；嵇康對待雅俗問題採用二分法，將自然屬性判入音樂，而把雅俗歸於人心，無形中剝離了統治階層附會在音樂上的道德判斷和審美取向，使得音樂回歸自身，從而爲音樂從禮制中獨立出來奠定基礎。阮籍、嵇康、劉勰等人都能從時代出發，看到俗樂的流行在於時代風尚發生了改變。從音樂發展史來看，雅中有俗，雅俗相互交融是歷史的必然趨勢，很多有識之士都看到這一點。沈約更是將援俗入雅落到實處。事實上，所謂雅樂與俗樂的稱法最先來自統治階層，滲透著統治階層的審美趣味與價值判斷，它將社會價值判斷、道德標準和音樂的風格混爲一談，宣揚著正統音樂審美趣味，貶斥民間的審美品位，將音樂雅俗問題政治化、單一化，不利於音樂自身的發展。魏晉六朝理論家們關於雅俗問題的探討，改變了先秦兩漢以雅樂爲正聲，一味貶斥俗樂的傳統雅俗論的道德教化傾向，使音樂的風格在雅俗互補的道路上向前邁進，爲後世音樂風格的多元化發展奠定了理論基礎。

　　綜上所述，先秦兩漢的雅俗觀念主要表現爲正統官方雅樂觀與民間俗樂的對峙和衝突。魏晉南北朝時期的雅俗觀掀開了嶄新的一頁。從統治階層看，沈約、高允等人作爲正統官方音樂的代言人，高允不按照舊制來判定雅俗之別，沈約將俗樂納入官修樂書的視野之中，顯示了新聲融入雅樂正聲的歷史事實和音樂實踐已經獲得了官方的承認。從士族階層看，文人音樂獨立出來

〔註42〕李方元《隋前五部正史樂志及其文本傳統》，見《中國音樂學》2004 年第 3 期。

了，表現出一種不同於官方雅樂思想和民間俗樂觀的新型美學觀念。對文人而言，雅俗不僅僅音樂的風格問題，還顯示了人生態度和人生境界的差異。文人心中的雅樂，不再是君子德行培養的工具和廟堂之上奏響禮樂之聲，而是變為一種以「清」、「素」「淡」為主要範疇的音樂風格，並蘊含人們對高雅節操的向往和期待之情的精神伴侶。俗樂在文人日常交往和精神生活中佔有越來越重要的地位，俗樂的娛樂消閒功能得以實現，在俗樂的表演中展現風採和氣度，在士人的身體力行下音樂從禮制教化束縛下徹底分離出來獲得了獨立。不僅如此，理論家們多角度探討音樂的雅俗問題，使傳統雅俗論的道德教化傾向從理論上得以澄清。

第五章　樂教篇

　　樂教有兩個含義：廣義上看指的是包括音樂、舞蹈、文學在內的綜合藝術教育，也就是美育的一部分；隨著音樂、詩歌、舞蹈的分離，狹義的樂教僅指音樂教育。魏晉南北朝時代音樂已經獨立出來，本章所研究的樂教是從狹義上去著眼的，主要探討音樂的作用。從整體上看，中國古代音樂美學以儒家音樂思想為主，其主要特徵是強調音樂的教化功能，對音樂本身的屬性等問題不作過多探討。李澤厚在《美的歷程》中對中西美學有一個比較中肯的評價：「中國《樂記》和希臘《詩學》的一個巨大差異是：一個強調藝術的一般日常情感感染作用，一個重視藝術的認識類比功能和接近宗教情緒的淨化作用。」〔註1〕他進一步指出：「正因為重視的不是認識類比，而是情感感受，於是，與中國的哲學思想相一致，中國美學的著眼點更多的不是對象、實體，而是功能、關係、韻律。」〔註2〕李澤厚在對中西美學的比較分析中指出了樂教思想在中國音樂美學史上的主導地位。中國古典音樂美學這種注重音樂外部研究，強調音樂教化功能的現象，在魏晉南北朝時代發生了轉變。中國傳統音樂美學側重樂的教化功能，賦予「樂教」以政治教化的含義，而魏晉六朝從審美的角度、人格培養方面重新去看待音樂的作用，給予「樂教」以新的解釋。從整體看，魏晉南北朝對音樂作用的認識恰恰是對傳統音樂教化功能的顛覆。以下三節從個體、人性、群體入手探討音樂的作用，揭示魏晉南北朝樂教思想對傳統樂教思想的顛覆和叛離。

〔註1〕 李澤厚《美的歷程》，北京：文物出版社1981年版，第51頁。
〔註2〕 李澤厚《美的歷程》，北京：文物出版社1981年版，第52頁。

第一節 價值論

　　魏晉南北朝時期興起一股從審美角度重新闡釋音樂作用的重大思潮，對後世音樂美學思想影響深遠。魏晉玄學「言意之辨」啓迪著人們的思想，在「言不盡意」的前提下，開始用「象」來表達主體之「意」。在書畫理論中，強調「意在筆先」，重視在藝術中傳達主體的意趣，展現人的丰韻氣度，體現出獨特的「意」的審美情境。在音樂理論中，體現了忽視音樂的外在形式而強調在音樂中展現主體的情調和意趣。這股新的音樂美學思潮，區別於前代音樂美學思想的不同主要在於不是從政治教化，而是以人生、審美的角度去看待音樂之於人的價值和意義，認爲音樂能夠帶來身心的愉悅，紓解現實生活中的煩悶心緒而使情感得到宣泄，精神得到慰藉。我們把音樂對於個體的作用，從淺入深可以概括爲三個層次：趣味、情感和精神，從音樂的悅形、宣情和暢神中去探討音樂對於人的功用，從中論述魏晉南北朝時期音樂價值觀的轉變。

一、從「和其志」到「窮其趣」

　　《禮記·樂記》說：「故曰：『樂者，樂也。』君子樂得其道，小人樂得其欲。以道制欲，則樂而不亂；以欲忘道，則惑而不樂。是故君子反情以和其志，廣樂以成其教，樂行而民鄉方，可以觀德矣。」在儒家看來，音樂對於君子而言就是要「反情以和其志」，使「欲」歸於「道」的監視管控之下，保持心性的純正，使內在的思想情感得到教化，因此在樂中所得到的「樂」並非指的是審美愉悅，而是一種道德情感的滿足感。在魏晉南北朝時代，伴隨文人音樂的崛起，音樂成爲士人讀書消閒、品味人生的伴侶。音樂對於他們而言，不再是「興於詩、立於禮、成於樂」君子德行培養的工具，他們提倡在音樂中尋求一種「意趣」，「趣味」，以此來愉悅身心，消除世俗的煩擾，這樣音樂的教育功能實現了向音樂的審美娛樂功能的轉化。

1、以嘯、琴寄意

　　魏晉之前的藝術理論強調在作品中表達自己的政治主見，達到諷諫的目的。《尚書》：「詩言志」；《毛詩序》說：「吟詠情性，以諷其上」。魏晉六朝藝術理論則重視在作品中傳達主體的心意。鍾嶸《詩品》：「使窮賤易安，幽居靡悶，莫尚於詩矣。」嵇康說：「是故復之而不足，則吟詠以肆志；吟詠之不

足，則寄言以廣意。」嵇康對藝術起源的認識來自《毛詩序》：「言之不足，故詠歌之；詠歌之不足，不知手之舞之足之蹈之也」，這兩段話相似度很高，所不同的是嵇康加了「志」和「意」，嵇康所說的「志」含義與「意」差不多，是立足於個體的心意而言，而並非與政治有關的志向。如果說之前藝術對於文人而言，是表達思想志向，實現的是一種社會功用，那麼嵇康則凸顯了音樂抒發個體情意的作用。以嵇康為代表的士人詩意的棲居在音樂的世界中，以嘯、琴寄意，在音樂的撫慰下忘卻塵世的紛擾，此「意」乃主體心意在音樂中的折射。

　　嘯是魏晉獨有的一種聲樂藝術。在魏晉這個時代，嘯大行於世，不僅成為展現個性風採的方式和名士風流的代表形象之一，而且也是體道的一種方式，魏晉六朝人用它來感悟天地之道，傳達不能言說的意趣。《世說新語》記載嘯的地方就有多處。其中以阮籍和蘇門先生的嘯最為聞名。《魏氏春秋》記載：

> 阮籍常率意獨駕，不由徑路，車迹所窮，輒慟哭而反。嘗遊蘇門山，有隱者莫知姓名，有竹實數斛，杵臼而已。籍聞而從之，談太古無為之道，論五帝三王之義，蘇門先生脩然曾不眄之。籍乃嘐然長嘯，韻響寥亮。蘇門先生乃逌爾而笑。籍既降，先生喟然高嘯，有如鳳音。籍素知音，乃假蘇門先生之論，以寄所懷。〔註3〕

窮途末路，身處絕境，空懷濟世之志，卻因害怕捲入曹氏與司馬氏的爭鬥而謹小慎微，心中苦悶無處排遣，於是，嘯便成為阮籍代替「微言」傳達情意的手段。從上文引述阮籍和蘇門山隱士以嘯相互交流的過程看，「談太古無為之道，論五帝三王之義」都無法打動隱士的心靈，只有嘯這種音樂方入隱士之眼。他們把嘯當作談玄論道、探求聖人之意旨，尋求知音和交流的特殊方式。《竹林七賢論》說：「籍歸，遂著《大人先生論》，所言皆胸懷間本趣，大意謂先生與己不異也。觀其長嘯相和，亦近乎目擊道存矣。」〔註4〕嘯在這個時代以其無辭，隨意多變的即興發揮，獨有的旋律、音調，成為名士的最愛。在名士看來，嘯是一種特殊的論道方式，就其盡意的效果而言，遠甚於言語。

〔註3〕　《世說新語・棲逸注》，見余嘉錫撰《世說新語箋疏》，北京：中華書局 1983
　　　　年版，第 648 頁。
〔註4〕　《世說新語・棲逸注》，見余嘉錫撰《世說新語箋疏》，北京：中華書局 1983
　　　　年版，第 648 頁。

因其無辭，嘯聲和人的心意、趣味最為貼近，「本趣」在嘯聲中盡顯，一吹一
和之間，阮籍與隱士之間心意得到傳遞，精神獲得了極度的愉悅。針對阮籍
和隱士之間以嘯聲唱和的故事，東晉桓玄和袁山松曾展開一次關於「嘯」能
否盡意的激烈論辯。桓玄說：

> 讀卿歌賦序詠，音聲皆有清味，然以嘯為彷彿有限，不足以致幽旨，
> 將未至耶？夫契神之音，既不俟多贍而通其致，苟一音足以究清和
> 之極，阮公之言，不動蘇門之聽，而微嘯一鼓，玄默為之解顏，若
> 人之興逸響，惟深也哉！〔註5〕

桓玄從阮籍與蘇門以嘯作為工具，相互進行唱和的事迹，認為嘯是「契神之
音」，能夠傳達主體的情意，達到神妙莫測的境界。其特點是「清和之極」。
阮籍和蘇門的事迹據《世說新語》記載，他們相互唱和，以知音之感達到以
嘯識人的境界。袁山松在《答桓南郡書》中說：

> 嘯有清浮之美，而無控引之深，歌窮測根之致，用之彌覺其遠，至
> 乎吐辭送意，曲究其奧，豈唇吻之切發，一往之清泠而已哉！若夫
> 阮公之嘯，蘇門之和，蓋感其一奇，何為微此一至，大疑嘯歌所拘
> 邪？〔註6〕

袁山松認為語言能夠達意，而嘯「不足以致幽旨」，不能夠確切地表現主體的
情意。對嘯達意功能認識最深刻，論述最全面的要算成公綏的《嘯賦》：

> 是故聲不假器，用不借物，近取諸身，役心御氣。動唇有曲，發口
> 成音，觸類感物，因歌隨吟。大而不洿，細而不沈，清激切於箏笙，
> 優潤和瑟琴，玄妙足以通神悟靈，精微足以窮幽測深。〔註7〕

「近取諸身」語出《周易·繫辭下》：「古者包犧氏之王天下也，仰則觀象於
天，俯則觀法於地，觀鳥獸之文，與地之宜，近取諸身，遠取諸物，於是始
作八卦，以通神明之德，以類萬物之情。」這裡成公綏套用了這個意思，認
為嘯是聖人根據人聲特點，用人自然的聲音，「役心御氣」去表現微妙的情意。
「嘯」隨口發聲，較其他的聲音之象自由、靈活、精緻。他認為嘯音「玄妙
足以通神悟靈，精微足以窮幽測深」，其奇特的達意抒情功能在音樂中堪為極
致：「長嘯之奇妙，此音聲之至極」。

〔註5〕《全晉文》（下），（清）嚴可均輯，北京：商務印書館1999年版，第1269頁。
〔註6〕《全晉文》（上），（清）嚴可均輯，北京：商務印書館1999年版，第589頁。
〔註7〕《全晉文》（中），（清）嚴可均輯，北京：商務印書館1999年版，第614頁。

　　琴是上古樂器，它在中國音樂文化中具有舉足輕重的重要作用，在古人心中地位很高，因爲琴能修身治家，涵養性情。從對琴的解釋上看，「琴者，禁也」，它是君子進行德行培養的有效途徑。琴這種「聖人之器」在魏晉時代演變爲竹林文士們手中消閒解悶、傳情達意、暢遊天地的工具，得到了大力推廣。以琴來得道，是魏晉六朝人的共識，認爲琴聲是一種妙象，能夠通過它傳達聖人之旨意，表現主體的心境。嵇康在《琴賦》中談到：「器冷絃調，心閒手敏，觸批如志，唯意所擬。」他強調在彈琴中手的技法應該由心意所統領，心講究一個「閒」字，能夠超脫於物外，達到一種自由的境界，與道合一。他認爲：「可以導養神氣，宣和情志，處窮獨而不悶者，莫近於音聲也。是故復之而不足，則吟詠以肆志；吟詠之不足，則寄言以廣意。」從達意的功能來排列，音聲是最好的工具，詩歌次之，立言最次。嵇康撰有《言不盡意論》，可惜已經散佚。他主張言不盡意，但音聲可以窮理達意。雖然嵇康認爲音樂中沒有情感，不是通過情感的方式感染人，而是通過「和」來溝通天人之交流，天地以「和」爲本質，音樂也以「和」爲屬性，因此，音樂可通理，可以溝通人心和天地之理。

　　陶淵明的文學實踐與他對音樂的認識是一致的。陶淵明在文學上的成就得益於他對魏晉玄學中「得意忘言」的理解和實踐。「陶詩的成功，在於把作者的所得之意，借生動的具象傳達出來；而這傳神寫意之具象，僅略加點染，便與所寄之意融爲完美的意境。」〔註 8〕陶淵明寫詩喜歡傳達主體情意，而彈琴更加注重抒發心靈的自得。《晉書》本傳中說陶淵明「性不解音」，喜歡彈奏無絃琴。其實這並不是說陶淵明不懂音律，事實上，陶淵明不僅從小習琴、喜歡彈琴，而且是會彈琴的。〔註 9〕與他讀書不求甚解是一致的，陶淵明不解音是本性使然，不追求彈琴技法的精妙，看重彈琴時的心境。他彈奏無絃之琴，更是爲了顯示自己悠然自得的內在情趣。可見，在陶淵明看來，音樂的精髓不在音響形式，而在於演奏時候的心境。這種做法與心得，與西方音樂作品《4’33”》有異曲同工之妙，先鋒派音樂觀認爲無聲的表演比有限的音響更爲重要。

　　音樂對淵明而言，是他生活中精神伴侶。他在詩作中多次談到琴：「英哉周子，稱疾閒居，寄心清商，悠然自娛。翳翳衡門，洋洋泌流；日琴日書，顧盼有儔。飮河既足，自外皆休。緬懷千載，託契孤遊。」「儔」即爲伴侶，

〔註 8〕龔斌《陶淵明傳論》，上海：華東師範大學出版社 2001 年版，第 201 頁。
〔註 9〕郭平《古琴叢談》，濟南：山東畫報出版社 2006 年版，第 66 頁。

陶淵明當然是說琴是他的精神伴侶，能夠在閒居的日子給予心靈的慰藉。音樂成為山水田園生活的一大樂趣。是音樂成就了陶淵明在文學上的巨大成就，可以說，沒有音樂的消煩解悶，就沒有安居歸隱生活。「琴」、「清歌」、「新聲」是陶淵明田園詩作中的常見意象。

> 斯晨斯夕，言息其廬。花藥分列，竹林翳如。清琴橫床，濁酒半壺。
> 黃唐莫逮，慨獨在余。(《時運》)

> 今日天氣佳，清吹與鳴彈。感彼柏下人，安得不爲歡？清歌散新聲，
> 綠酒開芳顏。未知明日事，余襟良已殫。(《諸人共遊周家墓柏下》)

> 歸去來兮，請息交以絕游。世與我而相違，復駕言兮焉求？悅親戚
> 之情話，樂琴書以消憂。(《歸去來兮辭》)

在陶淵明看來，音樂可以獨處時候「消憂」，帶來身心的愉悅，消除世俗的煩憂。可以說，音樂的娛樂功能和審美價值，陶淵明體悟的很深刻，同時在田園詩作中闡述的也很詳盡。所以說陶淵明對音樂的價值和功用的認識，超越了儒家的樂教論，阮籍和嵇康在這個問題上，都無法相比。

2、「但識琴中趣，何勞絃上聲」

魏晉六朝，音樂能愉悅身心，得到一種難以言傳的審美感受，是人們普遍的看法。這種審美感受稱之爲「趣」。其本義是「趨」。《說文解字》云：「趣，疾也。從走，取聲。」[註10] 所以鄭玄把「志」解釋爲「心意所趣向」(《禮記·學記》)。從字義上看，趣是一種強烈的有指向性的心理活動。「趣」在中國古代文論中是一個重要的審美範疇，與審美心理有關。明代性靈說的倡導者袁宏道在《敘陳正甫會心集》中對「趣」進行瞭解釋：「世人所難得者唯趣。趣如山上之色，水中之味，花中之光，女中之態，雖善說者不能下一語，唯會心者知之。」在他看來，「趣」是一種微妙難以言傳的審美感受。袁宏道說：「夫趣得之自然者深，得之學問者淺」，同性靈說相聯繫，他認爲入理越深，離趣越遠。史震林則斷言「趣者，生氣與靈機也。」(《華陽散稿自序》)可見，趣是人內在靈性的閃現，在審美活動中人的心態呈現一種「樂」的自足和快慰。

魏晉六朝時期，在藝術批評和人物品評時已經廣泛使用「趣」。嵇康在《琴賦序》中說：「覽其旨趣，亦未達禮樂之情也。」《晉書·嵇康傳》：「康善談

〔註10〕《說文解字》，(漢)許慎撰，(宋)徐鉉校定，北京：中華書局1963年版，第35頁。

理，又能屬文，其高情遠趣，率然玄遠。」《晉書・王獻之傳》：「獻之骨力遠不及父，而有媚趣。」《晉書・隱逸傳・陶潛》：「但識琴中趣，何勞絃上聲。」成書於魏晉時期的《列子・湯問》中記載了鍾子期神妙高超的音聲審美能力：「（伯牙）心悲，乃援琴而鼓之。初爲霖雨之操，更造崩山之音。曲每奏，鍾子期輒窮其趣。伯牙乃舍琴而歎曰：『善哉！善哉！子之聽夫！志想像猶吾心也，吾於何逃聲哉？』」〔註11〕對於伯牙想要展現的意境，鍾子期每每能夠「窮其趣」，對樂曲旨趣的審美體驗被後世人們傳的神乎其神，極大地扭轉了傳統音樂美學中強調對樂曲之志，即道德教化內涵的領悟和把握，使音樂的教化功用轉變爲一種心靈與音聲相契合的審美價值觀。

陶淵明對琴中之趣的體悟最深。他在死前兩月寫下《自祭文》中說：

> 自余爲人，逢運之貧，簞瓢屢罄，絺綌冬陳。含歡谷汲，行歌負薪，
> 翳翳柴門，事我宵晨。春秋代謝，有務中園，載耘載籽，迺育迺繁。
> 欣以素牘，和以七絃，冬曝其日，夏濯其泉。勤靡餘勞，心有常閑，
> 樂天委分，以至百年。惟此百年，夫人愛之，懼彼無成，愒日惜時。
> 存爲世珍，歿亦見思；嗟我獨邁，曾是異茲。寵非己榮，涅豈吾緇？

面對死亡，回顧自己的一生，自小遭遇貧困，卻能笑對人生，一路歌唱，有書有琴相伴，自然到老。世人都忙於在短促的人生中建功立業，博取榮耀與尊崇，而自己並不看重這俗世的威望與名聲，也不願在世俗的染缸中弄黑，順其自然，甘於被自然所委化。這是陶淵明的人生價值觀。在他的一生中，可以沒有功名利祿，但是不能沒有書和音樂，這是生活中必不可缺的精神享受，而現實生活中不平和的心境都能夠在音樂聲中得以平復，在音樂的撫慰下，調和自己的心緒，達到養生的目的。不是像嵇康那樣刻意去保養生命追求長壽，而是隨順自然的遷化。

陶淵明作爲隱逸文人的典範代表，在他的歸隱歲月中，山水田園美景下，清風與美酒爲伴，琴音縈耳，書冊解憂，過著一種任性灑脫，快意消閑的日子，可謂深得魏晉風度的眞傳，也令千百代文人騷客羨慕不已。《晉書・隱逸傳》對陶淵明的隱逸生活進行了如下描寫：

> 潛少懷高尚，博學善屬文，穎脫不羈，任眞自得，爲鄉鄰之所貴。
> 嘗著《五柳先生傳》以自況曰：「先生不知何許人，不詳姓字，宅邊

〔註11〕《列子譯注》，嚴北溟、嚴捷譯注，上海：上海古籍出版社2006年版，第132頁。

> 有五柳樹，因以爲號焉。閑靜少言，不慕榮利。好讀書，不求甚解，
> 每有會意，欣然忘食。」

陶淵明所崇尚的琴中之意趣是與他的人生觀相得益彰的。讀書「不求甚解」，只爲領悟其中的人生眞諦；彈琴不追求技巧的嫻熟和多樣，只爲抒寫一己之眞情，快意人生。

> 未嘗有喜慍之色，唯遇酒則飲，時或無酒，亦雅詠不輟。嘗言夏月
> 虛閒，高臥北窗之下，清風颯至，自謂羲皇上人。性不解音，而畜
> 素琴一張，絃徽不具，每朋酒之會，則撫而和之，曰：「但識琴中趣，
> 何勞絃上聲」。

人生苦短，如此良辰美景如何空付？應當清音盈耳或以琴寄意，脫去世俗的紛擾、羈絆和束縛，心靈達到了自由的境界，這就是陶淵明在山水田園生活中要尋求的眞義，在琴聲中寄託的意趣。這種人生的意趣是陶淵明一生苦苦追尋的眞諦，也是苦苦掙扎於「名教和自然」衝突不得解脫的文人向往的人生境界。對陶淵明而言，絃上聲只是獲取琴中之趣的手段，就像言只是意的工具一樣，得意而忘言，琴中之趣才是眞正重要的。

3、「曲用每殊，滋味異美」

「味」是中國古典美學中審美體驗系統的核心範疇，這是陳望衡在《中國古典美學史》緒論中提出的觀點，他認爲中華美學建立在天人合一的基礎上，因此「其審美理論就必然不可能是主體對客體內在規律把握的認識論，而只能是主體與客體交感的體驗論」〔註12〕。之所以用「味」一詞來指代審美體驗來自於中國的飲食文化。《中庸》說：「人莫不飲食，但鮮能知味」，此句中的「味」並非完全指生理需求的滿足，其中有精神層面的東西，它從生理滿足上昇爲超越生理的心理愉悅。味從口未聲，與「甘」的含義類似。《說文解字》說：「甘，美也，從口含一。一，道也。」〔註13〕生活之道就是在日常飲食中體味一種人生眞諦，最平凡的道理就從飲食中來，美從一開始就與味密切相關。《論語·述而》中記載孔子在魯國聞韶樂而三月不知肉味，就是用味來論樂。《禮記·樂記》也借味來說明樂中的美感：「是故樂之隆，非極

〔註12〕陳望衡《中國古典美學史》（上卷），武漢：武漢大學出版社 2007 年版，第 20 頁。

〔註13〕《說文解字》，（漢）許慎撰，（宋）徐鉉校定，北京：中華書局 1963 年版，第 100 頁。

音也；食饗之禮，非致味也。清廟之瑟，朱絃而疏越，一倡而三歎，有遺音者矣。大饗之禮，尚玄酒而俎腥魚，大羹不和，有遺味者矣。」上句兩處出現的「味」還是食物之味道，而非藝術之品味。「味」眞正進入美學領域是在魏晉南北朝時期。這一時期，人物品評中經常使用「味」對魏晉風度進行說明。《世說新語・棲逸》：「（康僧淵）乃閒居研講，希心理味，庾公諸人多往看之。觀其運用吐納，風流轉佳。」其中「味」蘊含著品味人物風神氣度之美的含義。文藝美學領域也以味來評詩論畫。如：鍾嶸《詩品序》說：「使味之者無極，聞之者動心，是詩之至也」，南朝宋宗炳也提出「澄懷味象」的命題，兩處「味」都指的是品味藝術中的審美意象。

與這股美學思潮一致，音樂理論家們也會用「味」來闡明自己的主張，品味音樂中的象，「味」成爲具有中國特色的音樂美學範疇。阮籍《樂論》中談到「味」：「乾坤易簡，故雅樂不煩；道德平淡，故五聲無味」。由於「大樂必易，大禮必簡」，因此雅樂不講究繁複，品味起來很平淡，像水一樣無味，這樣才能「與天地同和」，達到溝通的目的。阮籍引入「味」來肯定雅樂，是從審美的角度對雅樂的特性進行鑒定，拋卻了禮樂之維度，是一種新的視角，顯示由傳統音樂教化價值觀向審美價值觀蛻變的一條轉化痕跡。同時他引用了孔子聽韶樂的典故：「故孔子在齊聞韶，三月不知肉好，言至樂使人無欲，心平氣定，不以肉爲滋味也。」這個典故的原文是：「子在齊聞韶，三月不知肉味。曰：『不圖爲樂之至於斯也！』」雖然阮籍對孔子審美體驗的解釋未免有說教口氣，但值得肯定的是，孔子所說的是一種單純的食物之味，阮籍所說的「味」有「品味」的含義，已脫離飲食之口味，進入了音樂美學領域成爲審美體驗的範疇，其意義不言而喻。這裡，阮籍肯定雅樂，也是強調雅樂能夠平和人心，使審美主體獲得一種超然於世俗之外的無情無欲的生命狀態。阮籍所肯定的味是一種使人無欲的恬淡之樂，在審美品位上他傾向於「淡」到極致趣味。所謂「人生況味」，像阮籍這樣珍視生命，經歷過大起大落的情感體驗之後方能將這種「淡」的音樂境界與個體人生體驗緊密結合，才是一種「至味」。

如果說阮籍使用「味」肯定審美趣味還顯得不著痕跡，讚賞雅樂似乎也難逃脫儒家禮樂觀的論調，那麼他之後的嵇康在《聲無哀樂論》中就旗幟鮮明地將「味」與「美」相提並論：「夫曲用每殊，而情之處變，猶滋味異美，而口輒識之也。五味萬殊，而大同於美；曲變雖眾，亦大同於和。美有甘，

和有樂，然隨曲之情盡乎和域，應美之口絕於甘境，安得哀樂於其間哉？」在嵇康看來，音樂的旋律儘管千差萬別，但對不同的繁複多變的樂曲進行審美品味之後獲得的是一種相同的美感，這種美感只有經過「味」的體驗之後才能得到。嵇康雖然認識到不同風格的音樂能激起不同的審美品味，但他在《琴賦》中說：「滋味有厭，而此不倦」，認為琴音因其無味平淡才使人對它的喜愛長久不倦。可見，嵇康和阮籍一樣在音樂上也追求一種以「淡」為特徵的審美品味。在琴音中尋求「味外之旨」，以期與道合一，獲得永恆超越。

魏晉南北朝時期，音樂的「意趣」、「趣味」說，突破了傳統樂的道德教化功用，轉向關注音樂的審美體驗和感染力，並從中獲得身心的愉悅和滿足。我們從「和其志」到「窮其趣」觀點的不同中可以看出不同時代背景下音樂觀念的轉變，這種轉變實現了從群體政治志向朝著個體審美趣味轉換的大巨變。

二、從「節情」到「宣情」

在中國古人看來，人性靜而情動，情因萬物的激蕩而很難平靜下來，情動而欲生，所以儒家提倡雅樂，在時間的流淌中來平和心境、節制欲望。《淮南子·原道訓》：「鄭、衛之音，亂世之音也。……古者慎其飲酒之禮，使耳聽雅音……。」劉向《說苑·修文》：「凡從外入者，莫深於聲音，變人最極；故聖人因而成之以德曰樂。」他們都認為聲音最能打動人心、改變人的情性，因此主張有德之音來感化人心，顯然其有德之音乃是指雅樂。雅樂的功能之一就是「節情」：「天生人而使有貪有欲。欲有情，情有節。」它認為情欲是人之本性，人不分貴賤品性都有情欲，這是人之根本。情欲在於滿足耳、目、鼻、口的感官需要，但過度強調感官的需要會使人心失去和諧，因此，音樂才要求適度，不能過分激蕩：「欲之者，耳目鼻口也；樂之弗樂者，心也。心必和平然後樂。心必樂，然後耳目鼻口有以欲之。故樂之務在於和心，和心在於行適。夫樂有適，心亦有適。」節情顯示了傳統樂教觀對音樂功能的認識，而宣情說則是魏晉南北朝時代對音樂作用的認識，是在張揚個體情性的時代思潮之下對音樂價值的再判斷。

1、放情與移情

王弼的「聖人有情」說，是「情」解脫教化桎梏的理論宣言。王弼在解

釋孔子「性相近也，習相遠」時說：「不性其情，焉能久行其正。此是情之正也。若心好流蕩失眞，此是情之邪也。若以情近性，故云性其情。情近性者，何妨是有欲。若逐欲遷，故云遠也；若欲而不遷，故曰近。」〔註14〕王弼在繼承儒家的性善情惡說，將性情的討論置之於玄學有無之辯的視野下，認爲性爲本，情爲用，要依照性來節制情。以性節情，具體而言就是主張應物而不累於物。

　　劉勰將人之情賦予自然的地位，將藝術創作歸於情感的抒發，也是自然本能的一種展現。他在《文心雕龍‧明詩》中說：「人稟七情，應物斯感，感物吟志，莫非自然。」他也以情來品評詩歌特色：「故《騷經》、《九章》，朗麗以哀志；《九歌》、《九辯》，綺靡以傷情。」劉勰對屈原的作品「哀志」「傷情」的審美效果略微有些不贊同，他與傳統音樂「節情」觀念一致，沒有突破傳統教化思想。鍾嶸《詩品序》肯定了情感在歌曲創作中的作用，認爲詩歌能夠展現情志，消除煩悶：「凡斯種種，感蕩心靈，非陳詩何以展其義？非長歌何以騁其情？故曰：『詩可以群，可以怨。』使窮賤易安，幽居靡悶，莫尚於詩矣。」情與藝術創作、藝術功用等環節都發生了聯繫，在藝術理論中佔據了核心領地。

　　「情」的解放在音樂價值觀中表現爲「放情」說和「移情」論。文論中享有較高聲譽的陸機在詩作《順東西門行》中談到音樂體驗時說：

　　　　出西門，望天庭，陽谷既虛崦嵫盈。感朝露，悲人生，逝者若斯安得停。桑樞戒，蟋蟀鳴，我今不樂歲聿微。迨未暮，及時平，置酒高堂宴友生。激朗笛，彈哀箏，取樂今日盡歡情。

音樂是哀樂，但並不妨礙人們在音樂中得到快慰之情。對人生短暫易逝的感喟，所引發的悲涼之感在哀樂中得到消解，情感在起伏跌宕中獲得滿足。又如《擬行行重行行》：

　　　　悠悠行邁遠，戚戚憂思深。

　　　　此思亦何思，思君徽與音。

　　　　音徽日夜離，緬邈若飛沉。

　　　　王鮪懷河岫，晨風思北林。

　　　　游子眇天末，還期不可尋。

〔註14〕王弼《論語注》，見《王弼集校釋》（下），（魏）王弼撰，樓宇烈校釋，北京：中華書局 1980 年版，第 631〜632 頁。

> 驚颷褒友信，歸雲難寄音。
>
> 佇立想萬里，沉憂萃我心。
>
> 攬衣有餘帶，循形不盈衿。
>
> 去去遺情累，安處撫清琴。

情因欲而動，人被世間各種欲望所束縛和拖累，稱之為「情累」，人在俗世難免會有各種各樣的情累因此而心力交瘁。琴音能夠去情累，獲得內心的平靜。陸機的這個看法代表士人對音樂價值的普遍認識。琴音的這個功能在歸隱山林時更能彰顯。《北史・隱逸傳》有一段文字對隱逸生活進行了總結：

> 魏、晉以降，其流逾廣。其大者則輕天下，細萬物；其小者則安苦節，甘賤貧。或與世同塵，隨波瀾以俱逝；或違時矯俗，望江湖而獨往。狎玩魚鳥，左右琴書，拾遺粒而織落毛，飲石泉而庇松柏。放情宇宙之外，自足懷抱之中。然皆欣欣於獨善，鮮汲汲于謙濟。夷情得喪，忘懷累有。比夫邁德弘道，匡俗庇人，可得而小，不可得而忽也。

魏晉以來，有大批文人歸隱山林，過著一種縱情山水、琴書自娛的生活。「放情宇宙之外，自足懷抱之中」是這種生活的生動概括。情感自由翱翔於天地之間，山川因而有情，遠離世事紛擾，不被是是非非所糾結。「夷情得喪，忘懷累有」，人的精神無拘無礙，獲得了超越。隱逸生活難免孤獨，如何消解？據《南史・隱逸傳》：

> 衡陽王義季為荊州，親至其室，與之歡宴，命為咨議參軍，不起。好山水，愛遠遊，西陟荊、巫，南登衡嶽，因結宇衡山，欲懷尚平之志。有疾還江陵，歎曰：「老疾俱至，名山恐難遍睹，唯澄懷觀道，臥以遊之。」凡所遊履，皆圖之於室，謂之「撫琴動操，欲令衆山皆響」。

劉宋時期的士人宗少文，幾次授官而不就，喜歡遊歷山水，他談到自己隱居歲月的親身感受：「撫琴動操，欲令衆山皆響」，在山林之間要想擺脫孤獨之感，移情是關鍵，而音樂是卓然而有成效的移情工具。在琴聲中，山林也發出了回音，與自身心境交融輝映，獲得了情感的滿足。擺脫孤獨，「澄懷觀道」是目的，洗滌心胸，滌蕩塵世的喧囂，在自然山水和琴音中窺探道的真諦。

2、「開群生萬物之情」

一般認為阮籍的《樂論》沒有脫離儒家樂教思想，如果單從情的角度去

看，阮籍《樂論》與傳統樂教思想有了很大的不同。首先，他用情來定義樂：「尊卑有分，上下有等，謂之禮；人安其生，情意無哀，謂之樂。車服、旌旗、宮室、飲食，禮之具也；鍾磬鞞鼓、琴瑟、歌舞，樂之器也。」這個「樂」指的是音樂，而非快樂的樂，可以從後面「樂之器」看出。阮籍從生命的角度、情的心理要素來重新審視音樂，以此可見他對音樂和情感之間聯繫的思考。其次，他認爲音樂的功能就在於廣泛地傳遞天地萬物情的本性：「昔者聖人之作樂也，將以順天地之體，萬物之性也，故定天地八方之音，以迎陰陽八風之聲，均黃鍾中和之律，開群生萬物之情〔註15〕，故律呂協則陰陽和，音聲適而萬物類，男女不易其所，君臣不犯其位，四海同其觀，九州一其節。」阮籍認爲聖人所作之樂來自天地萬物和諧的屬性，其目的是「開群生萬物之情」，倡導在音樂中展現萬物之情。最後，他認爲音樂的價值在於使萬般情意歸於一統，在平和的音樂中滌蕩人心：「先王之爲樂也，將以定萬物之情，一天下之意也，故使其聲平，其容和」。

「開群生萬物之情」和「定萬物之情」表面看，含義大體一致。但仔細分析可看出，兩句話的區別在於所使用的動詞不同。「開群生萬物之情」立足於「情」乃萬物之本性的觀點，自王弼主張「聖人有情」以來將「情」視爲萬物自然本性已得到普遍的認可。阮籍在此基礎之上認爲「定天地八方之音，以迎陰陽八風之聲，均黃鍾中和之律」的目的是「開群生萬物之情」，聖人所制之樂就是爲了使萬物的自然情性得以張揚，但阮籍並不主張張揚情欲，相反他對魏晉之際興起的窮奢極欲之風極度反感，他說：「張放、淳于長驕縱過度，丙強、景武富溢於世」，並將此風歸於雅樂的衰落和俗樂的興盛：「夫正樂者，所以屛淫聲也，故樂廢則淫聲作。漢哀帝不好音，罷省樂府，而不知製禮樂；正法不修，淫聲遂起」，在他看來，俗樂助長了這股奢侈之風：「延年造傾城之歌，而孝武思嬿嫚之色；雍門作松柏之音，愍王念未寒之服。故猗靡哀思之音發，愁怨偷薄之辭興，則人後有縱欲奢侈之意，人後有內顧自奉之；是以君子惡大陵之歌，憎北里之舞也」，因而他倡導平淡無味的雅樂來平和人心，消解欲望。他主張張揚萬物自然情性的觀點就是

〔註15〕蔡仲德《中國音樂美學史資料注譯》（人民音樂出版社 2004 年版）中所引阮籍《樂論》此處原文爲「開群生萬物之情氣」，統觀整個排比句子，「情」與前面的「音」、「聲」、「律」並列，故「氣」爲多餘之詞。本文據陳伯君校注本。

以禮崩樂壞的政治背景和享樂主義盛行的時代風尚為基礎的。因而阮籍強調正樂平和人心的功能，指出「先王之為樂也，將以定萬物之情，一天下之意也，故使其聲平，其容和」。「定萬物之情」所平定的情主要針對情中之欲，在阮籍看來，音樂尤其是雅樂能夠帶來內心的寧靜，使人們免除因為貪欲而滋生的各種紛爭。

阮籍對音樂價值和作用的觀點與其對情的認識有關。他既主張「開萬物之情」又要求「定萬物之情」，既張揚情的本性又平定情中之欲，可見其音樂觀有與儒家音樂觀一致的地方，又有新的內涵。阮籍將希望寄託在雅樂上，期望通過振興雅樂回覆禮樂之制來整頓世風，因而其音樂理論有著很深的時代背景，我們在評價其音樂思想時不能只局限於文字表面，應該深入領會其時代價值。

3、「總發衆情」

比起阮籍來，嵇康更多地看到儒家音樂價值論的教化意味，而「情」首當其衝，是樂教實施的關鍵。因此嵇康以「自然之和」的特性，取消了音樂「情」的屬性，認為：「且聲音雖有猛靜，各有一和，和之所感，莫不自發。何以明之？夫會賓盈堂，酒酣奏琴，或忻然而歡，或慘爾而泣。非進哀於彼，導樂於此也。其音無變於昔，而歡戚並用，斯非吹萬不同邪？夫唯無主於喜怒，亦應無主於哀樂，故歡戚俱見。若資偏固之音，含一致之聲，其所發明，各當其分，則焉能兼御群理，總發衆情邪？」在嵇康看來，音樂只有「和」的差異，因而方能「總發衆情」，激發聽者心中潛藏的萬般情感，所激發的衆情甚至可以截然不同：「理絃高堂而歡戚並用者，直至和之發滯導情，故令外物所感得自盡耳」。究其原因，在於聽者本人不同的審美能力：

> 伯夷以之廉，顏回以之仁，比干以之忠，尾生以之信，惠施以之辯
>
> 給，萬石以之訥慎。其餘觸類而長，所致非一，同歸殊途，或文或
>
> 質。總中和以統物，咸日用而不失。其感人動物，蓋亦弘矣！

不同品質之人欣賞相同的樂曲，感受截然不同，究其原因在於欣賞者自身的品行修養不同，感受和理解就會不同。

在《琴賦》中嵇康說「琴德最優」，原因是「性潔靜以端理，含至德之和平」，其功能在於「誠可以感蕩心志，而發泄幽情矣」，他所說的琴音之「德」已經超越了儒家古琴美學的藩籬，琴音也不必為君子之德進行薰陶，而是站在養生的角度，提倡個體的情緒在音聲中得到宣泄：

是故懷戚者聞之，莫不憯懍慘淒，愀愴傷心。含哀懊咿，不能自禁；

其康樂者聞之，則欨愉歡釋，忭舞踊溢。留連瀾漫，嗢噱終日。若

和平者聽之，則怡養悅愉，淑穆玄眞，恬虛樂古，棄事遺身。

個體心性的健全，情性的統一是嵇康這段話的出發點。在嵇康看來音樂「可以導養神氣，宣和情志」，音樂之「和」總發衆情，情在人心，因而在音樂欣賞之際，對情感不該節制，反而應使心中之情盡情宣泄，方能情志統一，保持心性的健全，獲得審美愉悅。

從詩文和史籍來看，「放情」和「移情」說是魏晉六朝士人對音樂欣賞中關於情的功用的普遍看法，阮籍和嵇康更是在音樂理論中對情的作用加以論證，張揚萬物情的本性，肯定情的宣泄作用，在很大程度上改變了先秦兩漢以儒家音樂美學爲代表的節情說，爲情獨立於教化之外成爲審美情感奠定了理論基礎。

三、從「比德」到「暢神」

中國傳統音樂美學看來，樂就是德音，是禮的附庸，承載著和合民心的重大任務。《樂記》：「德者，性之端也；樂者，德之華也；樂者，所以象德也；禮者，所以綴淫也。」沒有道德教化內涵的音樂是不能夠稱之爲「樂」的，比如鄭衛之音等淫聲，只能以「聲」命名。《樂記》：「德盛而教尊，五穀時孰，然後賞之以樂。故其治民勞者，其舞行綴遠；其治民逸者，其舞行綴短，故觀其舞知其德，聞其謚知其行也。《大章》，章之也；《咸池》，備矣；《韶》，繼也；《夏》，大也；殷周之樂，盡矣。」在樂舞的欣賞中也始終以獲得道德的陶冶爲主要目的。這是先秦兩漢對音樂價值的主要看法。受時代「輕形重神」的美學思潮的影響，理論家們提倡在音樂欣賞中導養神氣，暢神悅志，獲得精神的撫慰，實現對現實的超脫和對生死的超越而超然於物外。於是，音樂價值觀由「比德」變爲了「暢神」。

1、「節制全神」

「節制」在中國傳統美學中具有重要的地位。《呂氏春秋‧本生》：「是故聖人之於聲色滋味也，利於性則取之，害於性則舍之，此全性之道也。」在音樂欣賞中不提倡聲色之樂，即以滿足感官需要爲目的的音樂，強調有利於君子德性培養的雅樂。雅樂就是一種有節制的中和之樂。阮籍《樂論》繼承了這一觀

點，也強調「節制」：「夫雅樂周通則萬物和，質靜則聽不淫，易簡則節制全神，靜重則服人心：此先王造樂之意也。」〔註16〕他認爲雅樂簡易不喧囂，在音聲形式上有所節制，因而有利於保全精神，使人心靈趨於和諧的境界。「樂者，使人精神平和，衰氣不入，天地交泰，遠物來集，故謂之樂也。」他以神和爲主要標準來定義樂，認爲樂的功用就在於使人精神平和，杜絕衰氣，達到與天合一的境界：「故聖人之制萬物也，以全其天也。天全，則神和矣，目明矣，耳聰矣，鼻臭矣，口敏矣，三百六十節皆通利矣。」阮籍不提倡「奇聲」主要立足點是「神」，神是一個人的靈魂，是形體的統帥，他在《大人先生傳》中強調了「神」：「奇聲不作則耳不易聽，淫色不顯則目不改視，耳目不相易改則無以亂其神矣。」在阮籍看來，任何感官享樂等以肉體的滿足爲目的的欣賞活動，都不如精神的保有更重要。阮籍喜歡使用「清」論樂：「言正樂通平易簡，心澄氣清，以聞音律，出納五言也」，「故清廟之歌詠成功之績，賓饗之詩稱禮讓之則，百姓化其善，異俗服其德；此淫聲之所以薄，正樂之所以貴也」，在他看來，「清」是雅樂的品性，對人的精神也能夠起到激濁揚清的作用。

2、「導養神氣」

在嵇康看來，音樂是人保養生命，養氣導神的有效方式，因此嵇康的音樂價值觀總是與其養生思想緊密相關。養生關鍵在於養神，嵇康的養生思想並非簡單的尋求長生不老的方法，而是強調人精神世界達到一種自由、和樂的境界。要達到這種精神自由的境界，必須不受外物（包括一切功名利祿等身外之物）的羈絆，清心寡欲，然後「蒸以靈芝，潤以醴泉，晞以朝陽，綏以五絃，無爲自得，體妙心玄，忘歡而後樂足，遺生而後身存」，在自然山水之間，清音縈耳之際，體悟宇宙之道，從而達到自由的境界。嵇康認爲音樂就是一種十分有效的養神方式：「竇公無所服御而致百八十，豈非鼓琴和其心哉，此亦養神之一徵也。」（《答難養生論》）這則典故引自桓譚《新論》，記載了竇公不靠服食靠音樂調和心境獲得長生的故事，嵇康通過這個故事告訴人們一個道理：音樂能通過養神獲得精神的愉悅而達到養生的目的。

嵇康在《琴賦》中探討了琴聲養神的問題。東漢桓譚也著有琴論，他在《新論·琴道》中寫道：「八音廣博，琴德最優，古者聖賢玩琴以養心。」桓譚說「玩琴養心」，說明他看到了琴的娛樂功能，對心靈的愉悅作用。他說：

〔註16〕 《阮籍集》陳伯君校注本爲「簡易則節制全」，脫一「神」字，此處據蔡仲德《中國音樂美學史資料注譯》（人民音樂出版社 2004 年版）本改。

「夫遭遇異時，窮則獨善其身而不失其操，故謂之『操』，操似鴻雁之音；達則兼濟天下，無不通暢，故謂之『暢』。」在桓譚看來，琴能夠養心，進行君子情操的培養，不論是在獨處時，不忘節操；得志之時暢快通達。桓譚雖然能夠認識到琴的愉悅身心的功能，但更多強調的是琴對君子節操的培養，沒有完全脫離正統的古琴美學。《左傳‧昭公元年》就有：「煩手淫聲，慆堙心耳，乃忘平和，君子弗聽也。……君子之近琴瑟，以儀節也，非以慆心也」。這是最早的古琴美學，正統古琴美學不提倡對精神心靈的撫慰作用，而強調古琴對君子禮儀德行的培養。

　　與桓譚一樣，嵇康也說「眾器之中，琴德最優」，但其理論內涵已經發生了變化。蔡仲德分析說：「《琴賦》所謂『德』既然是指『和平』之德，指『道』的恬淡平和的特性，而不是儒家宣揚的倫理道德，則其思想與《琴道》的儒家音樂美學思想仍有質的不同。」〔註17〕他從德的含義發生變化來說明嵇康《琴賦》超越了儒家正統古琴美學。嵇康所說的「德」指的是琴本身具有的音樂特點，而不是完全是「道」之德。嵇康認為琴德最優，他從琴的特性出發來探討音樂撫慰心靈的價值和功能：「若論其體勢，詳其風聲；器和故響逸，張急故聲清；間遼故音庳，絃長故徽鳴。性潔靜以端理，含至德之和平。誠可以感蕩心志，而發泄幽情矣。」在嵇康看來，音樂具有撫慰人心的功能是由琴這種樂器本身的特性決定的。「體勢」相當於製作樂器所使用材料的形狀、質地；「風聲」相當於樂器振動時在空氣中傳播的頻率、速度等特點。琴的體勢特點是「絃長」「張急」，其「風聲」特點是「響逸」「聲清」，所以造成琴音清脆而悠揚、飄逸而和緩，易於感蕩人心，使心中的鬱結一掃而空。

　　嵇康將琴的特性概括為「清」：「琴瑟之體間遼而音庳，變希而聲清，以庳音御希變，不虛心靜聽則不盡清和之極，是以體靜而心閒也」。因為琴音「清」，故聽音者一定要平心靜氣的聆聽，方能達到「清和」身心的功效。阮籍用「清」來概括雅樂的音樂特性，嵇康概括的是與他生命息息相關的琴，同樣是「清」，不同的是雅樂的「清」是寡淡無生命的清，而琴音的清已經蘊含士人通脫的人格寄託和激濁揚清的審美理想，是人生體驗的一部分。琴這種「清」的特性使不同心境的欣賞者都能夠得到很好的慰藉和排解。他說：「是故懷戚者聞之，莫不憯懍慘淒，愀愴傷心。含哀懊咿，不能自禁；其康樂者聞之，則欷愉歡釋，抃舞踊溢。留連瀾漫，嗢噱終日。若和平者聽之，則怡

─────────

〔註17〕蔡仲德《中國音樂美學史》，北京：人民音樂出版社2003年版，第542頁。

養悅愉，淑穆玄眞，恬虛樂古，棄事遺身。」不過，嵇康更提倡以平和的心境去聆聽樂音，進入音樂的世界。「以自得爲主」此爲樂之應聲以自得爲主，哀之應感以垂涕爲故，垂涕則形動而可覺，自得則神合而無變。除此之外，嵇康《琴賦》獨特的理論價值還在於他看到了音樂對人精神有撫慰作用：「余少好音聲，長而玩之。以爲物有盛衰，而此無變；滋味有厭，而此不倦。可以導養神氣，宣和情志，處窮獨而不悶者，莫近於音聲也。」他主要從精神寄託出發，強調在音樂中超越現實，超脫生死，達到與音樂合一的境界。嵇康對琴音的認識超越了正統古琴美學的價值觀。

3、「暢神」

受玄學和佛教影響，「神」成爲魏晉南北朝時代藝術批評領域特有的範疇，「傳神論」「暢神論」是這時期藝術批評中關於藝術創作和藝術功用的主要觀點。陳傳席指出：「顧愷之第一個提出繪畫『傳神論』，而他的『傳神論』只指人物。宗炳把『傳神論』應用到山水畫。」〔註18〕如果說傳神論主要針對的是繪畫和山水詩創作而言，那麼暢神說則主要針對的是山水畫和音樂的功用和價值。「暢神說」則由晉宋時代的宗炳提出。

他在《畫山水序》中說：「於是閒居理氣，拂觴鳴琴，披圖幽對，坐究四荒，不違天勵之叢，獨應無人之野。峰岫嶢嶷，雲林森眇。聖賢映於絕代，萬趣融其神思。余復何爲哉，暢神而已。神之所暢，孰有先焉！」〔註19〕宗炳認爲藝術欣賞能夠窮究宇宙的奧妙（即「道」），得到精神的極大愉悅和舒暢。所謂「暢神」指的是在藝術欣賞中精神遨游於藝術的世界，暢遊於天地八荒之際，使「萬趣融其神思」，從而得到審美享受。宗炳所說的藝術欣賞指的是音樂與山水畫。他說「神之所暢，孰有先哉」，音樂和山水畫都能暢神，只要能夠暢神，又哪裏有先後之別呢？宗炳的「暢神」說體現了在藝術欣賞中獲得一種審美愉悅，精神高度自由的境界。宗炳在山水畫理論方面建樹頗豐，畫論裏具有舉足輕重的重要作用和影響。同時他也喜愛音樂，音樂生活是他隱居生活的寄託和伴侶。雖然此篇是論畫之文，但宗炳說「拂觴鳴琴，披圖幽對」，將音樂活動與繪畫欣賞並舉，其中也包含音樂的價值觀念，他所說的「神」也適用於音樂活動。宗炳作爲一位有神論，認爲神靈入畫即爲得道，神靈入體即爲精神，澄懷味象，神思靈動，用心感悟，方能愉悅而暢神。他用「神」來聯繫整個藝

〔註18〕陳傳席《六朝畫論研究》，天津：天津人民美術出版社2006年版，第93頁。
〔註19〕《歷代論畫名著彙編》，沈子丞編，北京：文物出版社1982年版，第15頁。

術活動，由藝術構思之時萬物之神靈應目會心、創作之際「應會感神，神超理得」到藝術欣賞時將「萬趣融其神思」，最終達到「暢神」的目的。「神」的含義多變，先由萬物之神靈轉化爲藝術之靈趣，又由神明附體之神思進入人之精神，「神」是整個藝術活動關鍵和聯繫藝術環節的樞紐。

在魏晉六朝詩文中，提到琴書相伴的歸隱生活，多有「自適」、「自得」、「自娛」「自足」「自欣」等詞語，從中可見音樂給人帶來精神的快慰之情。士人在琴聲中是一種自得其樂、恬淡祥和的精神狀態。比如：

> 目送歸鴻，手揮五絃，俯仰自得，游心太玄。（《四言贈兄秀才入軍詩》）〔註20〕

> 戴安道既屬操東山，續晉陽秋曰：「逵不樂當世，以琴書自娛，隱會稽剡山，國子博士徵，不就。」（《世說新語‧棲逸》）

> （氾騰）柴門灌園，琴書自適。（《晉書‧隱逸傳》）

> 彈琴詠詩，自足於懷。（《晉書‧嵇康傳》）

> 悲晨曦之易夕，感人生之長勤。同一盡於百年，何歡寡而愁殷。褰朱幃而正坐，泛清瑟以自欣。（陶淵明《閒情賦》）

在音樂的世界裏，士人獲得了「神」的自足和自得，安慰了空虛孤獨的靈魂，士人詩意地棲居在音樂的世界裏，音樂成爲他們抗拒黑暗現實的精神家園。從阮籍的「節制全神」到嵇康的「導養神氣」，再到宗炳的「暢神」說，我們可以看出音樂道德教化功用逐步向著音樂審美價值觀的轉化。從「比德」到「暢神」，顯示了音樂的功用從道德的培養轉向了精神的慰藉，從而實現了從道德功用到審美娛樂功能的轉換。

總而言之，魏晉南北朝時期的音樂價值觀著眼於個體，人們在音樂中尋求一種「意趣」，「趣味」，以此來愉悅身心，消除世俗的煩擾，從而音樂的審美娛樂功能得以實現；在音樂欣賞中人們提倡情感的宣泄作用，以此保持個體心性的健全，從而獲得審美愉悅；同時人們強調在音樂欣賞中導養神氣，暢神悅志，獲得精神的撫慰，實現對世俗的超脫和對生死的超越。這樣魏晉

〔註20〕戴明揚《嵇康集校注》本將此詩題名爲《兄秀才公穆入軍贈詩十九首》，此處據逯欽立本。逯欽立認爲此詩是一首四言十八章而不是十八首，戴明揚合《五言贈秀才詩》共十九首。從詩歌內容上看，本文以爲逯欽立所言極是，故此詩題目據逯欽立輯校《先秦漢魏晉南北朝詩》修改，見《先秦漢魏晉南北朝詩》（上），北京：中華書局1983年版，第482頁。

南北朝時期的音樂價值觀從個體的精神層面上完成了悅形、宣情、暢神逐層遞進的功能，實現了先秦兩漢的音樂教育功能向音樂審美功能的轉化。

第二節　人性論

自古以來，中國就把樂置之於很高的地位，用禮來規範等級秩序，用樂來感化民心，樂成爲統治階級治國的法寶。樂之所以具有如此崇高的地位，統治階級就是看中了樂最容易打動人的心靈：「夫聲樂之入人也深，其化人也速」（《荀子‧樂論》）。音樂與人性的關係密切。音樂教育思想與人性觀分不開。有什麼樣的人性論就有什麼樣的樂教思想。漢代董仲舒主張「天人感應」，以天的陰陽屬性來解釋人格的情性內容：「身之有性情也，若天之有陰陽也。」（《春秋繁露‧深察名號》）這樣必然蘊含著性善情惡的思想，《說文解字》「心部」中對「情」和「性」的解釋分別是：「情，人之陰氣有欲者，從心青聲。性，人之陽氣，性善者也，從心生聲。」〔註21〕許慎對情性的認識改變了先秦情性不分的狀態。漢末魏初劉劭《人物志》一開篇就提出人的情性問題：「蓋人物之本，出乎情性。情性之理，甚微而玄，非聖人之察，其孰能究之哉！」情性是人的根本，性與情不同，涼劉昞注對這句話的解釋爲：「性質稟之自然，情變由於染習。是以觀人察物，當尋其性質也。」〔註22〕據劉昞的觀點，「性」是先天自然形成的，而「情」來自於後天環境的不同。宋代阮逸在序言中對情性也進行了分辨：「人性爲之原，而情者性之流也。性發於內，情導於外，而形色隨之。」〔註23〕「性」是源頭，「情」是支流，「性」內在蘊含在其中，「情」外露表現在形色。作爲時代風氣轉變的代表，劉劭《人物志》對情性的看法改變了漢代的性善情惡的人性觀念，爲魏晉六朝音樂教育思想中的人性觀奠定了理論基礎。

一、「順性」之樂

王弼繼承儒家以樂教化人心的看法，同時又吸收道家反對禮樂對人性束

〔註21〕《說文解字》，（漢）許慎撰，（宋）徐鉉校定，北京：中華書局1963年版，第217頁。

〔註22〕《人物志譯注》，（魏）劉劭撰，（涼）劉昞注，伏俊璉譯注，上海：上海古籍出版社2008年版，第12頁。

〔註23〕《人物志譯注》，（魏）劉劭撰，（涼）劉昞注，伏俊璉譯注，上海：上海古籍出版社2008年版，第1頁。

縛的觀點，提出「樂需順性」的看法。「至若輔嗣著書，外崇孔教，內實道家，為一純粹之玄學家。然其論君道，辨形名，則並為名家之說。《老子注》自未受《人物志》之影響，然其所採名家理論，頗見於劉邵之書也。」〔註24〕王弼與劉劭立場相同，都為統治階級找理論支持。

王弼注《老子‧十二章》時，針對「五色令人目盲，五音令人耳聾，五味令人口爽，馳騁田獵令人心發狂，難得之貨令人行妨。是以聖人為腹不為目，故去彼取此」這一段進行解釋時說：

> 夫耳、目、口、心，皆順其性也。不以順性命，反以傷自然，故曰盲、聾、爽、狂也。難得之貨塞人正路，故令人行妨也，為腹者以物養己，為目者以物役己，故聖人不為目也。〔註25〕

王弼說包括「五音」在內的感官享受要以人的自然本性為尺度，不能過度尋求感官刺激，這一點與儒家強調的「中和」原則是一致的。不同的是王弼的出發點是道家所強調的人的自然本性論。同時又以魏晉時代的養生論為本，體現了人的生命意識的覺醒。與《老子》一味排斥有聲之樂不同，王弼反對禮樂對人性的束縛，提倡的是「適性」之樂，這與《莊子》的觀點相似，《莊子外篇‧繕性》說：「中純實而反乎情，樂也」。莊子將樂定義為恢復人真實的性情，認為當「禮樂偏行，則天下亂矣」，禮樂是招致禍亂的原因。王弼對「性」的解釋為：

> 言有為政之次序也。夫喜、懼、哀、樂，民之自然，應感而動，則發乎聲歌。所以陳詩採謠，以知民志風。既見其風，則損益基焉。故因俗立制，以達其禮也。矯俗檢刑，民心未化，故又感以聲樂，以和神也。若不採民詩，則無以觀風。風乖俗異，則禮無所立，禮若不設，則樂無所樂，樂非禮則功無所濟。故三體相扶，而用有先後也。〔註26〕

此段話是王弼在釋《論語‧泰伯》中「子曰：『興於詩，立於禮，成於樂』」時說的。王弼認為喜怒哀樂是人的自然本性，「應感而動，則發乎聲歌」，有了情感就要歌唱出來，這是「順性」。在王弼看來，對音樂而言，「順性」就

〔註24〕湯用彤《魏晉玄學論稿》，上海：上海古籍出版社2001年版，第18頁。

〔註25〕《王弼集校釋》（上），（魏）王弼撰，樓宇烈校釋，北京：中華書局1980年版，第28頁。

〔註26〕《王弼集校釋》（下），（魏）王弼撰，樓宇烈校釋，北京：中華書局1980年版，第625頁。

是要以感情的自然抒發為尺度。王弼從自然的尺度對音樂的抒情功能進行了合理的解釋，這實際是以道家的自然觀來解釋儒家的音樂情感教化思想。因而音樂展現了人的這種自然本性，是情感外化的產物。在民心未開化的時候，王弼主張用音樂來「和神」，即為調和人的精神，使風俗歸於齊一。王弼的音樂「和神」觀建立在道家自然觀的基礎之上，在王弼看來，抒情是音樂「順性」的表現，符合情感是人的自然屬性的看法，因而，可以用音樂中的情感來調和人的精神狀態，王弼的這個觀點實際蘊含音樂以情感人的思想。

二、「夫樂者，天地之體，萬物之性也」

在樂與人性的關係問題上，阮籍認為樂是「天地之體，萬物之性」，音樂與萬物的本性相一致，所謂天之道是靜，人之性是自然，因之，樂音尚簡而不煩，平和沖淡，符合天道，又與人性相通，天、人、樂在這一點上相通互感，樂的移風易俗的功用就是這樣發生的。而阮籍更加看重後天習染在品性中的比重，強調樂在其中的教化作用。而阮籍更加看重後天習染在品性中的比重，強調樂在其中的教化作用。在樂與人性的關係問題上，阮籍看到了風俗在人的品性形成過程中起到的重要作用。「造始之教謂之風，習而行之謂之俗」，可見，在阮籍看來，先王最初制定的教化是風，各地奉行實施久而久之形成習俗，所謂上行下效，上行之教是為風，下行之習是為俗，上之行為風教，下之施為習俗。阮籍認為：「風俗移易而同於是樂，此自然之道，樂之所始也。」樂教之始，風俗齊一，人心和樂，刑賞不用而民自安。道德敗壞，政法不立的時代，風教貫徹不下去，造成各地風俗不齊，人心自危，動亂災禍遂生。他說：「楚越之風好勇，故其俗輕死；鄭衛之風好淫，故其俗輕蕩。輕死，故有火焰赴水之歌；輕蕩，故有桑閒、濮上之曲。」造成音樂風格多樣性的原因，阮籍認為有三：一是地域差異。楚越之人爭強好勝，因此盛行慷慨激昂的戰歌或者鬥歌；鄭衛之人耽於享受，因此靡靡之音風行。二是審美差異。「好勇」與「好淫」是不同的處事法則和審美心理。這樣在它們的作用下，某種風格的音樂就流行開來了。三是不同的風俗。風是諸侯國的政教，俗是政教的貫徹實施。實際揭示了政教與音樂風格多樣性的聯繫。《樂記》認為先有不同風格的樂，與之對應才有不同品性的人。人性本善，但在不好的樂的浸染中也會迷喪本性，這樣就把人的品性的形成直接簡單地與樂的風格劃等號。而阮籍在人的品性和樂之間加上了一個因素：風俗。在阮籍看來，

先有「輕死」、「好淫」等不好的風俗，產生不同地域風格的音樂。然後在「戰歌」、「靡靡之音」的浸染下，方有人不同的品性生成。

　　阮籍以道家的自然本性立論來探討音樂對人性的作用，劉勰和鍾嶸等人也從音樂對人情性的作用入手去看待音樂的教育作用。《文心雕龍‧樂府》：「夫樂本心術，故響浹肌髓，先王慎焉，務塞淫濫。敷訓胄子，必歌九德，故能情感七始，化動八風。」心術的概念來自於《樂記‧樂言》：「應感起物而動，然後心術形焉。」《漢書‧禮樂志》說：「夫樂本情性，浹肌膚而臧骨髓。」可見，官方修訂的樂書體現了一種音樂情感論，主張用音樂中的情感來教化萬民。劉勰改為「夫樂本心術，故響浹肌髓」，表明他認識到了音樂與人心、人性的內在關聯，再次強調了音樂的巨大審美感染力。他在《文心雕龍‧樂府》中把音樂的這個作用概括為：「敷訓胄子，必歌九德，故能情感七始，化動八風」，屬於儒家正統的樂教觀。劉勰在《文心雕龍‧明詩》中說到詩歌的功用：「詩者，持也，持人情性；三百之蔽，義歸『無邪』，持之為訓，有符焉爾。」明確把調和人的情性，維持人的心理平衡作為詩歌的寫作目的和社會功用。雖然談論的是文學意義上的詩歌，但同樣也適用於音樂。鍾嶸《詩品序》：「氣之動物，物之感人，故搖蕩情性，形諸舞詠。」歌舞的形成一方面來自於自然萬物對人心性的感召，另一方面來自社會生活（包括人生的種種悲劇性際遇）的人生體驗。同時也肯定了音樂對人心靈的撫慰作用。他們兩人都談到「情性」，劉勰所談「性」有道德倫理意味，鍾嶸所說「情性」就和嵇康的「性」含義大體一致，指的是自然本性。

三、「和聲之感人心，亦猶醴酒之發人性」

　　與王弼和阮籍力求調和名教和自然關係不同，「越名教而任自然」的嵇康在樂與人性的問題上，與儒家的樂教思想有了較大的不同。在他看來，音樂能夠對人的情性起到調和作用。

　　嵇康音樂人性論與他的人性觀有著千絲萬縷的聯繫。人性觀是嵇康樂教思想的基礎。如果不瞭解嵇康的人性論，那麼關於他的樂教思想也會理解得不深入。本文將深入透析嵇康樂教思想的精髓，必然要對其人性論思想進行全面地介紹。從嵇康的哲學著述看，嵇康所說的人性就是人的自然本性。在嵇康看來，人的自然本性有兩層含義：其一指的是人本能欲望的自然抒發；其二區別於動物本性，人的自然本性要以理為尺度對欲望進行節制。一方面，嵇康繼承荀子

的「性惡論」，反對「好學」是人的天性的觀點〔註27〕，認為人性是建立在欲望滿足的基礎之上的：「六經以抑引為主，人性以從欲為歡。抑引則違其願，從欲則得自然。然則自然之得，不由抑引之六經；全性之本，不須犯情之禮律。故仁義務於理偽，非養性之要術；廉讓生於爭奪，非自然之所出也」（《難自然好學論》）。嵇康認為人性以欲望的自由抒發為尺度，任何不以人的自然本性為尺度的社會道德倫理、法規都是不合理的。因此嵇康批判了以儒家為代表的傳統教育體制：「今子立六經以為準，仰仁義以為主，以規矩為軒駕，以講誨為哺乳，由其途則通，乖其路則滯，遊心極視，不睹其外，終年馳騁，思不出位。」（《難自然好學論》）「思不出位」指的是思想行為不偏不倚的折中主義，是儒家以六經為範本，以仁義為準繩，以規矩為準則，實施溫柔敦厚的君子德行培養教育的結果。嵇康批判傳統「多同」（《答難養生論》）、「思不出位」的人才觀，提倡有「獨觀」、「探賾索隱」精神，獨立、真實而又理性的不拘一格的人才。嵇康的音樂教育觀是與他的人才觀分不開的，他不像儒家一樣只提倡在雅樂中進行德行的培養和薰陶，提倡不同風格作品對人情性的調節作用。他說：「及宮商集比，聲音克諧，此人心至願，情欲之所鍾」，指出音樂滿足了人的本能需求；另一方面，在嵇康看來，人的自然本性不僅指的是自然的欲望，也有理的內涵。他強調將情置之於理的制約下，這個理主要立足於養生之理，也有社會道德在內。章啟群認為：「嵇康之『理』雖然包括社會倫理的含義，但主要是生理學的。」〔註28〕嵇康所說的自然人性中的「欲」有理性節制的一面，他將欲置於理性監督之下，認為如果對欲望不加以節制，那麼人與動物將毫無差異。與向秀感性解放的價值觀不同，嵇康認為不能把人的自然本性看作無止境欲望的滿足，「今若以從欲為得性，則渴酌者非病，淫湎者非過，桀蹠之徒皆得自然」（《答難養生論》），如果以人自然本性的獲得以欲望的滿足為尺規，那麼，世間就沒有所謂的強姦犯、酒鬼和小偷了。在兩晉南朝豪族當權時代，整個社會窮奢極欲而物欲橫流，形成一股及時行樂的享樂主義人生觀，人們對自然本性的理解偏向縱欲。嵇康撰寫了兩篇養生論，都是批判這種享樂主義人生觀，嵇康對人性的理解有很強的現實針對性。

〔註27〕 與嵇康同時代的張叔遼寫過一篇《自然好學論》，他將六經比作太陽，認為好學是人的天性。見《嵇康集校注》，戴明揚校注，北京：人民文學出版社1962年版，第258頁。

〔註28〕 章啟群《論魏晉自然觀──中國藝術自覺的哲學考察》，北京：北京大學出版社2000年版，第96頁。

　　嵇康從養生角度對人性進行解釋，養生不僅僅是一種生理生命的保養，更爲重要的是精神境界的無限超越。在嵇康看來，人生而爲人，就有著各種各樣的欲望，重要的是如何做到「不累於物」。名譽、地位、財富、名利都易於使人喪失本性，人格失衡，嵇康所認爲的理想人格應該是：「心無措乎是非」、「情不繫於所欲」（《釋私論》）。「心無措乎是非」，就要求人保有的真實性情；「審貴賤而通物情」中物情者即自然之情，這就是老子所說的「天地不仁，以萬物爲芻狗」之意。「無措」指的是不刻意、不虛誇的心的本真面貌，襟懷坦蕩才能體察萬物之情，達到與道合一的境界。嵇康認爲社會「是非」引發的各種欲望都會使人脫離人的自然的本真面貌，所以他才強調人要養生去私欲，「氣靜神虛」、「體清神正」、「越名任心」方能頤養天年，與道合一。這其實是一種理想的精神境界，追求精神的自由和人格的獨立。嵇康認識到在儒家禮樂教育體制下，人性流於虛偽造作，而在魏晉縱欲享樂的人生價值觀下人性易於躁動，兩者都情性失和，都沒有達到一種生命本真的狀態，因此需要對人性進行「和」的調理，而音樂就是一種十分重要的方式。他在《養生論》中談到：「又守之以一，養之以和，和理日濟，同乎大順。然後蒸以靈芝，潤以醴泉，晞以朝陽，綏以五絃，無爲自得，體妙心玄，忘歡而後樂足，遺生而後身存。」嵇康認爲在音樂的薰陶下，人性才歸於完善。

　　在嵇康看來，音樂雖然沒有哀樂等情感，但卻對人性具有十分重要的作用。嵇康在《琴賦》中說「衆器之中，琴德最優」，粗看與儒家所講並無什麼不同，但仔細分析可看出儒家所說的「琴德」是在琴聲中培養君子德性，嵇康所謂「琴德」是琴音能夠調和個體的情性。他在《聲無哀樂論》中說：「和聲之感人心，亦猶醞酒之發人性。酒以甘苦爲主，而醉者以喜怒爲用。其見歡戚爲聲發，而謂聲有哀樂，猶不可見喜怒爲酒使，而謂酒有喜怒之理也。」關於音樂對人性的作用，他用醉酒的例子進行類比解說。俗話說「何以解憂，唯有杜康」、「一醉解千愁」，人在喝醉後能夠忘記憂愁，酒是一種媒介物，觸發了飲者心中的各種情感，使人處於癲狂狀態。西方的「酒狂說」認爲在這種狀態下能夠激發靈感，進行藝術創作。嵇康只是用這個比喻來闡明音樂沒有情感內涵，卻並沒有明確表述醉酒如何感發人性。如果聯繫嵇康的養生思想來看，音樂對人性的作用就是進行情性之「和」的調節。這種觀點主要針對儒家教育方針引導下的人性造作和魏晉時代縱欲風尚下人性躁動兩種情性失和的現狀。在嵇康看來，欣賞音樂時候聽者的心境是一種極其活躍的狀態，

他在《聲無哀樂論》中說：「然人情不同，各師所解，則發其所懷」，「若資偏固之音，含一致之聲，其所發明，各當其分，則焉能兼御群理，總發眾情邪？由是言之，聲音以平和為體，而感物無常；心志以所俟為主，應感而發」。在嵇康看來，樂音的激蕩會引發聽者心中各種情感體驗，因而他認為音樂能「兼御群理，總發眾情」，通過音樂來感動不同性情的人，啟發出不同的感情，這樣才能保持心境的平和。嵇康的這個觀點與現代用音樂進行心理治療的做法極其相似，如何維持心理平衡是現代音樂研究的一項重要課題，嵇康主張用音樂來調和人性的看法無疑具有劃時代的進步意義。

嵇康的音樂論著中沒有專門談論音樂教育對人性培養作用，但我們可以聯繫他的其他著述進行分析。他的音樂教育觀和人才觀是相輔相成的。嵇康認為儒家所提倡的是一種「多同」、「思不出位」的人才觀，易於滋生虛偽的人格，與人的自然本性是背道而馳的。他標舉求實的理性精神，提倡具有獨立的人格和真實性情，理性認知的人才。嵇康在《明膽論》中認為人都有膽有識，勇氣和識見是人的內在品質。這些主張都與儒家整齊劃一的人才培養觀有較大差異。與「溫柔敦厚」詩教觀相一致，儒家的樂教思想事實上就是一種中和的雅樂觀，雅樂與不偏不倚的中庸人才相掛鉤。而嵇康為鄭聲正名，從審美心理角度解釋以悲為樂的審美風尚，都表明嵇康提倡多元化的音樂風格，這與嵇康提倡獨立、真實的人格、反對儒家「多同」、「思不出位」的人才觀是緊密相關的。在中國古代，音樂教育被視為一種卓有成效、影響深遠的特殊教育方式。以人的培養和教育來看，正統音樂教育提倡音樂的政治教化功用，培養的是合乎社會規範，維護統治秩序，經營仕途的人才，強調塑造道德上溫柔敦厚，中規中矩、整齊劃一的品性，理論上以《禮記‧樂記》為代表；在個性張揚的魏晉南北朝時代，以嵇康為代表的理論家們肯定了人的自然本性和感性要求的合理性，從人的個體情性著眼，立足於人的自然本性，強調音樂的審美作用，主張在音樂中穩定情緒、陶冶情操、完善人格，保養生命，培養的是張揚個性、不拘一格的人才。

除了從價值出發集中探討音樂的審美作用之外，魏晉六朝理論家們還從人性的角度認識音樂的教育作用，他們汲取道家以禮樂為人性枷鎖的思想，集中探討音樂與人性之間關係問題。王弼繼承儒家以樂教化人心的觀點，以道家自然觀立論提出「順性」之樂能夠「和神」的看法；阮籍以音樂的自然本性立論揭示樂對人性的教育作用；嵇康提倡把音樂作為情性調和的媒介。

他們在不同程度上都背離的儒家的人才觀和人性論，體現了**魏晉六朝**時代的以人爲本的玄學精神和人的生命意識的覺醒。

第三節　社會論

音樂的作用，從群體角度來看，主要表現在音樂具有移風易俗的功能。先秦兩漢以來官方以音樂來節制、規範群情，使粗俗率直、情感沒有節制的群體性情歸於雅正，並控制在理性的範圍之內，從而達到統一的意識形態。這是古代關於音樂社會作用的普遍認識。漢代董仲舒天人感應的神學論興盛以來將這一功能帶入音樂迷信和神話。魏晉南北朝時期禮崩而樂壞，理論家們從多方面對這一命題進行探討，不同程度的對音樂移風易俗的功能進行了質疑，破解了音樂神話論。

一、音樂「移風易俗」命題的提出

音樂「移風易俗」命題的提出最初與「風」的含義和觀念有關。「風」的基本義爲空氣流動的自然現象。《左傳·隱公三年》：「夫舞，所以節八音而行八風，故自八以下。」這個見解認識到了音樂與風一樣都在空氣的振動中傳播開來。在陰陽五行觀念的影響下，人們又產生了音樂傳播八風，教化萬物的認識。蔣孔陽先生稱音樂的這個作用爲「宣氣」作用，並說：「音樂的作用，就是要使八方之風按照季節順暢流通，從而萬物各順其時，各遂其生。」〔註29〕「風教」隨成爲「風」的衍生義。「風」由原來的自然現象之義變爲教化的指稱，大約因爲教化像風一樣無迹可尋又無處不在。樂以調風是音樂的社會功能，樂可以調節風氣，此風既指自然界之氣候，又指生活在自然環境之中人的面貌和社會風俗。樂官的職責就是通過樂器的音響效果聽測風土的變化，判斷協風是否到來。風從樂上可以感知，反過來，樂也可以影響風，通過樂去達到風調雨順。〔註30〕風又稱爲諷，對百姓而言，可以對王政進行勸誡和諷刺。風另外一個含義爲「牝牡相誘」。《左傳·僖公四年》：「君處北海，寡人處南海，唯是風馬牛不相及也。」清人孫星衍的解釋爲「風者，《春秋·

〔註29〕蔣孔陽《先秦音樂美學思想論稿》，見《蔣孔陽全集》（第一卷），合肥：安徽教育出版社1999年版，第512頁。
〔註30〕張法《中國美學史》，上海：上海人民出版社2000年版，第22～23頁。

左氏》僖四年《傳》云：『惟是風馬牛不相及也。』服注云：『風，放也。牝牡相誘謂之風。』」從文獻看東漢服虔注和孫疏對「風」含義的解釋是合理的。「風」的這個含義源於陰陽二氣相互作用猶似男女兩性相悅，而原始歌謠最初就產生於男女表達相悅之情的本能需要。因而這類原始歌謠就可以稱之爲「風」，它能在很大程度上展現各地的風土風情。《漢書・地理志下》：「衛地有桑間濮上之阻，男女亦亟聚會，聲色生焉，故俗稱『鄭、衛之音』。」鄭衛之音的浪漫、開放、不加節制可見一斑。故而《禮記・樂記》說：「桑間濮上之音也，亡國之音也。」認爲這類風俗的音樂要加以控制，故而官方大力倡導雅頌之聲對民情加以節制的音樂思想由此產生。

音樂移風易俗的思想春秋時期就已形成，正式提出要歸功於戰國末期的荀子。春秋末，樂官泠州鳩說：「夫樂，天子之職也。夫音，樂之輿也；而鍾，音之器也。天子省風以作樂。」（《左傳・昭公二十一年》）其中的「風」首次指風俗，指代民眾群體的整體文化風貌。「天子省風以作樂」這個觀點暗含採詩觀風的政治制度，同時也顯示了天子作樂的目的是爲糾正民俗。荀子繼承了泠州鳩的觀點，簡明扼要地將音樂的社會作用概括爲「移風易俗」。他在《樂論》中說：「樂者聖人之樂也，而可以善民心。其感人深，其移風易俗易。故先王導之以禮樂，而民和睦。夫民有好惡之情，而無喜怒之應則亂；先王惡其亂也，故修其行，正其樂，而天下順焉。」荀子關於音樂移風易俗的論述集中表達了一個觀點：禮樂相濟作爲群體教化的工具能使民眾邪惡的自然本性走向道德品性，從而達到政治「美善相樂」的理想境界。

《禮記・樂記》在荀子《樂論》的基礎上進一步完善儒家的樂教思想，使音樂移風易俗的作用成爲儒家的經典命題。《樂記》說：「是故君子反情以和其志，比類以成其行。姦聲亂色不留聰明，淫樂慝禮不接心術，惰慢邪辟之氣不設於身體，使耳目、鼻口、心知、百體皆由順正，以行其義。然後發以聲音，而文以琴瑟，動以干戚，飾以羽旄，從以簫管，奮至德之光，動四氣之和，以著萬物之理。是故清明象天，廣大象地，終始象四時，周還象風雨；五色成文而不亂，八風從律而不姦，百度得數而有常；小大相成，終始相生，倡和清濁，迭相爲經。故樂行而倫清，耳目聰明，血氣和平，移風易俗，天下皆寧。」《樂記》將音樂與政治直接掛鉤，「禮樂相濟，移風易俗」的觀點從此正式得以確立，音樂的移風易俗等同於禮樂教化，後世探討音樂移風易俗的命題都離不開談禮樂之制。獨尊儒術的漢代將音樂移風易俗的功

能寫進官方的史書中，以此作爲統一意識形態領域的有效工具。在董仲舒天人合一的思想下，音樂移風易俗的功能被神秘化和神話化。《春秋繁露》中說：「先王顯德以示民，民樂而歌之以詩，說而化之以爲俗。」他認爲人的情感與天之四時對應，這樣他以天人感應的神學目的就誇大了音樂移風易俗的功能。在董仲舒的神化了的陰陽五行觀念影響下，《史記‧太史公自序》、《漢書‧地理志》、《白虎通》等官方修訂的史策、法典中也明確提到音樂的「移風易俗」功能，確立了它在意識形態大一統中的特殊作用。魏晉六朝理論家對音樂移風易俗功能有著不同程度的質疑，他們從道家音樂美學出發對儒家的這一經典命題進行了完善和修正。

二、音樂「移風易俗」功能的表現

1、「用大音則風俗移也」

對於樂的移風易俗功能，王弼認爲：

> 言有爲政之次序也。夫喜、懼、哀、樂，民之自然，應感而動，則發乎聲歌。所以陳詩採謠，以知民志風。既見其風，則損益基焉。故因俗立制，以達其禮也。矯俗檢刑，民心未化，故又感以聲樂，以和神也。若不採民詩，則無以觀風。風乖俗異，則禮無所立，禮若不設，則樂無所樂，樂非禮則功無所濟。故三體相扶，而用有先後也。〔註31〕

王弼在注釋孔子「興於詩，立於禮，成於樂」時提出樂的移風易俗問題，他把詩歌、禮制和樂看作治理國家之本，三者結合，既互相照應，又有先後教化的順序，這樣才能感化人心，達到移風易俗的目的。王弼提出「因俗立制，以達其禮」的觀點，認爲禮制是建立在風俗之上，以詩來觀風俗之盛衰是傳統做法，而王弼認識到風俗的重要性，認爲風俗的好壞與否關係到禮制的增損、刪改。整體看，王弼贊成儒家樂的移風易俗的功用，他論樂的根基還是在於政治教化。但他不同於儒家教化思想的地方在於看到了禮的實施應該建立在各地風俗的實際情況之上，這樣便保證了樂教的暢通無阻。

王弼在《老子指略》一文中，用老子無爲而治的思想來探討移風易俗這個儒家樂論的核心問題。他從老子的名言「大象無形，大音希聲」的觀點入

手，指出「形必有所分，聲必有所屬。故象而形者，非大象也；音而聲者，非大音也」。這些都是對老子這句話的解釋，王弼的本義在下文的轉折之處現出端倪，他真實要探討的問題是如何以道家的思想解釋音樂移風易俗的功能：

> 然則，四象不形，則大象無以暢；五音不聲，則大音無以至。四象形
> 而物無所主焉，則大象暢矣；五音聲而心無所適焉，則大音至矣。故
> 執大象則天下往，用大音則風俗移也。無形暢，天下雖往，往而不能
> 釋也；希聲至，風俗雖移，移而不能辯也。是故天生五物，無物爲用。
> 聖行五教，不言爲化。是以「道可道，非常道；名可名，非常名」也。
> 五物之母，不炎不寒，不柔不剛；五教之母，不皦不昧，不恩不傷。
> 雖古今不同，時移俗易，此不變也，所謂「自古及今，其名不去」者
> 也。天不以此，則物不生；治不以此，則功不成。〔註32〕

王弼指出大象與大音的根本在四象與五聲，在王弼看來，道家的大象和大音雖然高妙空靈，但比不上四象和五聲來得實際。因而大象的益處在於暢通天下，大音的功能在於可以移風易俗。王弼認爲與「道」的品性相似，樂所施行的是一種無所不在、功成不居、難以言說的不言之教，是萬物之母。「用大音風俗移」的觀點嫁接了道家的思想，突出了音樂移風易俗功能的無所不在，同時又強調樂教實施過程中的自然不強制性以及音樂教育「潤物細無聲」一般的浸潤滲透式功能。

2、「風俗移易同於是樂」

阮籍的《樂論》一問一答，就是要解決儒家樂教的核心觀點，即音樂「移風易俗」的功能問題。阮籍針對孔子提出「移風易俗莫善於樂」進行了回答，他說：「阮先生曰：「善哉！子之問也。昔者孔子著其都乎，且未舉其略也。今將爲子論其凡，而子自備詳焉。」可見，阮籍是贊同儒家此觀點的。《樂論》全文詳細論述了音樂移風易俗功能是如何得以實現的。

關於音樂移風易俗的問題，阮籍分兩種情況進行論述。一種是「聖人作樂」的時代，音樂發生作用是建立在樂與天、人相一致的基礎上。阮籍說：「夫樂者，天地之體、萬物之性也。」阮籍認爲樂是「天地之體，萬物之性」，音樂與萬物的本性相一致，這就是「和」。在先王制樂的時代，音樂移風易俗的作用在不知不覺、潛移默化中完成的：

〔註32〕《王弼集校釋》（上），（魏）王弼撰，樓宇烈校釋，北京：中華書局 1980 年
版，第 195 頁。

> 昔者聖人之作樂也，將以順天地之體，萬物之性也，故定天地八方
> 之音，以迎陰陽八風之聲，均黃鍾中和之律，開群生萬物之情，故
> 律呂協則陰陽和，音聲適而萬物類，男女不易其所，君臣不犯其位，
> 四海同其觀，九州一其節，奏之圓丘而天神下，奏之方丘而地祇上；
> 天地合其德則萬物合其生，刑賞不用而民自安矣。乾坤易簡，故雅
> 樂不煩；道德平淡，故五聲無味。不煩則陰陽自通，無味則百物自
> 樂，日遷善成化而不自知，風俗移易而同於是樂，此自然之道，樂
> 之所始也。

阮籍認為音樂與萬物、人的本性是一致的，當然這裡所指的樂是雅樂。所謂天之道是靜，人之性是自然，因之，樂音尚簡而不煩，平和沖淡，符合天道，又與人性相通，天、人、樂在這一點上相通互感，音樂的移風易俗的功用並沒有得到充分體現。

　　另一種是「聖人不作」的時代，這個道德敗壞的時代，產生了不同的風俗：「其後聖人不作，道德荒壞，政法不立，化廢欲行，各有風俗。」這樣風俗之下的音樂也「音異氣別，曲節不齊」。於是先王制樂來扭轉頹廢的風俗。阮籍說：「故聖人立調適之音，建平和之聲，制便事之節，定順從之容，使天下之為樂者莫不儀焉。自上以下，降殺有等，至於庶人，咸皆聞之。歌謠者詠先王之德，俯仰者習先王之容，器具者象先王之式，度數者應先王之制；入於心，淪於氣，心氣和洽，則風俗齊一。」這個「聖人不作」各有風俗的時代，音樂的移風易俗的功能才真正發揮作用。因而在阮籍看來，孔子所說的「移風易俗莫善於樂」主要針對的是「聖人不作」的亂世。先王最初制定的教化是風，各地奉行實施久而久之形成習俗，所謂上行下效，上之行為風教，下之施為習俗。他認為樂教之始，風俗齊一，人心和樂，刑賞不用而民自安。而在道德敗壞，政法不立的時代，風教貫徹不下去，造成各地風俗不齊，人心自危，動亂災禍遂生。在這個時代，阮籍認為聖人創制的調適之音、平和之聲就是為了發揮音樂移風易俗的功能，使風俗重新歸於齊一。阮籍說：「聖人之為進退俯仰之容也，將以屈形體，服心意，便所修，安所事也。歌詠詩曲，將以宣平和，著不逮也。鐘鼓所以節耳，羽旄所以制目，聽之者不傾，視之者不衰；耳目不傾不衰則風俗移易，故移風易俗莫善於樂也。」可見，阮籍所說的調適之音就是雅樂，阮籍認為雅樂順應天地自然無為的精神，萬物恬淡平和的自然本性，所以才能夠起到移風易俗的作用。他主張在雅樂

中節制民心，在長效的禮樂制度下使音樂移風易俗的功能發揮作用：「導之以善，綏之以和，守之以衷，持之以久；散其群，比其文，扶其夭，助其壽，使去風俗之偏習，歸聖王之大化。」阮籍關於音樂移風易俗的觀點同儒家的大體一致。他贊成儒家「移風易俗莫善於樂」的觀點，所不同的是阮籍用道家的自然觀來解釋這一觀點。阮籍的立場同王弼相似，都力求用道家的自然觀重新解釋儒家的經典，只不過阮籍的觀點較為隱晦，而王弼的觀點傾向於玄學。他們兩人都力求以道家的音樂美學思想彌補儒家這一經典命題的不足。

3、「風俗移易，本不在此」

漢代傳統觀點對樂移風易俗的功能十分推崇，甚至於把音樂的這項功能神秘化和絕對化，認為社會風氣習俗的變化完全能夠靠樂來調節，樂左右決定著國家成敗。而嵇康首先對音樂移風易俗功能提出了質疑。對於音樂是否有移風易俗的功用，嵇康並非像吉聯抗說的那樣全盤否定〔註33〕，而是針對漢魏傳統音樂觀過分誇大音樂的移風易俗功能的觀點，進行了糾正。

《聲無哀樂論》中絕大部分都是探討音樂自身的規律，只有在全文結尾大談音樂的教化問題。馮友蘭認為是「畫蛇添足」〔註34〕，很多學者也認為與前面的觀點是矛盾的。其實音樂移風易俗的功能是傳統音樂觀的核心問題，嵇康提出新的見解就不可能迴避這樣重大的理論問題。秦客代表儒家音樂觀點，在最後一難中提出「移風易俗，莫善於樂」的問題對嵇康的聲無哀樂觀點進行至關重要的詰難。嵇康對這個問題有自己的解釋。這種解釋與音樂的本質規律和屬性是相互聯繫的。《聲無哀樂論》中分為三種情況討論音樂移風易俗的功能。第一種情況在大道隆盛之世，提倡無聲之樂，故無須移風易俗。這一時期指的是「古之王者」，大致是傳說中的堯舜禹時代。

> 古之王者，承天理物，必崇簡易之教，御無為之治，君靜於上，臣順於下，玄化潛通，天人交泰，枯槁之類，浸育靈液，六合之內，沐浴鴻流；蕩滌塵垢，群生安逸，自求多福；默然從道，懷忠抱義，而不覺其所以然也。和心足於內，和氣見於外，故歌以敘志，儛以宣情，然後文之以采章，照之以風雅，播之以八音，感之以太和，

〔註33〕 吉聯抗譯注《聲無哀樂論・音樂家嵇康及其音樂思想（代序）》，北京：人民音樂出版社1980年版，第9頁。

〔註34〕 馮友蘭《中國哲學史新編》（第四冊），北京：人民文學出版社1995年版，第93頁。

> 導其神氣，養而就之，迎其情性，致而明之：使心與理相順，和與
> 聲相應，合乎會通，以濟其美。故凱樂之情，見於金石，含弘光大，
> 顯於音聲也。若以往，則萬國同風，芳榮濟茂，馥如秋蘭，不期而
> 信，不謀而誠，穆然相愛，猶舒錦綵，而粲炳可觀也。

這一時期，政治清明，故民安居樂業，民心和樂，樂只是他們表現情感的一
種方式，無須音樂，風俗便達到了和美的境界。嵇康的這個觀點受到了道家
的影響。道家提倡無爲而治，倡導「無聲之樂」，《老子·十七章》曰：「成
功事遂，百姓謂我自然」，以無爲而改善風俗。雜取各家突出道家思想的《淮
南子》對移風易俗的認識是：「故聖人懷天氣，報天心，執中含和，不下廟
堂而衍四海，變習易俗，民化而遷善，若性諸己，能以神化也。」主張移風
易俗的方式爲「神化」，以自然無爲的最高精神去感化民衆，而並非用刑罰
和法度去強制改善風俗。嵇康繼承了《淮南子》的觀點，他說：「樂之爲體
以心爲主，故『無聲之樂民之父母』也。至八音會諧，人之所悅，亦總謂之
樂，然風俗移易本不在此也。」嵇康的此段論述繼承老莊的小國寡民的思想，
儒家大同世界的觀點，指出音樂移風易俗的作用在大道隆盛之時並不彰顯出
來。

　　第二種情況是在治世，將「可導之樂」與「可奉之禮」結合起來。嵇康
說：

> 爲可奉之禮，制可導之樂，口不盡味，樂不極音，揆終始之宜，度
> 賢愚之中，爲之檢，則使遠近同風，用而不竭，亦所以結忠信，著
> 不遷也。故鄉校庠塾亦隨之變，使絲竹與俎豆並存，羽毛與揖讓俱
> 用，正言與和聲同發，使將聽是聲也，必聞此言；將觀是容也，必
> 崇此禮。禮猶賓主升降，然後酬酢行焉。於是言語之節、聲音之度、
> 揖讓之儀、動止之數進退相須，共爲一體。君臣用之於朝，庶士用
> 之於家，少而習之，長而不怠，心安志固，從善日遷，然後臨之以
> 敬，持之以久而不變，然後化成，此又先王用樂之意也。故朝宴聘
> 享，嘉樂必存。

嵇康強調禮樂一體、制度和音樂教育共同作用，以此來使風俗齊一。所以這
種「可導之樂」能在一定程度上移風易俗：「國史採風俗之盛衰，寄之樂工，
宣之管絃，使言之者無罪，聞之者足以誠，此又先王用樂之意也。」根據風
俗的實際情況來制定音樂，通過音樂教化萬民，使風俗重新歸於淳樸。

第三種情況是亂世，嵇康認為音樂移風易俗功能的實現要靠「和」來完成。他說：

> 先王恐天下流而不反，故具其八音，不瀆其聲；絕其大和，不窮其變。捐窈窕之聲，使樂而不淫，猶大羹不和，不極勻藥之味也。若流浴淺近，則聲不足悅，又非所歡也。若上失其道，國喪其紀，男女奔隨，淫荒無度，則風以此變，俗以好成，尚其所志，則群能肆之，樂其所習，則何以誅之？託於和聲，配而長之，誠動於言，心感於和，風俗壹成，因而名之。然所名之聲，無中於淫邪也。淫之與正同乎心，雅鄭之體亦足以觀矣。

嵇康認為風俗的形成歸根結底在政治，淫亂的風俗的形成在於「上失其道」，要改變這種風俗不能一味貶斥「鄭衛之音」，而要「樂其所習」，從百姓所喜愛的音樂出發，以平和的精神去感召人心。

三、音樂「移風易俗」功能的實施

1、「化廢欲行，各有風俗」

關於音樂移風易俗功能是如何實現的問題，阮籍認為根本原因就在於樂是對天地萬物的類比：

> 故八音有本體，五聲有自然，其同物者以大小相君。有自然，故不可亂；大小相君，故可得而平也。若夫空桑之琴，雲和之瑟，孤竹之管，泗濱之磬，其物皆調和淳均者，聲相宜也，故必有常處；以大小相君，應黃鍾之氣，故必有常數。有常處，故其器貴重；有常數，故其制不妄。貴重，故可得以事神；不妄，故可得以化人。其物係天地之象，故不可妄造；其凡似遠物之音，故不可妄易。雅頌有分，故人神不雜；節會有數，故曲折不亂；周旋有度，故俯仰不惑，歌詠有主，故言語不悖。導之以善，綏之以和，守之以衷，持之以久；散其群，比其文，扶其天，助其壽，使去風俗之偏習，歸聖王之大化。

在阮籍看來，音樂來自於對萬物的類比，因而能夠憑藉它使人神相通。他說：「「其物係天地之象，故不可妄造；其凡似遠物之音，故不可妄易」，這樣「歌謠者詠先王之德，俯仰者習先王之容，器具者象先王之式，度數者應先王之制」，樂器的自然屬性既是自然的，也是符合先王禮制的。「雅頌有分，故人

神不雜；節會有數，故曲折不亂；周旋有度，故俯仰不惑，歌詠有主，故言語不悖。」對於樂舞，要「導之以善，綏之以和，守之以衷，持之以久；散其群，比其文，扶其夭，助其壽，使去風俗之偏習，歸聖王之大化」，這樣才能發揮樂舞移風易俗的作用。在阮籍看來，樂器的自然屬性來源於對自然的類比，而此種自然屬性又與樂的移風易俗功能緊密相關：「有常處，故其器貴重；有常數，故其制不妄。貴重，故可得以事神；不妄，故可得以化人。」

　　音樂與萬物的本性相一致，所謂天之道是靜，人之性是自然，因之，樂音尚簡而不煩，平和沖淡，符合天道，又與人性相通，天、人、樂在這一點上相通互感：

> 君臣用之於朝，庶士用之於家，少而習之，長而不怠，心安志固，
> 從善日遷，然後臨之以敬，持之以久而不變，然後化成，此又先王
> 用樂之意也。故朝宴聘享，嘉樂必存。

> 刑、教一體，禮、樂，外、內也。刑弛則教不獨行，禮廢則樂無所
> 立。尊卑有分，上下有等，謂之禮；人安其生，情意無哀，謂之樂。
> 車服、旌旗、宮室、飲食，禮之具也；鍾磬鞞鼓、琴瑟、歌舞，樂
> 之器也。禮踰其制則尊卑乖，樂失其序則親疏亂。禮定其象，樂平
> 其心；禮治其外，樂化其內；禮樂正而天下平。

阮籍這段論述和《樂記》的觀點整體看是一致的。都強調樂的教化作用，樂是禮的輔助工具。但其中有一句話是耐人尋味的：「人安其生，情意無哀，謂之樂」，他把樂定義爲內心的富足、和樂狀態。與《樂記》對「樂」的解釋有了很大不同：「故曰：『樂者，樂也。』君子樂得其道，小人樂得其欲。以道制欲，則樂而不亂；以欲忘道，則惑而不樂。是故君子反情以和其志，廣樂以成其教，樂行而民鄉方，可以觀德矣。」可見，《樂記》認爲「樂」是一種得道的心理狀態，對樂的欣賞關鍵在於「觀德」，從樂舞中獲得的並非是一種審美愉悅，而是一種道德情感的滿足感。而阮籍立足於個體的人，從人的心理狀態去給樂下定義，已然拋卻了附著在樂上的道德倫理束縛，對樂的本質內涵進行了合理的替換，是這段話中的閃光點。

2、「風俗其流，隨成其政」

　　嵇康對音樂移風易俗的作用分不同的情況進行討論，雖然反對過分誇大音樂的這一作用，但整體看並沒有否認。他進一步探討了音樂是如何實施移

風易俗作用的問題。他說：「夫音聲和比，人情所不能已者也。是以古人知情不可放，故抑其所遁；知欲不可絕，故自以爲致。故爲可奉之禮，制可導之樂，口不盡味，樂不極音，撿終始之宜，度賢愚之中，爲之檢則，使遠近同風，用而不竭，亦所以結忠言，著不遷也。」此段論述與孔子的樂教觀是一致的，以樂作爲教化的工具，是樂和禮結合的過程，也是歷史發展的必然趨勢。嵇康對這個問題的認識是非常深刻的，他首先從音樂「和」的本性出發，來認識音樂的審美教育作用。人們需要音樂，因爲「音聲和比，人情所不能已者也」，樂音和諧的運動，帶來人身心的共振，是人情欲之本能需求的一種天然滿足。無論是儒家的修身養性，還是道家的道之境界，都強調感情不能過於放縱，情欲不能毫無節制，而音樂對人的情欲又具有一種天然的調節疏導功能，可見人們需要音樂就猶如魚兒離不開水一樣，是一種本能的需要；其次，從時代來看，樂與禮的結合是必然發展趨勢。音樂能「使遠近同風，用而不竭，亦所以結忠信，著不遷也」，因此樂就與社會制度的「禮」結合在一起：「使絲竹與俎豆並存，羽毛與揖讓俱用，正言與和聲同發；……於是言語之節，聲音之度，揖讓之儀，動止之數，進退相須，共爲一體」。

關於音樂是否有移風易俗的功用，嵇康並非像吉聯抗說的那樣全盤否定：「音樂只有藝術上的好壞，……並說『八音會諧』的音樂無關於『移風易俗』，對社會不起作用」。〔註35〕嵇康認爲，音樂有移風易俗的功用，能夠調節人們的情性，是禮的輔助工具。嵇康提出，一方面，用禮來規範人的行爲，另一方面，用樂使人情和諧，二者配合，最終使道德人格建立在自覺自願的基礎上，從而實現移風易俗的目的。「故爲可奉之禮，制可導之樂，口不盡味，樂不極音，撿終始之宜，度賢愚之中，爲之檢則，使遠近同風，用而不竭，亦所以結忠言，著不遷也。故鄉校庠塾亦隨之，使絲竹與俎豆並存，羽毛與揖讓俱用，正言與和聲同發，使將聽是聲也必聞此言，將觀是容也必崇此禮。」這是說人的情感需要引導，欲望需要控制，因此要將可奉之禮與可導之樂配合起來；在音樂中教育萬民，實行德行的培養，要從學校教育做起。同儒家一樣，嵇康也認識到音樂對教化所起的巨大作用，因爲道德的培養需要潛移默化的作用，而不是強制的推行，嵇康所說音樂的移風易俗的功用實際就是音樂的審美教育作用。

〔註35〕吉聯抗譯注《聲無哀樂論・音樂家嵇康及其音樂思想（代序）》，北京：人民音樂出版社1980年版，第9頁。

　　嵇康論述古之王者之世大道隆盛，人民安居樂業，怡然自足，物質豐裕，精神享樂應運而生。人們心之怡然自樂與神氣自得，心神之和諧遂託之於藝術創作以宣洩情感。在儒家看來，培養有德性的人，需要以樂和內，以禮治外。道家否定禮可以治外，因而反對禮教，提出自然原則以取代禮教。因爲禮教由於人的有意爲之容易產生虛僞和強制。嵇康的觀點與道家一脈相承，認爲可以通過藝術來使人達到內外和諧統一的境界。和諧的人格塑造來自於和諧音樂的調節，所謂「移風易俗，莫善於樂」，在嵇康看來就是強調音樂這種促使身心協調的教化功能。但值得注意的是，嵇康所說的「『移風易俗』並不靠哀樂之情，而是靠音樂的『平和』精神」。〔註36〕這一點嵇康與儒家觀點有了本質的不同。儒家所講的樂的移風易俗功能的實現要靠情感的滲入，所以儒家才說聲有哀樂，強調音樂與情感的聯繫，看重情感在道德教化中的作用。在「興於詩，立於禮，成於樂」的君子道德培養中，樂的薰陶是通過情感來實現的，是一種「潤物細無聲」的感化，從而實現移風易俗的目的。嵇康雖然也談音樂移風易俗的作用，但他反對音樂中有情感內容，反對儒家打著情感的旗幟實施道德教化的目的，認爲音樂通過與道的本性一致的「平和」精神來起到移風易俗的作用。

　　嵇康提出「樂之爲體，以心爲主」的論斷貌似與聲無哀樂觀點相矛盾，實際上是肯定了主體生命在音樂中保有的自然本眞、自由不羈和自在自爲的和諧狀態。「樂之爲體」的「體」，指的是平和之樂，這種音樂的實質是能夠使人心境平和，回歸「道」之自然本性。所以他認爲音樂的根本是「以心爲主」，這個心是超越了情感哀樂的平和心境，正如李澤厚所指出的「（嵇康）他認爲藝術的最高本體不是情感的哀樂，而是超越情感哀樂的個體精神的一種無限自由的狀態」。〔註37〕嵇康認爲，音樂的根本在於具有平和人心之功能，即協調人心，平衡情志，移風易俗。主體之和，從個體看是人精神的愉悅、身心的協調和情與性的統一；從群體看，是社會的和諧。主體的平和心境是順應道的自然無爲，符合人的自然本性。在音樂的感召下，通過太和之樂、可導之樂及流俗淺近之樂的共同作用，使人躍動的情歸於恬淡本性，使衰弊的社會重返大道隆盛。

〔註36〕葉明春《中國古代音樂審美觀研究》，北京：人民音樂出版社 2007 年版，第125 頁。

〔註37〕李澤厚、劉綱紀主編《中國美學史》（第二卷上），北京：中國社會科學出版社 1984 年版，第 217 頁。

　　整體看，關於音樂移風易俗的問題，嵇康繼承了道家的觀點，尤其是繼承了《呂氏春秋》和《淮南子》的音樂美學思想。嵇康以「平和」作為音樂之體，這個「平和」既有「道」的自然品性，又是音樂的自然屬性，因而天、人、音樂才能相通相感。這個觀點受到《呂氏春秋》和《淮南子》的影響。《呂氏春秋‧適音》提出「以適心聽適音」命題，認為「以適聽適則和矣」。這個「適」指音樂的大小適度，是從音樂本身而非情感的角度對音樂提出的要求。《呂氏春秋‧君守》說：「故至神逍遙倏忽而不見其容，至聖變習移俗而莫知其所從」，指出聖人移風易俗時的「無為」。《淮南子‧泰族訓》說：「故聖人懷天氣，抱天心，執中含和，不下廟堂而衍四海，變習易俗，民化而遷善，若性諸己，能以神化也。」「神化」可視為移風易俗的功能的實施途徑，這蘊含道家無為而治的思想。《淮南子‧泰族訓》中說：「舜為天子，彈五絃之琴，歌《南風》之詩，而天下治。」這樣，音樂「移風易俗」的經典命題經過《呂氏春秋》和《淮南子》的解釋便加入的道家的音樂美學思想。嵇康關於音樂「移風易俗」的觀點汲取了道家的音樂美學思想，指出音樂「移風易俗」功能的實施途徑不是靠情感教化民心，而是以「道」的平和精神、恬淡無為、自然化育萬物的品性起到移風易俗的作用。

　　王弼、阮籍和嵇康關於音樂「移風易俗」的功能問題，都不同地加入了道家音樂美學思想，王弼用「大音希聲」的思想去解釋音樂移風易俗的觀念，主張「以俗製禮」，強調音樂教育實施方式的滲透式，反對音樂移風易俗功能實施的強制性；阮籍和嵇康都分情況對這一命題進行探討，阮籍以音樂的自然屬性來解釋音樂移風易俗功能的實施途徑，嵇康以「和」來解釋音樂如何發揮作用的。他們對「移風易俗，莫善於樂」這一儒家經典命題的解釋建立在合理可信的基礎上，改變了漢代天人感應觀念附會在音樂上的神秘色彩和神話功能。

　　總而言之，魏晉南北朝時期的樂教思想與先秦兩漢的樂教思想相比有了很大的不同。從音樂對個人的作用看，理論家們提倡在音樂欣賞中獲得從感官到精神的審美愉悅，實現個體愉悅身心、平和情性、獲得精神慰藉的審美作用；從音樂對人性的作用看，他們汲取道家以禮樂為人性枷鎖的思想，從自然人性出發探討音樂的教育作用，體現了魏晉六朝時代的以人為本的玄學精神和人的生命意識的覺醒；從音樂對社會的作用看，他們以道家音樂思想和玄學人本精神為基礎對音樂移風易俗的功能進行質疑，破解了音樂神話論。

結　語

　　魏晉南北朝時期音樂美學思想在整個中國音樂美學史上的地位是舉足輕重、不可替代的，它對中國音樂美學的發展具有劃時代的積極意義。它從社會倫理道德的領域中獨立出來，側重從音樂自身出發去探討音樂的本質規律，代表了中國音樂美學的獨立；同時它以道家思想、玄學人本精神和佛學心性哲學爲依託，實現了對以儒家爲代表的傳統主流音樂美學思想的超越。具體而言，這一時期的音樂美學思想的價值主要表現在以下幾個方面：

　　其一，魏晉南北朝時期音樂美學側重音樂內部規律的探討，表明中國音樂美學正式從哲學、社會學、政治學中獨立出來了。魏晉南北朝時期所探討的「和聲」、「樂象」問題屬於音樂的內部規律。「和」的範疇來自於中國古人最早的天人合一的思想。「和實生物」的和同之辯確立了「和」作爲生命規律的崇高地位，因而「和」成爲天、人、樂的本質屬性。天與人、人與人、人自身這三者之和諧也是古人的最高理想，「樂」因其在中國文化中的特殊地位承擔了「溝通」這一職責，因而在古代音樂美學中「樂」成爲一種卓有成效的溝通工具和教化手段。音樂來自宇宙之和，是萬物生命精神的體現，因而先秦時期的古人稱之爲「和聲」，在詩、樂、舞三位一體樂爲綜合藝術的上古時代，「和聲」的說法可視爲一種純音樂的思想觀念。嵇康繼承先秦「和」的思想觀念，在《聲無哀樂論》中將論述的中心由綜合藝術的「樂」轉向了純音樂概念的「和聲」，因而與《禮記・樂記》和阮籍的《樂論》相比，《聲無哀樂論》無疑是最早的純音樂理論著述，標誌著中國音樂美學的獨立。魏晉南北朝時期關於音聲之「和」的探討涉及音樂創作的本質規律。阮籍所說的「比其文」、劉勰提倡的「聲文」、釋慧皎的「聲文兩得」都重視樂之文，不

同程度地改變了儒家音樂觀中重「和」（人和）輕「文」的思想傾向。嵇康所說的「和比」指的是人們依據自然音的和諧規律創造出來的形式和諧的組合規律，他集中論述了音樂形式美規律。這一時期關於音樂形式美法則的探討改變了先秦兩漢偏重人和，忽視音樂之和的傳統路徑，開啓了後代重視音樂形式美的先河。以儒家為代表傳統樂象論是一種功利主義的樂象論。嵇康在《聲無哀樂論》中假託秦客之口提出音樂中本身蘊含有「盛衰吉凶之象」、「功德之象」和「主體之心象」。嵇康提出「和聲無象」的觀點，剝離附會在音樂上的讖緯迷信、道德教化和主體情感內容，反對儒家把音樂作為統治工具而神秘化，反對比德式的音樂解釋方式，反對打著情感之名進行教化之實的功利主義樂象觀。只有剝離音樂中人為附加的特定的象，才為音樂欣賞走向審美想像奠定了基礎，為人們馳騁心象，感知音聲之美，獲得審美愉悅開啓了心靈自由之門。

其二，魏晉南北朝時期的樂象理論是一種音樂審美理論，為中國最具民族特色的意境理論的形成奠定了堅實的理論基礎。樂象是一種藝術之象，樂象理論與中國傳統文化中「象」的觀念有關。「象」的觀念來自於《周易》，體現了中國古人觀物取象的思維方式。象既是具體宇宙之象，又是人心營構的符號之象。語言、文字、藝術都可視為依據萬物之象所製成的人造之象。其中樂是對萬物聲音之象的再現和模仿。無論對於製曲者、表演者還是欣賞者，「樂象」都是在人心中所呈之象。玄學上探討的言意之辯，尤其是王弼的「忘言」、「忘象」強調不拘泥於所言、所象的言外之意和象外之象，從理論上奠定了中國藝術理論重視象外之象和絃外之音的傳統。在玄學和佛教思想的影響下，提倡心在音樂活動之中的主導地位是魏晉南北朝時代音樂思想的一大特點。陶淵明的無絃琴理論不看重具體的音樂技能，是一種形而上的生命情懷的展現，為中國藝術理論之精魂。聲無哀樂經由嵇康成為玄學探討的主要論題之一，「情」取代「禮」成為音樂美學的核心論題。嵇康批駁了儒家的聲有哀樂論，是因為他看到儒家所提倡的樂教和詩教其實質是看重情感在君子道德培養中承擔著陶冶心志的重要功用，這種情感是一種道德情感，他的音心（情）對映論強調音和心的對映關係，樂音的運動和情感運動的共振，這些都構成中國藝術理論精髓——意境理論的重要部分。就其形成時間上看，魏晉南北朝時期的樂象理論要遠遠早於文學意境論的形成，因而魏晉六朝的樂象思想為意境論的形成奠

定了理論基礎，也對後世的音樂美學思想產生深遠的影響。唐代呂溫以賦體寫成的音樂美學之作《樂出虛賦》中提出「有非象之象，生無際之際。是故實其想而道升，窒其空而聲蔽」的觀點，其中對音樂之象特徵的概括抓住了聲音之象與具體可感的視覺形象不同之處，指出音樂之象似真似幻的模糊性和空幻性特點。其觀點繼承了阮籍「微妙無形、寂寞無聽」、范曄「絃外之意、虛響之音」的音樂美學觀點，同時又受到佛教的性空觀影響。東晉名僧僧肇所著《不真空論》中有言：「象非真象，故則雖象而非象」與上幾句驚人的相似。陶淵明的無絃琴理論在後世掀起了一股討論熱潮，絃外之意成為人們普遍追尋的藝術境界。

其三，魏晉南北朝的音樂美學思想改變了先秦兩漢涇渭分明的雅俗觀念，破解了雅俗背後的教化根基，使得正統雅樂觀所倡導的單一的禮樂之聲變為較為多元化的音樂風格，開啟了雅俗互補的音樂風格論的先河。雅俗之爭貫穿整個中國音樂美學史，是官方正統音樂美學思想和民間審美趣味的衝突和交鋒。魏晉南北朝時期，興起一種文人音樂美學思想介於兩者之間，既有超越凡俗追求清、素、淡的高雅品味，拋離了正統儒家所限定的禮樂之制，又能傾心喜愛俗樂，在音樂表演中展現個體風度，超越禮法，尋求知音，彰顯生命永恒的價值。魏晉六朝，以悲為美時代審美風尚無疑也叛離了儒家所倡導的樂感文化。在這個時代生命遭遇抑制和扼殺，人心悲涼的情景下，人們心中哀傷的情感體驗和哀樂形成異質同構，易於達成共鳴，形成這個時代普遍以悲為樂的審美心理。這種痛感文化無疑豐富了美感，將美感等同於樂感的正統文化無疑抹殺了美感的多元化。理論家們也從養生全神的角度扭轉了「悲樂亡國」論的教化傾向，主張「哀而不傷」的生命體驗，將悲樂視為一種生命的本能需求，開啟了悲樂審美理論的先河。魏晉六朝叛離傳統禮樂觀的雅俗觀念無疑極大地豐富了音樂的風格，使儒家所倡導的雅樂之平淡風格，變為雅俗共賞的審美觀念。後世古琴美學所探討的琴的風格就受到魏晉南北朝時期雅俗思想的影響。比如古琴美學的集大成之作《溪山琴況》中徐上瀛仿照司空圖《二十四詩品》概括出琴的「和」、「清」、「淡」等風格，顯然汲取了魏晉六朝士人清雅、淡雅的審美觀念。魏晉六朝理論家們關於雅俗問題的探討，改變了先秦兩漢以雅樂為正聲，一味貶斥俗樂的傳統雅俗論的道德教化傾向，使音樂的風格在雅俗互補的道路上向前邁進，為後世音樂風格的多元化發展奠定了理論基礎。

　　其四，魏晉南北朝時期興起一股從審美角度重新闡釋音樂作用的文藝思潮，對後世音樂美學思想影響深遠。樂教問題是中國早期藝術理論中探討的主要問題，樂教思想在中國音樂美學史中所佔比重較大。究其原因，在於中國自周代建立禮樂制度以來，音樂思想便依附於政教，與政教有著千絲萬縷的緊密關係。由於音樂特殊的審美作用，儒家倡導的禮樂相濟的功利主義音樂美學觀在政教強大的時代一直發揮著絕對的權威力量。這種狀況在禮崩樂壞、政權更叠、戰亂頻仍的魏晉南北朝時期發生了逆轉。人本精神是這一時代唱響的主旋律。這個時代的音樂美學思想也與這股人本思潮緊密相關。玄學理論家們倡導在音樂中寄託主體之意趣，宣泄情感以獲得精神的愉悅，使音樂之於人的價值由德行培養之教化觀變為怡情養性的審美觀。魏晉士人在生與死的兩難境遇之下，選擇了集體歸隱，面對生命的孤獨，他們棲情於琴，得道於音樂，以有限之生命超越無限之精神，在音樂中尋求一種「意趣」、「趣味」，以達到「暢神」的目的，這樣音樂價值觀在個體的精神層面上完成了悅形、宣情、暢神逐層遞進的功能，實現了先秦兩漢的音樂教育功能向音樂審美功能的轉化。魏晉六朝的理論家們以人格為論題構建玄學理論之際，音樂和諧論是必不可少的一部分。王弼、嵇康等人汲取道家以禮樂為人性枷鎖的思想，從人的自然本性立論，主張音樂平和人的自然情性的作用，以音樂為有效的手段進行「和」的調節，從而保持健全的心理。音樂具有移風易俗的社會功能是儒家的經典言論，這一時代的理論家們對儒家誇大此作用都有不同程度的質疑，對移風易俗功能的實施從人本的角度給予合理的解釋。樂教思想在這個時代掀開了嶄新的一頁，對後世音樂美學思想產生深遠的影響，又與西方以人為本的美育思想相媲美，在世界美育史上獨樹一幟。

　　總之，從整體看，魏晉南北朝時期的音樂美學思想完成了對以儒家為代表的傳統音樂美學思想的超越與突破，它從禮樂合一的思想模式中掙脫出來獲得了音樂美學的獨立。這一時期的音樂美學思想在整個中國音樂美學史上具有劃時代的重大意義，它糾正了由儒家音樂美學思想所開闢外部教化研究路徑的偏差，將音樂美學思想帶入音樂內部世界中進行探尋，開啓了後世音樂內部研究的傳統，注重研究音樂的自身規律，其樂象思想為藝術意境論的形成奠定基礎，從而將音樂美學思想帶入正途，避免了音樂美學研究在社會倫理的束縛下離音樂自律越來越遠，從此中國音樂美學思想在儒家所倡導的社會研究路徑和魏晉南北朝時期所開闢的自律道路上穩步前進。

附錄：中國音樂美學史研究著作

1. 伍康妮《春秋戰國時期儒、墨、道三家在音樂思想上的鬥爭》，北京：人民音樂出版社 1960 年版。

2. 黃友棣《中國音樂思想批判》，臺北：樂友書局 1965 年版。

3. 《〈樂記〉論辯》，人民音樂出版社編輯，北京：人民音樂出版社 1983 年版。

4. 張玉柱《中國音樂哲學》，臺北：樂韻出版社 1985 年版。

5. 崔光宙《先秦儒家禮樂教化思想在現代教育上的涵義與實施》，臺北：私立東吳大學中國學術著作獎助委員會 1985 年版。

6. 蔣孔陽《先秦音樂美學思想論稿》，北京：人民文學出版社 1986 年版。

7. 蔡仲德《中國音樂美學史論》，北京：人民音樂出版社 1988 年版。

8. 林安弘《儒家禮樂之道德思想》，臺北：文津出版社 1988 年版。

9. 修海林《古樂的沉浮——中國古代音樂文化的歷史考察》，濟南：山東文藝出版社 1989 年版。

10. 葉明媚《古琴音樂藝術》，香港：商務印書館（香港）公司 1991 年版。

11. 蘇志宏《秦漢禮樂教化論》，成都：四川人民出版社 1991 年版。

12. 張惠慧《中國古代樂教思想論集》，臺北：文津出版社 1991 年版。

13. 呂驥《〈樂記〉理論探新》，北京：新華出版社 1993 年版。

14. 梁渡《東方美學和大宇宙存在哲學整體理論譯釋論》，天津：天津大學出版社 1993 年版。

15. 李祥霆《唐代古琴演奏美學及音樂思想研究》，臺北：行政院文化建設委員會 1993 年版。

16. 張節末《嵇康美學》，杭州：浙江人民出版社 1994 年版。

17. 金忠明《樂教與中國文化》，上海：上海教育出版社 1994 年版。

18. 葉明媚《古琴藝術與中國文化》，香港：中華書局（香港）有限公司 1994 年版。

19. 張惠慧《嵇康音樂美學思想研究》，臺北：文津出版社 1997 年版。

20. 楊華《先秦禮樂文化》，武漢：湖北教育出版社 1997 年版。

21. 孫星群《音樂美學之始祖：〈樂記〉與〈詩學〉》，北京：人民出版社 1997 年版。

22. 楊向奎《宗周社會與禮樂文明》，北京：人民出版社 1997 年版。

23. 陳元鋒《樂官文化與文學：先秦詩歌史的文化巡禮》，濟南：山東教育出版社 1999 年版。

24. 郭平《魏晉風度與音樂》，合肥：安徽文藝出版社 2000 年版。

25. 李美燕《琴道與美學：琴道之思想基礎與美學價值之研究（自先秦兩漢迄魏晉南北朝）》，北京：社會科學文獻出版社 2002 年版。

26. 蔡仲德《音樂之道的探求——論中國音樂美學史及其他》，上海：上海音樂出版社 2003 年版。

27. 蔡仲德《中國音樂美學史》（修訂版），北京：人民音樂出版社 2003 年版。

28. 修海林《中國古代音樂美學》，福州：福建教育出版社 2004 年版。

29. 祈海文《儒家樂教論》，鄭州：河南人民出版社 2004 年版。

30. 杜洪泉《中國古代音樂美學概論》，北京：大眾文藝出版社 2005 年版。

31. 易存國《太音希聲：中華古琴文化》，杭州：浙江大學出版社 2005 年版。

32. 苗建華《古琴美學思想研究》，上海：上海音樂學院出版社 2006 年版。

33. 劉藍《中國音樂美學》，臺北：文津出版社 2006 年版。

34. 胡鬱青編著《中國古代音樂美學簡論》，重慶：西南師範大學出版社 2007 年版。

35. 葉明春《中國古代音樂審美觀研究》，北京：人民音樂出版社 2007 年版。

36. 施詠《中國人音樂審美心理概論》，上海：上海音樂出版社 2008 年版。

37. 韓鍾恩主編《中國音樂學經典文獻導讀·音樂美學卷》，上海：上海音樂學院出版社 2008 年版。

38. 韓鍾恩、李槐子主編《音心對映論爭鳴與研究》，上海：上海音樂學院出版社 2008 年版。

39. 龔妮麗、張婷婷《樂韻中的澄明之境——中國傳統音樂美學思想研究》，桂林：廣西師範大學出版社 2009 年版。

參考文獻

一、古籍類

1. 《周易》，郭彧譯注，北京：中華書局 2006 年版。

2. 《老子校釋》，（春秋）老子撰，朱謙之校釋，北京：中華書局 1984 年版。

3. 《論語・大學・中庸》，王國軒，張燕嬰譯注，北京：中華書局 2010 年版。

4. 《春秋左傳注》，（戰國）左丘明撰，楊伯峻注，中華書局 1981 年版。

5. 《莊子今注今譯》（上），（戰國）莊子撰，陳鼓應注譯，北京：中華書局 2009 年版。

6. 《韓非子集解》，（清）王先慎集解，鍾哲點校，北京：中華書局 1998 年版。

7. 《荀子集解》，（清）王先謙集解，北京：中華書局，1988 年版。

8. 《呂氏春秋集釋》，許維遹集釋，北京：中華書局，2009 年版。

9. 《管子新注》，姜濤注，濟南：齊魯書社，2006 年版。

10. 《淮南鴻烈集解》，劉文典集解，北京：中華書局，1989 年版。

11. 《禮記譯解》（下），王文錦譯解，北京：中華書局，2001 年版。

12. 《說文解字》，（漢）許慎撰，北京：中華書局 1963 年版。

13. 《漢書》（第六冊），（漢）班固撰，（唐）顏師古注，北京：中華書局，1962 年版。

14. 《春秋繁露義證》，（漢）董仲舒撰，（清）蘇輿義證，北京：中華書局，1992 年版。

15. 《人物志譯注》，（魏）劉劭撰，（涼）劉昞注，伏俊璉譯注，上海：上海古籍出版社，2008 年版。

16. 《人物志注・名家佚書》，（魏）劉劭撰《人物志》，（西涼）劉昞注，楊家駱主編，臺北：世界書局出版，1985 年版。

17. 《王弼集校釋》（全二冊），（魏）王弼撰，樓宇烈校釋，北京：中華書局，1980 年版。

18. 《三國志》（第一冊），（晉）陳壽撰，（宋）裴松之注，北京：中華書局，1959 年版。

19. 《嵇康集校注》，（晉）嵇康撰，戴明揚校注，北京：人民文學出版社，1962 年版。

20. 《嵇康集》，（晉）嵇康撰，魯迅輯校，見《魯迅全集》第九卷，北京：人民文學出版社，1973 年版。

21. 《阮籍集校注》，（晉）阮籍撰，陳伯君校注，北京：中華書局，1987 年版。

22. 《陶淵明集校箋》，（晉）陶淵明撰，龔斌校箋，上海：上海古籍出版社，1996 年版。

23. 《列子集釋》，楊伯峻撰，北京：中華書局，1979 年版。

24. 《世說新語箋疏》，（宋）劉義慶撰，（梁）劉孝標注，余嘉錫箋，北京：中華書局，2007 年版。

25. 《文心雕龍義證》，（梁）劉勰撰，詹鍈義證，上海：上海古籍出版社。

26. 《〈文心雕龍〉今譯》，（梁）劉勰撰，周振甫譯，北京：中華書局，1986 年版。

27. 《文心雕龍》，（梁）劉勰撰，黃霖導讀整理集評，上海：上海古籍出版社，2008 年版。

28. 《〈宋書·樂志〉校注》，（梁）沈約著，蘇晉紅、蕭煉子校注，濟南：齊魯書社，1982 年版。

29. 《文選》，（梁）蕭統編，（唐）李善注，杭州：浙江古籍出版社，1999 年版。

30. 《高僧傳》，（梁）慧皎著，朱恒夫、王學鈞、趙益注譯，西安：陝西人民出版社，2010 年版。

31. 《弘明集·廣弘明集》，（梁）僧祐撰《弘明集》，（唐）道宣撰《廣弘明集》，上海：上海古籍出版社，1991 年版。

32. 《宋書》（第二冊），（梁）沈約撰，北京：中華書局，1974 年版。

33. 《南齊書》（第二冊），（梁）蕭子顯撰，北京：中華書局，1972 年版。

34. 《魏書》（第八冊），（北齊）魏收撰，北京：中華書局，1974 年版。

35. 《舊唐書》（第四冊），（後晉）劉昫撰，北京：中華書局，1975 年版。

36. 《金剛經·心經·壇經》，陳秋平、尚榮譯注，北京：中華書局，2007 年版。

37. 《四十二章經》，賴永海主編，尚榮譯注，北京：中華書局，2010 年版。

38. 《梵網經》，賴永海主編，戴傳江譯注，北京：中華書局，2010 年版。

39. 《維摩詰經》，賴永海主編，賴永海、高永旺譯注，北京：中華書局，2010 年版。

40. 《法華經》，賴永海主編，王彬譯注，北京：中華書局，2010 年版。

41. 《晉書》（第三、七冊），（唐）房玄齡等撰，北京：中華書局，1974 年版。

42. 《南史》（第五冊），（唐）李延壽撰，北京：中華書局，1975 年版。

43. 《隋書》（第三冊），（唐）魏徵等撰，北京：中華書局，1973 年版。

44. 《教坊記》，（唐）崔令欽撰，羅濟平校點，瀋陽：遼寧教育出版社，1998 年版。

45. 《宋高僧傳》，（宋）贊寧撰，北京：中華書局，1978 年版。

46. 《太平御覽》，（宋）李昉等編纂，北京：中華書局，1998 年版。

47. 《樂府詩集》，（宋）郭茂倩編撰，北京：中華書局，1979 年版。

48. 《圖畫見聞志》，（宋）郭若虛撰，北京：人民美術出版社，1963 年版。

49. 《全後漢文》（上、下），（清）嚴可均輯，北京：商務印書館，1999 年版。

50. 《全三國文》（上、下），（清）嚴可均輯，北京：商務印書館，1999 年版。

51. 《全晉文》（上、中、下），（清）嚴可均輯，北京：商務印書館，1999 年版。

52. 《全後魏文》，（清）嚴可均輯，北京：商務印書館，1999 年版。

53. 《周易外傳》，（清）王夫之著，北京：中華書局，1977 年版。

54. 《古夫于亭雜錄》，（清）王士禛撰、趙伯陶點校，北京：中華書局，1988 年版。

55. 《歷代樂志律志校釋》（第一、二分冊），丘瓊蓀校釋，北京：人民音樂出版社，1999 年版。

56. 《嵇康·聲無哀樂論》，吉聯抗譯注，北京：人民音樂出版社，1980 年版。

57. 《魏晉南北朝音樂史料》，吉聯抗輯，上海：上海文藝出版社，1982 年版。

58. 《先秦漢魏晉南北朝詩》，逯欽立輯校，北京：中華書局，1983 年版。

59. 《中國音樂美學史資料注譯》（增訂版），蔡仲德編著，北京：人民音樂出版社，2004 年版。

60. 《歷代論畫名著彙編》，沈子丞編，北京：文物出版社，1982 年版。

61. 《中國美學史資料選編》，於民主編，上海：復旦大學出版社，2008 年版。

二、哲學、佛學類

1. 湯用彤《儒學·佛學·玄學》，南京：江蘇文藝出版社，2009 年版。

2. 趙建軍《映徹琉璃——魏晉般若與美學》，北京：中國社會科學出版社，2009 年版。

3. 康中乾《魏晉玄學》，北京：人民出版社，2008 年版。

4. 牟宗三《才性與玄學》，桂林：廣西師範大學出版社，2006 年版。

5. 湯用彤《漢魏兩晉南北朝佛教史》，北京：崑崙出版社，2006 年版。

6. 方立天《魏晉南北朝佛教》，北京：中國人民大學出版社，2006 年版。

7. 季羨林主編《禪與中國藝術精神》，北京：中國言實出版社，2006 年版。

8. 牟宗三《中國哲學十九講》，上海：上海古籍出版社，2005 年版。

9. 何錫蓉《佛學與中國哲學的雙向構建》，上海：上海社會科學院出版社，2004 年版。

10. 余英時《士與中國文化》，上海：上海人民出版社，2003 年版。

11. 任繼愈《佛教大辭典》，南京：江蘇古籍出版社，2003 年版。

12. 李健中、高華平《玄學與魏晉社會》，石家莊：河北人民出版社，2003 年版。

13. 方立天《中國佛教哲學要義》，北京：中國人民大學出版社，2002 年版。

14. 丁福保《佛學大辭典》，北京：文物出版社，2002 年版。

15. 湯用彤《魏晉玄學論稿》，上海：上海古籍出版社，2001 年版。

16. 王志平《中國學術史‧三國兩晉南北朝卷》，南昌：江西教育出版社，2001 年。

17. 葛兆光《中國思想史》（兩卷本），上海：復旦大學出版社，2001 年版。

18. 葛榮晉《中國哲學範疇通論》，北京：首都師範大學出版社，2001 年版。

19. 湯一介《郭象與魏晉玄學》（增訂本），北京：北京大學出版社，2000 年版。

20. 牟宗三《中國哲學的特質》，上海：上海古籍出版社，1997 年版。

21. 張海明《玄妙之境—魏晉玄學美學思潮》，長春：東北師範大學出版社，1997 年版。

22. 張豈之主編《中國思想史》，西北大學出版社，1996 年版。

23. 羅宗強《魏晉南北朝文學思想史》，北京：中華書局，1996 年版。

24. 馮友蘭《中國哲學簡史》，北京：北京大學出版社，1996 年版。

25. 錢穆《中國文化史導論》（修訂本），北京：商務印書館，1996 年版。

26. 葛兆光《中國禪思想史——從 6 世紀到 9 世紀》，北京：北京大學出版社，1995 年版。

27. 余英時《中國思想傳統的現代詮釋》，南京：江蘇人民出版社，1995 年版。

28. 印順《中國禪宗史》，上海：上海書店，1992 年版。

29. 徐小躍《禪與老莊》，杭州：浙江人民出版社，1992 年版。

30. 臺大哲學系主編《中國人性論》，臺北：東大圖書公司出版，1990 年。

31. 王葆玹《正始玄學》，濟南：齊魯書社，1987 年版。

32. 葛兆光《禪宗與中國文化》，上海：上海人民出版社，1986 年版。

33. 李澤厚《中國古代思想史論》，北京：人民出版社，1986 年版。

34. 張岱年《中國哲學大綱》，北京：中國社會科學出版社，1982 年版。

35. 侯外廬《中國思想通史》第一卷，北京：人民出版社，1957 年版。

三、藝術、美學類

1. 葉朗《美在意象》，北京：北京大學出版社，2010 年版。

2. 於民《中國美學思想史》，上海：復旦大學出版社，2010 年版。

3. 袁濟喜《和：審美理想之維》，南昌：百花洲文藝出版社，2009 年版。

4. 古風《意境探微》（上、下），南昌：百花洲文藝出版社，2009 年版。

5. 胡雪岡《意象範疇的流變》，南昌：百花洲文藝出版社，2009 年版。

6. 張國慶《中和之美》，北京：中央編譯出版社，2009 年版。

7. 龔妮麗、張婷婷《樂韻中的澄明之境——中國傳統音樂美學思想研究》，桂林：廣西師範大學出版社，2009 年版。

8. 王傳飛《相和歌辭研究》，北京：北京大學出版社，2009 年版。

9. 施詠《中國人音樂審美心理概論》，上海：上海音樂出版社，2008 年版。

10. 王耀珠《〈溪山琴況〉探賾》，上海：上海音樂出版社出版，2008 年版。

11. 韓鍾恩、李槐子主編《音心對映論爭鳴與研究》上海：上海音樂學院出版社，2008 年版。

12. 楊燕迪、韓鍾恩主編《二十世紀中國音樂美學問題研究》（上下冊），上海：上海音樂學院出版社，2008 年版。

13. 韓鍾恩主編《中國音樂學經典文獻導讀·音樂美學卷》，上海：上海音樂學院出版社，2008 年版。

14. 曾祖蔭《中國古典美學》，武漢：華中師範大學出版社，2008 年版。

15. 陳望衡《中國古典美學史》（上冊），武漢：武漢大學出版社，2007 年版。

16. 杜亞雄、秦德祥《中國樂理》，上海：上海音樂學院出版社，2007 年版。

17. 胡鬱青編著《中國古代音樂美學簡論》，重慶：西南師範大學出版社，2007 年版。

18. 葉明春《中國古代音樂審美觀研究》，北京：人民音樂出版社，2007 年版。

19. 錢鍾書《管錐編》（第三冊），北京：三聯書店，2007 年版。

20. 儀平策《中古審美文化通論》，濟南：山東人民出版社，2007 年版。

21. 廖群、儀平策《中國審美文化史》（先秦卷・秦漢魏晉南北朝卷）濟南：山東畫報出版社，2007 年版。

22. 郭平《古琴叢談》，濟南：山東畫報出版社，2006 年版。

23. 張節末《禪宗美學》，北京：北京大學出版社，2006 年版。

24. 王振復主編《中國美學範疇史》（三卷本），太原：山西教育出版社，2006 年版。

25. 朱良志《中國藝術的生命精神》，合肥：安徽教育出版社，2006 年版。

26. 王運熙《樂府詩述論》，上海：上海古籍出版社，2006 年版。

27. 蕭滌非《蕭滌非文選》，濟南：山東大學出版社，2006 年版。

28. 黃淑基《中國藝術哲學史》（先秦卷），臺北：洪業文化事業有限公司出版，2006 年版。

29. 霍然《先秦美學思潮》，北京：人民出版社，2006 年版。

30. 趙志軍《作爲中國古代審美範疇的自然》，北京：中國社會科學出版社，2006 年版。

31. 郭沫若《青銅時代》，北京：中國人民大學出版社，2005 年版。

32.《魯迅全集》（第三卷），北京：人民文學出版社，2005 年版。

33. 朱志榮《中國審美理論》，北京：北京大學出版社，2005 年版。

34. 杜洪泉《中國古代音樂美學概論》，北京：大衆文藝出版社，2005 年版。

35. 辛剛國《六朝文採理論研究》，北京：中國社會科學出版社，2005 年版。

36. 李純一《先秦音樂史》，北京：人民音樂出版社，2005 年版。

37. 楊蔭瀏《中國古代音樂論稿》，北京：人民音樂出版社，2004 年版。

38. 敏澤《中國美學思想史》（上卷），長沙：湖南教育出版社，2004 年版。

39. 於潤洋《音樂史論問題研究》，北京：中央音樂學院出版社，2004 年版。

40. 修海林《中國古代音樂美學》，福州：福建教育出版社，2004 年版。

41. 蔡仲德《中國音樂美學史》（修訂版），北京：人民音樂出版社，2003 年版。

42. 陳竹、曾祖蔭《中國古代藝術範疇體系》，武漢：華中師範大學出版社，2003 年版。

43. 彭鋒《詩可以興——古代宗教、倫理、哲學與藝術的美學闡釋》，合肥：安徽教育出版社，2003 年版。

44. 蔡仲德《音樂之道的探求——論中國音樂美學史及其他》，上海：上海音樂出版社，2003 年版。

45. 王次炤《音樂美學新論》，北京：中央音樂學院出版社，2003 年版。

46. 張前主編《音樂美學教程》，上海：上海音樂出版社，2002 年版。

47. 施惟達《中古風度》，北京：中國社會科學出版社，2002 年版。

48. 曹道衡《中古文學史論文集》，北京：中華書局，2002 年版。

49. 王振復《中國美學的文脈歷程》，成都：四川人民出版社，2002 年版。

50. 葉維廉《道家美學與西方文化》，北京：北京大學出版社，2002 年版。

51. 劉墨《禪學與藝境》（上、下），石家莊：河北教育出版社，2002 年版。

52. 李美燕的《琴道與美學》，北京：社會科學文獻出版社，2002 年版。

53. 宗白華《美學的散步》，合肥：安徽教育出版社，2001 年版。

54. 錢鍾書《談藝錄》，北京：三聯書店，2001 年版。

55. 李澤厚《華夏美學》，桂林：廣西師範大學出版社，2001 年版。

56. 徐復觀《中國藝術精神》，上海：華東師範大學出版社，2001 年版。

57. 張法《中國美學史》，上海：上海人民出版社，2000 年版。

58. 朱志榮《中國文學藝術論》，太原：山西教育出版社，2000 年版。

59. 郭平《魏晉風度與音樂》，合肥：安徽文藝出版社，2000 年版。

60. 於潤洋《現代西方音樂哲學導論》，長沙：湖南教育出版社，2000 年版。

61. 杜衛《美育論》，北京：教育科學出版社，2000 年版。

62. 宗白華《藝境》，北京：北京大學出版社，1999 年版。

63. 《梁啟超全集》（第八冊），北京：北京出版社，1999 年版。

64. 《蔣孔陽全集》（第一卷），合肥：安徽教育出版社，1999 年版。

65. 蔡仲德《音樂與文化的人本主義思考》，廣州：廣東人民出版社，1999 年版。

66. 修海林、羅小平《音樂美學通論》，上海：上海音樂出版社，1999 年版。

67. 茅原《未完成音樂美學》，上海：上海人民出版社，1998 年版。

68. 曾繁仁、高旭東《審美教育新論》，北京：北京大學出版社，1997 年版。

69. 朱志榮《中國藝術哲學》，長春：東北師範大學出版社，1997 年版。

70. 修海林《中國古代音樂教育》，上海：上海教育出版社，1997 年版。

71. 汪裕雄《意象探源》，合肥：安徽教育出版社，1996 年版。

72. 韓林德《境生象外》，北京：三聯書店，1995 年版。

73. 葉明媚《古琴藝術與中國文化》，香港：中華書局（香港）有限公司，1994 年版。

74. 成復旺《中國古代的人學與美學》，北京：中國人民大學出版社，1992 年版。

75. 張惠慧《中國古代樂教思想論集》，臺北：文津出版社，1991 年版。

76. 野村良雄《音樂美學》，北京：人民音樂出版社，1991 年版。

77. 修海林《古樂的沉浮──中國古代音樂文化的歷史考察》，濟南：山東文藝出版社，1989 年版。

78. 袁濟喜《六朝美學》，北京：北京大學出版社，1989 年版。

79. 朱謙之《中國音樂文學史》，北京：北京大學出版社，1989 年版。

80. 葉純之、蔣一民《音樂美學導論》，北京：北京大學出版社，1988 年版。

81. 宗白華《美學與意境》，北京：人民文學出版社，1987 年版。

82. 葉朗《中國美學史大綱》，上海：上海人民出版社，1985 年版。

83. 李澤厚、劉綱紀主編《中國美學史》（第二卷上），北京：中國社會科學出版，1984 年版。

84. 《郭沫若全集》（考古編，第一卷），北京：科學出版社，1982 年版。

85. 李澤厚《美的歷程》，北京：文物出版社，1981 年版。

四、專人研究類

1. 曾春海《嵇康的精神世界》，鄭州：中州古籍出版社，2009 年版。

2. 蕭登福《嵇康研究》，臺北：花木蘭文化出版社，2008 年版。

3. 童強《嵇康評傳》，南京：南京大學出版社，2006 年版。

4. 曹虹《慧遠評傳》，南京：南京大學出版社，2002 年版。

5. 龔斌《陶淵明傳論》，上海：華東師範大學出版社，2001 年版。

6. 皮元珍《嵇康論》，長沙：湖南人民出版社，2000 年版。

7. 張蕙慧《嵇康音樂美學思想探究》，臺北：文津出版社，1999 年版。

8. 孫良水《阮籍審美思想研究》，臺北：文津出版社，1999 年版。

9. 謝大寧《歷史的嵇康與玄學的嵇康──從玄學史看嵇康思想的兩個側面》，臺北：文史哲出版社，1997 年版。

10. 張節末《嵇康美學》，杭州：浙江人民出版社，1994 年版。

11. 高晨陽《阮籍評傳》，南京：南京大學出版社，1994 年版。

12. 莊萬壽《嵇康研究及年譜》，臺北：臺灣學生書局，1990 年版。

13. 徐公持《阮籍與嵇康》，上海：上海古籍出版社，1986 年版。

五、西方哲學美學類

1. 〔古希臘〕亞里士多德《詩學》，羅念生譯，北京：人民文學出版社，2002 年版。

2. 〔德〕康德《判斷力批判》，鄧曉茫譯，北京：人民出版社，2002 年版。

3. 〔德〕康德《論優美感和崇高感》，何兆武譯，北京：商務印書館，2001 年版。

4. 〔德〕席勒《審美教育書簡》，馮至，范大燦譯，北京：北京大學出版社，1985 年版。

5. 〔德〕黑格爾《美學》（第一卷），朱光潛譯，北京：商務印書館，1979 年版。

6. 馬克思《1844 年經濟學哲學手稿》，中共中央馬克思、恩格斯、列寧、斯大林著作編譯局譯，北京：新華出版社，2000 年版。

7. 〔奧〕愛德華·漢斯立克《論音樂的美——音樂美學的修改芻議》，楊業治譯，北京：人民音樂出版社，1980 年版。

8. 〔法〕丹納《藝術哲學》，傅雷譯，北京：人民文學出版社，1963 年版。

9. 〔英〕羅素《西方哲學史》（上下卷），何兆武等譯，北京：商務印書館，1988 年版。

10. 〔美〕蘇珊·朗格《情感與形式》，劉大基等譯，北京：中國社會科學出版社，1986 年版。

11. 〔美〕魯道夫·阿恩海姆《藝術心理學新論》，郭小平、翟燦譯，北京：商務印書館，1994 年版。

12. 〔美〕魯道夫·阿恩海姆《視覺思維》，騰守堯譯，北京：光明日報出版社，1986 年版。

13. 〔美〕魯道夫·阿恩海姆《藝術與視知覺》，滕守堯、朱疆源譯，北京：中國社會科學出版社，1984 年版。

14. 〔德〕伽達默爾《真理與方法》，上海：上海譯文出版社，1999 年版。